Karin Lührs

111 Lösungswege für das Reiten

Den Pferden gewidmet

Um die Lektüre dieses Buches fließender zu gestalten, habe ich auf die jeweils weibliche Form der Schülerinnen, Ausbilderinnen, Reiterinnen etc. verzichtet. Wird in der männlichen Form gesprochen, ist gleichwohl die weibliche mit einbezogen!

Karin Lührs

111 Lösungswege für das Reiten

Methodische Übungsreihen für Reiter und Ausbilder in der dressurmäßigen Grundausbildung

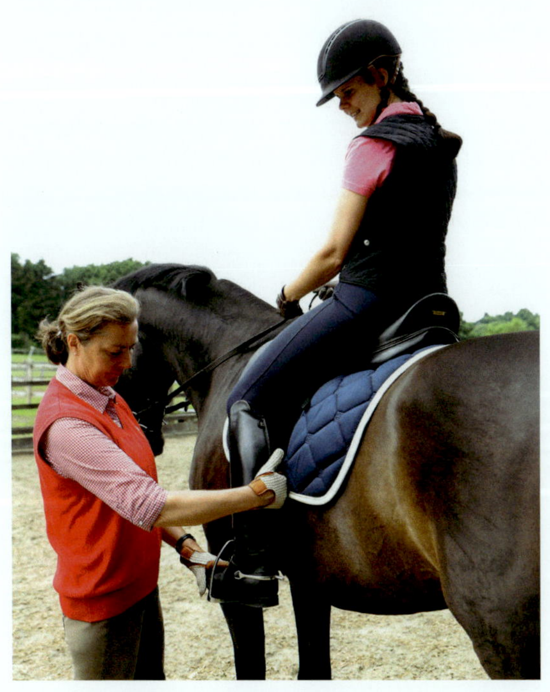

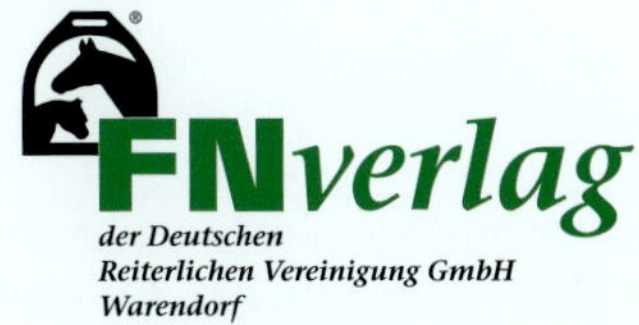

FNverlag
der Deutschen Reiterlichen Vereinigung GmbH
Warendorf

Bibliografische Information der Deutschen Nationalbibliothek
Die Deutsche Nationalbibliothek verzeichnet diese Publikation in der Deutschen Nationalbibliografie; detaillierte bibliografische Daten sind im Internet über http://dnb.d-nb.de abrufbar.

4. überarbeitete Auflage 2016

Fachlektorat:
Abteilung Ausbildung und Wissenschaft der Deutschen Reiterlichen Vereinigung e.V. (FN)

Lektorat:
Dr. Carla Mattis, FN*verlag*, Warendorf
unter Mitarbeit von Jessica Tiekötter, Leopoldshöhe (Praktikantin)

Korrektorat:
Korrekturbüro G. und W. Kirchhoff, Büren/Brenken

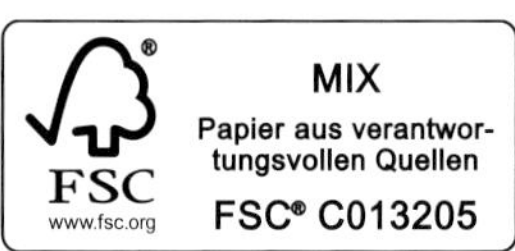

Titelfoto:
Stefan Lafrentz, Plön am See

Foto Buchrückseite:
Stefan Lafrentz, Plön am See

Fotonachweis Inhalt:
Stefan Lafrentz, Plön am See,
mit Ausnahme von:
Eckart Meyners, Lüneburg: Seite 8 (Privatarchiv)
Foto-Kaup, Warendorf: Seite 10
Peter Prohn, Barmstedt: Seite 126 (2)

Illustrationen:
Annemarie von Velsen-Zerweck, Bremen:
Seiten 39, 63, 81, 110, 148, 157, 161

Abbildungen:
Deutsche Reiterliche Vereinigung e.V. (Hrsg.): Folienmappe „Lehren und Lernen rund ums Pferd" – Basismappe. Warendorf, 4. Auflage 2002: Seite 164
Cornelia Koller, Dierkshausen in Deutsche Reiterliche Vereinigung e.V. (Hrsg.): Grundausbildung für Reiter und Pferd. Richtlinien für Reiten und Fahren, Band 1. Warendorf, 30. überarbeitete Auflage 2014: Seiten 31, 75

Grafiken/Bearbeitung Fotos:
Ute Schmoll, Captain Pixel,
Bad Schwalbach:
Seiten 26, 29, 34, 43, 52, 53 (3), 54 o. (2), 77 (2), 79 (3), 83, 90 o., 96 u. (2), 107 o., 124 li., 154 u.li., 158 (2)

Gesamtgestaltung:
Ute Schmoll, Captain Pixel,
Bad Schwalbach

Druck und Verarbeitung:
Media-Print Informationstechnologie GmbH, Paderborn

ISBN 978-3-88542-898-5

Vorworte 7

1. Einleitung – Warum dieses Buch?
Aus der Praxis für die Praxis 11

2. Methodik im Reitunterricht 14
2.1 Was ist Methodik? – Was sind Methoden? 14
2.2 Methodische Übungsreihen (MÜR) 15
2.3 Methodische Maßnahmen 16
2.3.1 Verbale Maßnahmen 17
2.3.2 Visuelle Maßnahmen 19
2.3.3 Praktische Maßnahmen 20
2.4 Methodische Verfahrensweisen 21
2.4.1 Das erfahrungsorientierte (aufgabenorientierte) Verfahren 21
2.4.2 Das anweisungsorientierte Verfahren 23
2.4.3 Gegenüberstellung beider Verfahren und praktische Umsetzung 24
2.5 Zum handlungsorientierten Reitunterricht 25

3. Ausbildungswege für Pferd und Reiter 31
3.1 Ausbildungswege 31
3.1.1 Skala der Ausbildung des Pferdes 31
3.1.2 Ausbildungsweg des Reiters 34
3.1.3 Verknüpfung beider Wege 36
3.2 Gleichgewicht – Balance 36

4. Vermittlungsprinzipien in der täglichen Methodik –
aus der Praxis für die Praxis 38
4.1 Den Reiter abholen, wo er steht 38
4.2 Das Pferd abholen, wo es steht 39
4.3 Der Reiter lernt mit vielen Sinnen 40
4.4 Verständnis für Bewegungsabläufe 40
4.5 Fühlen lernen anstatt mechanisch auf das Pferd einwirken 41
4.6 Funktion statt Form – Abkehr von der Form des Reitersitzes hin zum Erzielen der Funktion 42
4.7 Ausbilder und Reiter müssen Funktionszusammenhänge erkennen und selbstständig umsetzen können 42
4.8 Kontrasterfahrungen erleichtern das Lernen und das Fühlen 44
4.9 Wie wird unterstützt? 45

5. Der Sattel – Hilfe oder Hindernis? 49
5.1 Die Position des Sattels 49
5.2 Die Größe des Sattels 50
5.3 Die Pauschen 50
5.4 Die Bügellänge 52
5.5 Schräge (Keilgummi-)Steigbügeleinlagen 54
5.6 Schräge Aufhängung der Steigbügel 55
5.7 Federnde Bügel 55

6. Methodische Übungsreihen (MÜR) in der Praxis ... 56
6.1 Grundsätzliche Aspekte zur praktischen Umsetzung der nun folgenden MÜR ... 56
6.2 MÜR zum Erlernen von Hilfengebung und Lektionen ... 57
6.3 MÜR bei Problemen und Lösungsvorschläge ... 88
6.3.1 Probleme, die durch fehlerhafte Hilfengebung und Einwirkung verursacht werden ... 89
6.3.2 Wiederkehrende, typische Probleme des Pferdes ... 127

7. Und zum Schluss noch Tipps und Tricks!
Formulierungsvorschläge – Übungsvariationen ... 167

Schlussbemerkung ... 169

Übungsübersicht – numerisch ... 170
Alphabetisches Übungsverzeichnis ... 173
Literaturverzeichnis ... 177

Danke ... 182

Liebe Leserinnen und Leser!

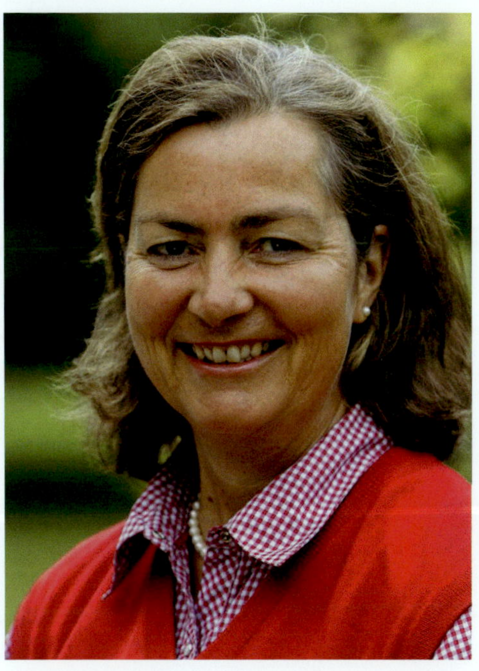

Nach 2003, 2006 und 2010 darf ich Ihnen nun die 4. Auflage der „111 Lösungswege für das Reiten" präsentieren. Ich freue mich sehr über die positive Resonanz. Es ist gut zu wissen, dass das Interesse an kompetenter Unterrichtserteilung vorhanden ist. Mein Bemühen war und ist es, den Lesern nachvollziehbare und praxiserprobte Wege aufzuzeigen und Antworten auf die Fragen nach dem „Wie" zu geben. Wie schaffe ich es, dass mein Pferd frischer und aktiver geht? Wie schaffe ich es, dass mein Pferd in der Anlehnung leichter wird? Was kann ich aus Reitersicht verbessern? Welche Hilfen setze ich zum Angaloppieren ein, wie mache ich es meinem Pferd verständlich? Diese und weitere Fragen werden immer wieder von Schülerinnen und Schülern gestellt. Der Bedarf an adäquaten Antworten ist riesengroß – und der Lösungsweg gar nicht so schwer!

Die Ausbilder fragen nach der besten und effektivsten Methodik – dazu wird diese Auflage mit den Erkenntnissen des handlungsorientierten Unterrichts ergänzt. Reiten heißt sich bewegen und handeln, aktiv sein. Und dafür gibt es neu, parallel zur Skala des Pferdes und zum Ausbildungsweg des Reiters, die Skala zur Unterrichtserteilung!

Der Inhalt ist geballt mit Informationen und Fachwissen, deshalb ist bei der Lektüre auf sinnvolles Lesen zu achten. Dieses Buch, die „111 Lösungswege ...", ist kein Werk, das man „mal so eben nebenbei" durchlesen sollte. Der Wert wird dann zur Geltung gebracht, wenn differenziert nach Problembereichen gelesen und umgesetzt wird.

Ich wünsche Ihnen, liebe Leserinnen und Leser, weiterhin viel Freude bei der Lektüre und freue mich auf weitere Zuschriften.

Karin Lührs

Karin Lührs
Neversdorf, im Dezember 2016

Vorwort von Eckart Meyners

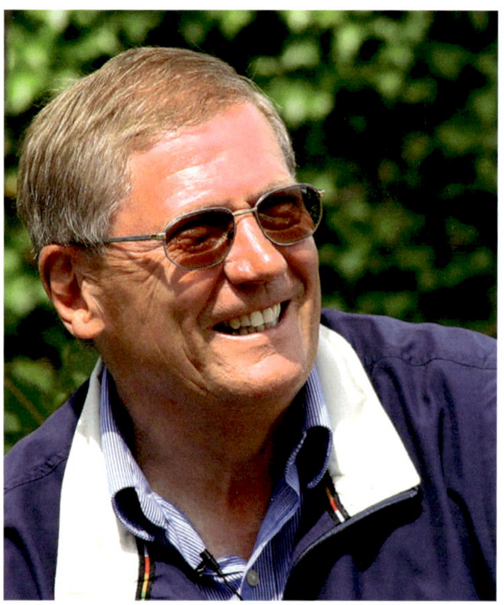

Übungsreihen gibt es in allen Sportarten seit Jahrzehnten. Durch sie sollen den Ausbildern und Sportlern methodische Wege aufgezeichnet werden, wie man bestimmte Fertigkeiten/Techniken (im Reiten Lektionen) systematisch anstreben und gleichzeitig sicher sein kann, dass sie gelingen. Diese Übungsreihen sind bewegungstheoretisch abgesichert.

Im Reiten fehlte bisher solch ein Buch. Obwohl Ausbilder sicherlich über Jahre methodische Reihen angewendet haben, sind sie zu wenig veröffentlicht worden. Karin Lührs hat ein Buch geschaffen, das solche Methodik-Konzepte bietet und für jeden Ausbilder und Reiter eine Sachlogik für den Unterricht schafft.

Karin Lührs hat eine Systematik des Aufbaus von Lektionen nach Staffelung von Schwierigkeitsgraden vorgelegt. In der täglichen Praxis werden oftmals Lektionen nacheinander geritten, die keine Bewegungszusammenhänge haben, also keinen Transfer von Lektion zu Lektion bieten. Die Folge ist, dass die nacheinander vollzogenen Lektionen keine Lernwirkung aufeinander haben, also auch keine Beständigkeit auf die Qualität der Bewegungsvollzüge aufweisen. Gerade dieses Ziel strebt Karin Lührs mit ihrem Buch an. Sie entwickelt eine Systematik, die für jeden Ausbilder und Reiter eine Struktur für das Vorgehen in der Praxis liefert.

Unter Struktur ist ein in sich stimmiger bzw. gegliederter Zusammenhang (ein stimmiges und gegliedertes Gefüge) von Bewegungselementen oder Bewegungsabläufen (im Reiten von Lektionen) zu verstehen. Die Reitlehre ist als ein in sich verwobenes Bezugssystem anzusehen, innerhalb dessen jedes einzelne Teil (jede Lektion) seinen Sinn und seine Bedeutung zu den vorherigen und folgenden Vollzügen/Lektionen hat. Das isolierte Vollziehen von Lektionen alleine macht die Struktur nicht aus, sondern die Wechselwirkungen der Lektionen untereinander und die Abhängigkeiten voneinander sind entscheidend. Gemeint ist der innere Aufbau der „klassischen Reitlehre"; in diesem Zusammenhang vor allem die Skala der Ausbildung des Pferdes mit seinen Gymnastizierungsprinzipien.

Diese vorgelegte innere Logik der Lösungswege baut auf diesen Grundlagen auf. Es ist aus der Praxis für die Praxis geschrieben worden, weil der methodische Aufbau dem Leser transparent gemacht wird. Lehrende und Lernende können sich in die methodischen Vorschläge hineinversetzen und ihre Praxis durch theoretische Reflexion und bewusstes Nachvollziehen der praktischen Angebote qualitativ verbessern.

Die 4. Auflage bezieht diesen Aspekt der eigenen Auseinandersetzung der Reiter mit den Aufgaben verstärkt mit ein. Wer Karin Lührs kennt, weiß seit Jahren, dass sie einen Unterricht bietet, der den Reiter ständig mit einbezieht. Sie gibt im Unterricht nicht nur Anweisungen, sondern erteilt Aufgaben (bietet Lösungsvorschläge an), die den Reiter immer in einem dialogischen Bezug zum Ausbilder stellen. Der Reiter und sein Gefühl sind die zentrale Nahtstelle ihres Unterrichts, die mindestens so bedeutungsvoll ist wie die Analyse des Ausbilders. Ausgangspunkt muss immer der Reiter mit seiner Wahrnehmung sein, bevor der Ausbilder sich mit seiner Sichtweise einbringen darf.

Quintessenz: Karin Lührs gibt handlungsorientierten Reitunterricht, der den Reiter zur Selbstständigkeit führen möchte. Sie möchte den Reiter aus dem Unterricht entlassen, um eigenverantwortlich Entscheidungen für sich und das Pferd treffen zu können, wenn alleine geritten wird. In diesem Zusammenhang zeigt sie Voraussetzungen des Ausbilders (reitfachliche, methodische, soziale Kompetenz) auf. Die Notwendigkeit der Differenzierung der Methoden wird hervorgehoben (nicht nur Instruktionen geben, sondern auch beraten und moderieren). Die Umgestaltung des Unterrichts bezüglich Orientierungs-, Planungs- und Ausführungsprozesse verdeutlicht, wie mit den vorgeschlagenen Lösungswegen unterrichtlich umgegangen werden sollte.

Das Buch wendet sich an alle Qualitätsstufen von Reitern. Gerade die anspruchsvollen Freizeitreiter, die nicht unbedingt Turnierambitionen haben, erhalten ebenso eine Fülle von Anregungen für ihre Praxis wie Turnierreiter. Es überrascht nicht, dass gerade eine ausgebildete Gymnasiallehrerin, Reiterin und Ausbilderin bis Grand Prix solch ein Buch schreibt, denn sie weiß aufgrund ihres Studiums um Lernprozesse und um die Komplexität des Aufbaus von Lektionen. Nicht jeder, der Grand Prix reitet, kann auch Anfänger ausbilden. Doch wenn, wie es bei Karin Lührs der Fall ist, sowohl Sachkompetenz als auch Methodenkompetenz (Sportstudium, Ausbildung als Trainerin) aufeinandertreffen, dann sind beste Voraussetzungen geschaffen, sich von der Spitze des Reitens wieder auf die Basisfunktionen zu besinnen. Was fehlt aber noch?

Die dritte Kompetenz der sozialen Fähigkeiten besitzt sie aufgrund ihrer Persönlichkeit. Wenn Karin Lührs auftritt, überzeugt sie durch ihre Körpersprache und ihre immer freundliche Art des Umgangs mit Menschen in ihrer Umgebung. Eigentlich hätte ich diesen Aspekt als ersten Kompetenzbereich ausführen müssen, weil ich der Auffassung bin, dass der beste Lehrplan eines Unterrichtenden seine Person ist. Aber die Platzierung an dieser Stelle soll diesen Kompetenzbereich bei ihr noch deutlicher hervorheben.

Gerade aufgrund ihrer Kompetenzvoraussetzungen ist sie prädestiniert, ein solches Buch zu schreiben, das hohe inhaltliche Fachlichkeit verdeutlicht und gleichzeitig den Unterricht zu einer handelnden Auseinandersetzung des Reiters mit sich, des Reiters mit dem Pferd und des Reiters mit dem Ausbilder gestaltet.

Eckart Meyners

Eckart Meyners
Ehemaliger Dozent für Sportpädagogik an der Leuphana Universität Lüneburg

Vorwort von Thies Kaspareit

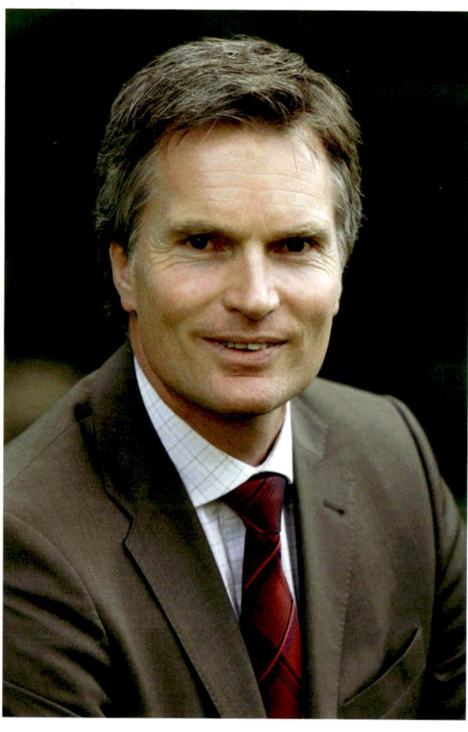

Der FN*verlag* der Deutschen Reiterlichen Vereinigung hält eine umfangreiche Literatur zur Ausbildung von Reitern und Pferden bereit. In diesem Buch hat Karin Lührs das umgesetzt, was schon lange von vielen Ausbildern und Reitern gefordert wurde: Übungsreihen, die einem in der täglichen Reitpraxis weiterhelfen. Besonders wertvoll sind diese deshalb, weil sie nach sportwissenschaftlichen Erkenntnissen methodisch richtig aufgebaut und gut nachvollziehbar sind.
In diese neu überarbeitete Auflage ist der wichtige handlungsorientierte Ansatz, bei dem der Reitschüler zum selbstständigen Reiten geführt wird, ausdrücklich thematisiert.

Das sportwissenschaftliche Studium, die Erfahrungen als Ausbilderin und die Einbindung in die Ausbildungsarbeit des Pferdesportverbandes Schleswig-Holstein machen die erfolgreiche Dressurreiterin Karin Lührs zur idealen Autorin für dieses Buch.

Sowohl Amateurlehrkräfte als auch Berufsausbilder bekommen damit eine umfassende Sammlung von Anregungen an die Hand, um ihr Wissen aus den Richtlinien für Reiten und Fahren schrittweise in die Praxis umzusetzen.
Aber auch für die Reitschüler bietet dieses Buch die Möglichkeit, mehr über die Hintergründe und Ursachen von bestimmten Problemen zu erfahren.

Karin Lührs trägt mit diesem Buch einen wesentlichen Schritt dazu bei, dass noch besser und ideenreicher unterrichtet wird, wofür ihr ein herzlicher Dank gilt.

Ich wünsche Ihnen viel Freude beim Studieren dieses schönen Buches und viel Erfolg bei der praktischen Umsetzung der Übungsreihen.

Thies Kaspareit
Leiter der Abteilung Ausbildung und Wissenschaft
der Deutschen Reiterlichen Vereinigung e.V. (FN)

1. Einleitung – Warum dieses Buch? Aus der Praxis für die Praxis

Die Idee, ein Buch zu schreiben, verdanke ich meinen zahlreichen Schülerinnen und Schülern (zukünftig „Schüler"). Sie lehrten mich, dass allein das Wissen um die Reitlehre und ihre Anwendung nicht ausreichen, erfolgreichen Reitunterricht zu geben. Neben dem hippologischen Fachwissen des Ausbilders – das Pferd betreffend – gibt es eine Fülle weiterer Themengebiete, die unabdingbarer Inhalt des Reitunterrichts sein müssen – den Menschen betreffend.

Zur Vermittlung des Reitenlernens zählen u.a. Kenntnisse in den Bereichen Sportpädagogik, Sportdidaktik, Sportmethodik und Bewegungslehre: Sportpädagogik meint die Wissenschaft, die sich auf die Zusammenhänge von Sport und Erziehung bezieht, die Sportdidaktik meint die Wissenschaft vom Lehren und Lernen als Teilgebiet der Sportpädagogik und die Sportmethodik meint die Wissenschaft vom planmäßigen Vorgehen beim Unterrichten als Teilgebiet der Sportdidaktik. Bewegungslehre befasst sich allgemein mit dem Problemkomplex Bewegung im Sport und versucht, Konzepte und Strukturen von Bewegung zu erforschen. Reiten ist Bewegung. Die Erkenntnisse aus der Bewegungs- und der Reitlehre erleichtern das Reitenlernen erheblich.
Werden diese Erkenntnisse in den Unterricht integriert, sind sie ein unschätzbarer Wert im Sinne der Systematik für das motorische (Bewegungs-)Lernen im Sport, auch des Reitsports. Diesen genannten Bereichen kommt in diesem Buch eine besondere Bedeutung zu.

Aufgrund der Bewegungsarmut in den heutigen Lebensgewohnheiten – viele gehen einer sitzenden Tätigkeit nach, verbringen viele Stunden im Auto, Kinder und Jugendliche spielen nur noch sitzend (TV, Computer, Mobiltelefone), nicht mehr sich körperlich bewegend – sind die Erwachsenen, Jugendlichen und Kinder bereits muskulär defizitär, das muskuläre Gleichgewicht ihres Körpers ist unausgewogen. Sie sind daher oft nicht in der Lage, Bewegungsanleitungen des Ausbilders in die Praxis umzusetzen. In meiner mittlerweile 30-jährigen unterrichtenden Tätigkeit wurde mir täglich bewusster, dass ich weniger als Trainerin und Ausbilderin unserer Reitlehre fungierte, sondern vielmehr als vermeintliche „Krankengymnastin" bzw. „Bewegungstherapeutin" mit dem Ziel, den Schülern ihren eigenen Körper näherzubringen, diesen erfahren zu lassen. Ich musste und muss ihnen vermitteln, wie sie mit ihrem eigenen Körper umzugehen haben, bevor er gezielt in Verbindung mit dem Pferd in Bewegung gesetzt werden kann.

Um diese Defizite (muskuläres Ungleichgewicht, körperliche Unausgewogenheit und wenig ausgebildetes Körpergefühl) in der praktischen Umsetzung abzubauen, benötigt der Ausbilder für seine Schüler spezielle methodische Hilfestellungen und methodische Wege. Diese Hilfen erfüllen die hippologischen Autoren[1] nur zu selten; sie stellen die Reitlehre (in unterschiedlichen Facetten) ausschließlich als idealtypisches System dar, welches es zu kopieren gilt. Andere Sportarten sind uns diesbezüglich um Meilen voraus. Im Handball,

1 Deutsche Reiterliche Vereinigung e.V. (Hrsg.), Richtlinien für Reiten und Fahren, Band 1–6; Deutsche Reiterliche Vereinigung e.V. (Hrsg.) 1998; Meyer 1995; Steinbrecht 1996

Fußball, Turnen etc. sind Abhandlungen über methodische Wege in vielerlei Formen bekannt und veröffentlicht.[2] Bestimmte Übungen innerhalb einer Sportart werden mit vorgeschriebenen, vorgefertigten und erprobten Übungsschritten (Übungsreihen) erreicht. Den dort zuständigen Trainern steht damit eine Vielfalt von Literatur zur Vermittlung ihrer Sportart zur Verfügung. Uns Reitern und Ausbildern nicht!

Dieses Buch soll die Lücke zwischen Theorie und praktischer, methodischer Umsetzung schließen. Es beinhaltet eine doppelte Funktion: Mithilfe von Übungsreihen leistet es einerseits den Ausbildern, den Lehrern, eine Hilfestellung auf dem Weg eines strukturierten und funktionellen Unterrichts, d.h. eines Unterrichts, der (möglichst umweglos und durchschaubar für den Lernenden) sein angestrebtes Ziel erreicht (Kap. 6).

Andererseits dient es aber auch den Reitern selbst, den Schülern, die sich intensiver mit ihrem eigenen Reiten, Erleben und Fühlen beschäftigen möchten. Es werden Antworten auf die Frage nach dem „Wie" (Funktion) und nicht, wie bisher, ausschließlich auf die Frage nach dem „Was" (Form) gegeben. Der Reiter erfährt so Hintergründe und Ursachen von immer wieder auftretenden Problemen und zum Teil auch Fehlern, die dann mit praktischen Lösungsvorschlägen verknüpft werden. Er lernt zu lernen.

Das Buch befasst sich sowohl mit der Ausbildung des Pferdes über sinnvolle Zwecklektionen als auch mit der Ausbildung des Reiters, des Menschen, wobei auf letztgenannten Punkt der Schwerpunkt gelegt wird. Die Gründe dafür sind die folgenden: Es gibt hinreichend Literatur über die Ausbildung des Pferdes.[3] Die Aspekte der Klassischen Deutschen Reitlehre werden in diesem Buch mit den angebotenen Übungen und Vorschlägen verknüpft und bleiben inhaltlich unangetastet. Die Reitlehre wird durch dieses Buch methodisch aufbereitet und vereinfacht; typische Floskeln werden aufgehoben. Es gibt aber, wie oben beschrieben, nicht genügend Literatur über die methodische Ausbildung des Reiters im Zusammenhang mit dem Pferd. Viele Probleme, das Gehen der Pferde betreffend, sind aber ursächlich auf Probleme der Reiter zurückzuführen. Pferd und Reiter stehen in einem ständigen Dialog miteinander. Der Reiter spricht über seine Hilfen zum Pferd, das Pferd führt die Hilfen aus. Es führt aber nur das aus, was der Reiter von ihm fordert, egal, ob es falsch oder richtig ist. Hier sind Missverständnisse vorprogrammiert. Wer diese Kenntnis besitzt, wird sein Bewusstsein mehr auf sich selbst lenken und weniger die Schuld bei der Kreatur suchen. Die Pferde danken es uns!
Bewusst werden Pferde mit den unterschiedlichsten Gebäudemängeln weitgehend außen vor gelassen, da es den Rahmen dieses Buches sprengen würde. Auf bestimmte Gebiete, die für den Reitunterricht von Belang sind, z.B. charakterliche Unterschiede, wird aber sehr wohl eingegangen.

Das Buch gliedert sich in sieben Kapitel. Die ersten Kapitel des Buches (1–5) geben wichtige Informationen zum Gesamtverständnis. Sie sind meine Unterrichtsphilosophie, eine Art Zusammenfassung meiner Erfahrungen aus täglichem Reitunterricht, zahlreichen Fortbildungen, Seminaren und Lehrgängen und beinhalten grundlegende methodische Aspekte,

2 Z.B.: Handball-Training. Technik. Taktik. Basketball – Training. Technik. Taktik.
3 Deutsche Reiterliche Vereinigung e.V. (Hrsg.), Richtlinien für Reiten und Fahren, Band 1–6; Steinbrecht 1996; Müseler 1998 u.v.m.

die im und für den Unterricht relevant sind (Methodik allgemein und speziell, Prinzipien der Vermittlung, inkl. des handlungsorientierten Reitunterrichts, Ausrüstungsfragen, Beziehungsgeflecht Lehrer – Schüler – Pferd).

Das zentrale Kapitel 6 bildet den praktischen Teil mit zahlreichen Vorschlägen und Übungsschritten zur Umsetzung in den Reitunterricht (methodische Übungsreihe = systematische Aufarbeitung von Lektionen). Die 111 Lösungsvorschläge sind allesamt aus der Unterrichtspraxis entstanden und somit praxiserprobt. Sie beziehen sich in überwiegendem Maße auf die dressurmäßige Grundausbildung, die wiederum als Basis für alle weiteren Disziplinen gilt und somit auch auf Springen, Vielseitigkeit, Western und weitere Arten des Freizeitreitens etc. für die Grundausbildung übertragbar ist. Das Buch ist also kein reines „Dressurbuch", sondern ein „Grundausbildungsbuch", das an der Basis des Reitenlernens ansetzt. Im Zentrum stehen das reiterliche Gefühl, die Balance und die Losgelassenheit von Reiter und Pferd.

Die 111 Übungen eignen sich aufgrund ihrer aufzählenden Struktur dazu, als Nachschlagewerk (siehe Übersicht im Anhang) benutzt zu werden.

Im abschließenden Kapitel 7 werden Übungsvarianten und nutzbringende Formulierungen zur Erweiterung des Ausbilder-Wortschatzes präsentiert. Angesprochen werden alle Ausbilder (sowohl Amateur- als auch Berufsausbilder, Trainer C, B, A) sowie alle Reiter, die im Anfänger- und Basisbereich geschult werden sollen bzw. die Probleme in Sitz und Einwirkung haben – wer hat das nicht? –, bis etwa L-Niveau (leichte Stufe bzw. erste versammelnde Übungen) und alle weiteren am Reitsport Interessierten.
Es hilft Reitern, ein Kriteriensystem für die Beurteilung der Qualität des Reitlehrers bzw. seines Unterrichts zu entwickeln. Mithilfe dieses Buches kann herausgefunden werden, ob der Reitunterricht gut und effektiv oder weniger gut ist.

Alle Vorschläge sind für eine Reitbahn (Halle oder Außenplatz) geeignet und beziehen sich im überwiegenden Maße (s.o.) auf das dressurmäßige Reiten.

2. Methodik im Reitunterricht

Reitunterricht und Methodik gehören unmittelbar zusammen. Das Handwerkszeug des Ausbilders ist die Methodik. Dieses Buch möchte Anleitungen geben, um die Methodik greifbarer und erfahrbarer zu machen.
Die Methodik steht im Mittelpunkt dieses Buches. Sie als Leser können sich neues Wissen aneignen oder Ihre Kenntnisse vertiefen, ganz gleich ob Sie Ausbilder oder Schüler sind. Um den Blick für die eigene praktische Arbeit im Reitunterricht zu schärfen, werden in diesem Kapitel grundlegende theoretische Aspekte der Methodik bzw. der Methodenlehre angeführt (Was ist Methodik? – Was sind Methoden? – Kap. 2.1, Methodische Übungsreihen – Kap. 2.2, Methodische Maßnahmen – Kap. 2.3, Methodische Verfahrensweisen – Kap. 2.4 und Zum handlungsorientierten Unterricht – Kap. 2.5). Diese Aspekte sind für das Gesamtverständnis des Buches von Bedeutung.

Wem die Theorie an dieser Stelle zu „trocken" ist und wer es nicht abwarten kann, an die Übungen zu gelangen, der sollte dieses Kapitel zu einem späteren Zeitpunkt lesen. Es ist aber elementares Basiswissen für die Unterrichtserteilung und für die Trainerausbildung!

2.1 Was ist Methodik? – Was sind Methoden?

„Methodik ist kein Trick, der den Erfolg sozusagen garantiert, sondern eher ein System von Aushilfen, um Schwierigkeiten zu überwinden."[1]
Methoden haben eine Schlüsselfunktion für den Ausbilder. Methodische Kenntnisse und Fähigkeiten verleihen ihm Handlungssicherheit, sie sind im überwiegenden Maße Erfahrungswissen. Dieses Erfahrungswissen ist aus meiner langjährigen Unterrichtstätigkeit entstanden und wurde positiv unterstützt durch mein sportwissenschaftliches Grundverständnis, das ich als ausgebildete Sportlehrerin im Laufe meines Studiums und der praktischen, schulischen Weiterbildung (Referendariat) erwerben konnte. Zum sportwissenschaftlichen Grundverständnis gehören die Methodenlehre und die damit verbundene praktische Umsetzung.

Wenn man methodisch handeln will – das ist die Aufgabe jedes Ausbilders –, muss das Handeln in sich schlüssig und anhand übergeordneter Kriterien überprüfbar sein.
Es leitet sich aus der Struktur des Gegenstandes (hier: dem Reiten) ab und richtet sich konsequent nach den Voraussetzungen und Bedürfnissen der Zielgruppe (Reiter/Pferd). Auf das Reiten bezogen bedeutet methodisches Handeln, sich am individuellen Pferd und am individuellen Reiter zu orientieren. Methodisches Handeln muss dort ansetzen, wo die beiden Partner bisher rein leistungsmäßig stehen; es muss auch berücksichtigen, wohin sie zukünftig wollen und wohin der Weg gehen kann.

Methodisches Vorgehen hat eine Struktur, die von außen nicht unbedingt sichtbar ist. Ich werde versuchen, diese dennoch deutlich werden zu lassen.

1 Söll 2000, S. 297

2 Vgl. Röthig 1992

2.2 Methodische Übungsreihen (MÜR)

Dieses Buch beschäftigt sich im Wesentlichen mit den sogenannten „Methodischen Übungsreihen" (zukünftig als MÜR abgekürzt). Es sind Unterrichts- und Lehrverfahren, bei denen Bewegungstätigkeiten (Reiten und Sich-Bewegen auf dem Pferd) zu Übungsfolgen aufeinander aufbauend zusammengestellt werden.

Dies geschieht mithilfe der drei methodischen Grundsätze, der...

1. Übungserleichterung durch Bewegungshilfen (Beispiel: Der Ausbilder steht am Pferd, um dem Schüler bei der Vorhandwendung behilflich zu sein).
2. Gliederung einer Bewegungsganzheit/gesamten Bewegung (z.B.: Hinterhandwendung) in sinnvolle Teileinheiten zu Übungsfolgen. Diese sollen einen schnellen und Erfolg versprechenden Weg zur Erreichung des Ziels gewährleisten.[2]
3. Erhöhung der Anforderung der Bewegung in kleinste Schritte (z.B.: zunächst Schritt – Halt, dann Trab – Halt, dann Galopp – Halt).

Kapitel 6, das den Kern des Buches bildet, bietet dem Leser diese Übungsfolgen. Sie sollen das Lernen durch 1. Bewegungshilfen, 2. Unterteilung von komplexeren Lektionen in kleinere Teileinheiten und 3. schrittweises Erhöhen der Anforderungen erleichtern. Diese methodischen Reihen selbst stehen aber nicht im Mittelpunkt, sondern ihr jeweiliges Ziel, das mit der Übungsreihe erreicht werden soll. Das heißt, jede Reihe muss eine bestimmte Funktion erfüllen (funktional und sinnvoll sein), nur dann macht ihr Einsatz Sinn.

Beispiel für eine methodische Übungsreihe: Leichttraben auf dem falschen Fuß
(siehe Kap. 6.3.1, Übung 54, S. 115)

Problembeschreibung:
Der Schüler trabt häufig auf dem falschen Fuß und spürt es nicht. Er benötigt eine Übung, die sein Gefühl dafür entwickelt bzw. verbessert.

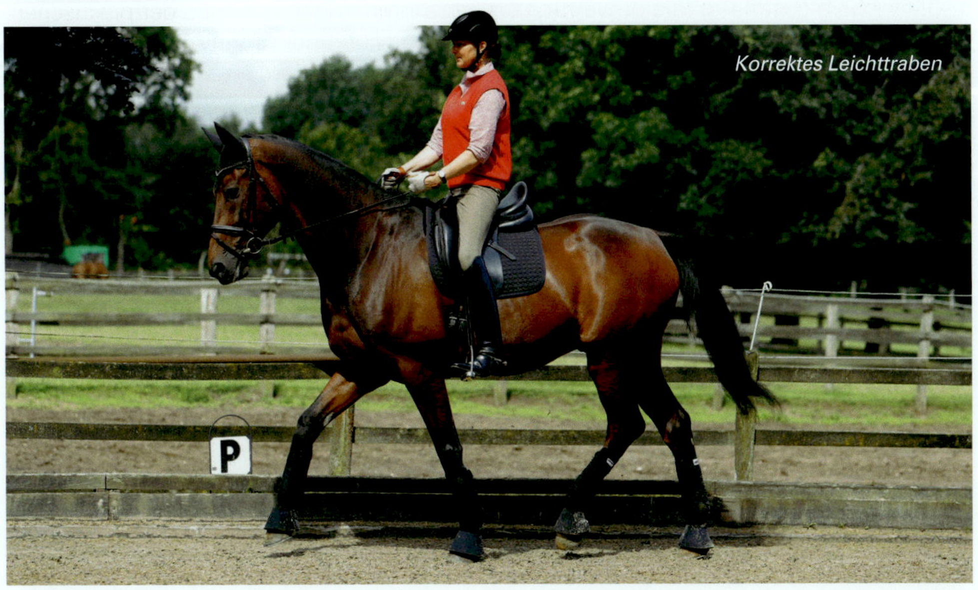

Korrektes Leichttraben

Lösungsvorschlag:
Für die Schüler, die den richtigen Fuß zum Leichttraben nicht erkennen (visuell oder taktil), gibt es folgende Schritte:

- Den Schüler an die Longe nehmen (das Gehen des Pferdes ist dabei zweitrangig) und den Schüler zum Leichttraben auffordern.
- Den Schüler abwechselnd falsch und richtig leichttraben, ihn ab und zu mit geschlossenen Augen reiten lassen und ihm Zeit geben, einen Unterschied zwischen Falsch und Richtig zu erfühlen.
  Anfangs ist es sinnvoll, den Schüler jeweils zu informieren, ob er falsch oder richtig leichttrabt. Es ist wichtig, dass der Schüler an dieser Stelle lernt, sich ausschließlich taktil (über sein Gefühl), mit Unterstützung des Ausbilders, zu korrigieren.
- Hat der Schüler auch Schwierigkeiten, das Vorfußen des äußeren Vorderbeins optisch (visuell) zu erkennen, lässt man ihn das jeweilige Vorderbein ansagen. Der Ausbilder unterstützt dabei, indem er mit ansagt, z.B: „jetzt"!

2.3 Methodische Maßnahmen

Nach der Begriffsklärung der Methodik im Allgemeinen und der MÜR erläutert dieser Abschnitt die sogenannten methodischen Maßnahmen. Es sind die Einzelhandlungen des Reitausbilders; er setzt damit das Lernen (den Lernprozess) in Gang, steuert und korrigiert ihn. Dazu sagt er etwas (verbal), zeigt etwas (visuell) oder tut etwas (praktisch). In dieser Tätigkeit kommt die „Macht", die der Lehrer (Ausbilder) inne hat, zum Ausdruck. Er allein entscheidet über die Art der methodischen Maßnahme. Der Erfolg oder Misserfolg des Lernprozesses hängt damit ganz allein von der reitfachlichen und pädagogischen Qualität sowie von der Vorgehensweise und Auswahl des Ausbilders ab.

Es existieren drei methodische Einzelhandlungen:
1. **die verbale Handlung (als Bewegungsanweisung, -aufgabe, -erklärung),**
2. **die visuelle Handlung (als Bewegungsdemonstration und mediale[3] Bewegungsdarstellung),**
3. **die praktische Handlung (als Bewegungshilfe, -sicherung).**

Diese Maßnahmen haben unterschiedliche Funktionen: Sie fügen entweder etwas zu einem Lernprozess hinzu, sie korrigieren ihn oder sie formen ihn aus.[4]

Die dargestellten Einzelhandlungen werde ich Ihnen im Folgenden erläutern, weil sie das Einmaleins des täglichen Unterrichtens sind.

3 „Medial" bedeutet nichts anderes, als dass das Lernen mithilfe eines „Mediums", z.B. Videokamera, DVD-Video, DVD-ROM, CD-ROM, PowerPoint-Präsentation etc., anschaulicher dargestellt wird.
4 Vgl. Söll 2000

2.3.1 Verbale Maßnahmen

Zu den verbalen Maßnahmen des Ausbilders zählen die Bewegungsanweisung, die Bewegungsaufgabe und die Bewegungserklärung.

Die Bewegungsanweisung und die Bewegungsaufgabe werden ständig im Unterricht angewendet. Der entscheidende Unterschied der beiden Maßnahmen liegt im Folgenden: Die Anweisung führt dazu, dass der Schüler (nur) Ausführender einer Bewegung ist. Er wird angewiesen. Er setzt die Anweisung des Ausbilders in die Praxis um, ohne dabei selbst am Prozess des Lernens (an der Entwicklung seiner eigenen Fähigkeiten) beteiligt zu sein.
Die Aufgabe demgegenüber formt und bildet den Reiter selbst, weil sie ihn konkret und direkt am Lernprozess (Lernweg) beteiligt. Er muss über die Bewältigung der Aufgabe und deren Ausführung selbst nachdenken und sein Gefühl einschalten.

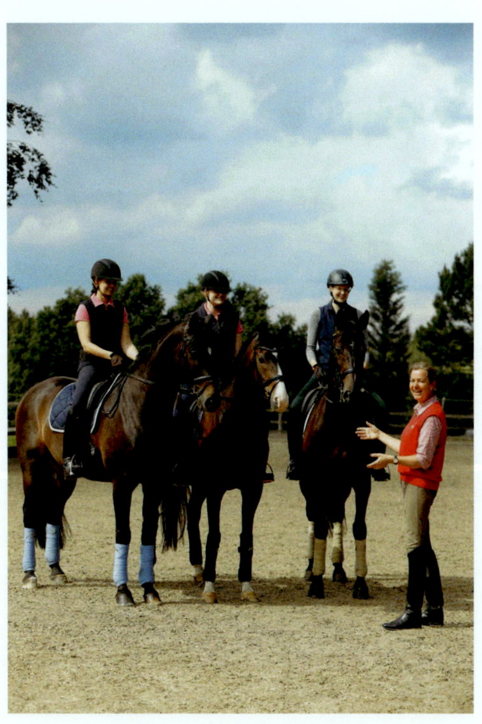

Verbale Unterrichtssituation

Die Bewegungsanweisung

Die Bewegungsanweisungen machen den überwiegenden Teil des Unterrichts aus. Viele davon sind organisatorischer Art. Anweisungen stehen aber auch in enger Verbindung mit Bewegungskorrekturen (zum Thema Korrekturen siehe Kap. 4.9).
Wenn Bewegungsanweisungen den Lern- und Übungsprozess in Gang setzen, sie ihn im weiteren Verlauf steuernd begleiten und ihr Ziel möglichst rationell und ohne große Umwege erreichen sollen, haben sie drei Anforderungen zu erfüllen:

1. **Bewegungsanweisungen müssen knapp und exakt sein.**
   Zum Beispiel: „Versuche deine Zügelführung so zu gestalten, dass dein Ringfinger durch den Zügel das Pferdemaul spürt", anstelle der wenig exakten Anweisung: „Hände aufrecht, Finger zu! Verbindung zum Pferdemaul herstellen!"
2. **Bewegungsanweisungen sollten altersgemäß und anschaulich sein.**
   Ein Beispiel zur Veranschaulichung einer Anweisung: „Versuche, deine Hände so zu halten, als wenn du einen Vogel in der Hand hältst, den du weder zerdrückst noch wegfliegen lässt", anstelle von „Mach eine Zügelfaust."
3. **Bewegungsanweisungen sollten sachgerecht und fachlich richtig sein.**
   Das setzt voraus, dass der Ausbilder Fachkompetenz (theoretisch und praktisch) besitzt, damit er die Korrekturen richtig und situationsgerecht ansetzen kann.

Für die praktische Umsetzung bietet es sich an,

a) nicht zu viel auf einmal zu sagen und
b) zunächst mit dem Allgemeinen und Vertrauten zu beginnen und dann zum Speziellen und weniger Offensichtlichen überzugehen.

Sind die Bewegungsanweisungen organisatorischer Art, soll auch hier der Sachverhalt in knapper, aber dennoch vollständiger Form möglichst deutlich zum Ausdruck gebracht werden. Diese Forderung ist vor allem im Unterricht mit mehreren Schülern von besonderer Bedeutung. Bei unerfahrenen Reitern wird dadurch die Sicherheit gewährleistet (z.B. alle auf einer Hand reiten lassen). Im Springen mit mehreren muss die Reihenfolge der Sprünge, die Linienführung und die Reihenfolge der Reiter klar definiert werden.

Die Bewegungsanweisung gibt eine genaue Angabe, wie eine Bewegung (Bewegungsfertigkeit) ausgeführt werden soll. Der Lernende hat wenig Spielraum für eine Eigenentscheidung und eine selbstständige Aufgabenlösung.[5] Sie lässt keine andere Lösung als die angeordnete zu. Da der Ausbilder die Hilfen korrekt vorgibt, dürften die Schüler eigentlich keine Fehler machen. Dennoch passieren sie!
Die Bewegungsanweisung ist Grundlage der anweisungsorientierten Lehrmethode (siehe Kap. 2.4.2).

Die Bewegungsaufgabe

Im Gegensatz dazu ist die Bewegungsaufgabe eine Maßnahme, bei der der Lernende eigenverantwortlich und eigentätig handelt. Das Ziel wird genannt, der Lernweg wird relativ offengelassen, er ist nicht bis ins kleinste Detail vorgegeben wie beim anweisungsorientierten Verfahren. Im Vordergrund stehen die kreative und selbsttätige Bewältigung der Aufgabenstellung und die Möglichkeit für den Schüler, zu experimentieren und auszuprobieren (z.B. Schenkelweichen, siehe Kap. 2.4.1).

Der Einsatz der Bewegungsaufgabe ist neben dem eigentlichen Lerninhalt von individuellen Voraussetzungen abhängig: vom Alter des Schülers, von seinen Bewegungserfahrungen (seinem derzeitigen reiterlichen Leistungsstand) und seinen Fertigkeiten (motorischem Können).

Ziel des Lernens ist es, „... die Entwicklung individueller Problemlösungsstrategien zu unterstützen"[6] und den Ausübenden zum selbstständigen Handeln anzuregen. Dazu hilft auch die Selbst- und Mitbestimmung des Schülers, die als wichtiger pädagogischer Orientierungspunkt in letzter Zeit wieder zunehmend hervorgehoben wird. Anhand verschiedener Experimente wurde festgestellt: Die Selbstbestimmung ist nicht nur pädagogisch sinnvoll, sondern führt sogar bei speziellen Übungsbedingungen zu besseren Leistungen.[7]
Die Bewegungsaufgabe ist somit die entscheidende Maßnahme auf dem Weg, einen selbstständig handelnden Reiter auszuprägen. Sie ist auslösende Maßnahme für das aufgabenorientierte Lehrverfahren (siehe Kap. 2.4.1).

5 Vgl. Röthig
6 Wiemeyer 2002, S. 99
7 Ebd.

2.3.2 Visuelle Maßnahmen

Zu den visuellen Maßnahmen gehören die Bewegungsdemonstration und die mediale Bewegungsdarstellung.

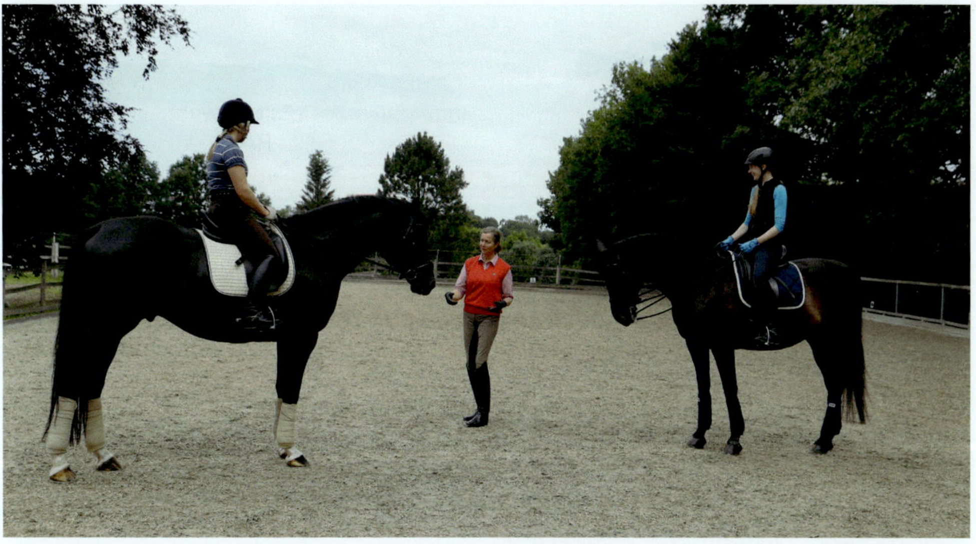

Visuelle Unterrichtssituation

Die Demonstration kann als Vormachen durch den Ausbilder (mit oder ohne Pferd, je nach Situation) oder als Vormachen durch einen anderen Reiter erfolgen. Das Vormachen durch den Ausbilder hat den Vorteil, dass der Ausbilder es „immer bei sich hat" und es ständig möglich ist. Manche Übungen können als Trockenübung demonstriert werden (z.B. die korrekte Handhaltung), andere Übungen eignen sich besser für eine Eigen-Demonstration zu Pferde (z.B. eine Korrektur am Pferd selbst, die durch den Ausbilder erfolgen muss).

Die mediale Bewegungsdarstellung bedeutet die Veranschaulichung mit Mitteln wie Smartphones, Tablets, Videokameras, Videofilmen, Bildtafeln etc. Sie ist eine weitere sinnvolle Ergänzung, allerdings nur für theoretische Unterrichtseinheiten nutzbar.

Für den Reitunterricht ist die Mischung aus Bewegungsanweisung und Bewegungsdemonstration besonders effektiv, weil sie ...

- ein „Bild" im Sinne einer allgemeinen Vorstellung über die Bewegung/Lektion vermittelt, das dann durch Anweisungen oder Erklärungen weiter ausdifferenziert wird,
- eine Bewegungsanweisung oder -erklärung sichtbar macht, verdeutlicht und präzisiert,
- eine „Fehlbewegung", ggf. durch (angedeutete) Falsch- und (betonte) Richtigdarstellung, korrigiert.

2.3.3 Praktische Maßnahmen

Die praktischen Maßnahmen der Bewegungshilfe und Bewegungssicherung schließlich werden unterschieden in personale und materiale Hilfen.

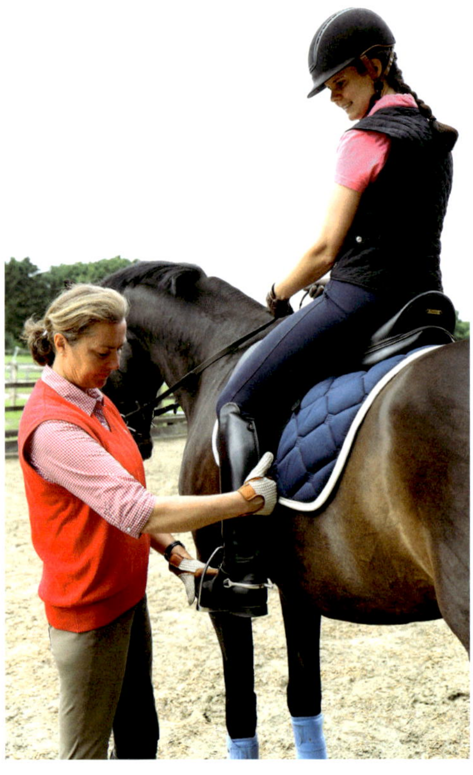

Praktische, taktile Unterrichtssituation

Bei der personalen Hilfe und Sicherung wird der Schüler durch eine „Person", in der Regel der Reitausbilder selbst, unterstützt. Im Anfängerunterricht und/oder bei kleineren Kindern (die von ihrer Motorik her oder aus Angst, sich noch nicht selbst halten können) ist die persönliche Hilfe nützlich und sinnvoll. Die Hilfsperson legt beispielsweise selber Hand an und stabilisiert den Reiter (aktiv oder passiv). Wird mit Anfängern erstmals über Cavaletti oder Stangen geritten, ist die personale Sicherung durch einen Ausbilder (das Führen des Pferdes oder Handanlegen am Oberschenkel des Reiters) oder durch einen Assistenten zur Vermeidung von Angst-Situationen von großer Bedeutung. Es muss alles unterstützt werden, was das Vertrauen des Reiters zu seinem Pferd fördert.

Eine vergleichbare Funktion hat auch die materiale Bewegungshilfe bzw. -sicherung. Entsteht beispielsweise Angst beim Reiter, ist der Griff zur Longe der sicherste Weg, die Angst wieder abzubauen. Wenn das Pferd Probleme hat (z.B. in der Losgelassenheit), kann die Longe sehr hilfreich sein.

Kegel, um Linienführungen zu schulen, sind weitere materiale Hilfen, die das Lernen erleichtern und außerdem für Abwechslung sorgen. Auch Eimer, Stangen, Ständer etc. eignen sich dazu. Der Fantasie sind keine Grenzen gesetzt.

Auch für diese Maßnahme gilt, dass die Kombination beider Hilfen sehr sinnvoll und effektiv ist.

Wie die drei hier vorgestellten Maßnahmen eingesetzt werden, ist von Art und Schwierigkeit der Übung und vom Ausbildungsstand der Reitschüler abhängig.

2.4 Methodische Verfahrensweisen

Bisher haben Sie methodische Übungsreihen (Kap. 2.2) und methodische Maßnahmen (Kap. 2.3) kennen gelernt. In der allgemeinen Methodik gibt es außerdem zwei Verfahrensweisen, mit denen Unterrichtsstoff bzw. Unterrichtsinhalt an die Schüler weitergegeben werden. Diese beiden Verfahrensweisen werden das „erfahrungsorientierte" und das „anweisungsorientierte" Verfahren genannt.
Die methodischen Verfahrensweisen sind die nach bestimmten Prinzipien aufbereiteten Lern- und Lehrwege, also die entscheidende Vorgehensweise, um zu sportlichen Fertigkeiten und Handlungen (zum Reitenlernen) zu führen. Jeder Vorgehensweise liegt ein bestimmtes Prinzip zu Grunde, die in Kap. 2.3 beschriebenen Maßnahmen erscheinen in einer jeweils typischen Abfolge.

Im Reitsport finden insbesondere die erfahrungsorientierte (aufgabenorientierte) und die anweisungsorientierte (ergebnisorientierte) Lehrmethode[8] Anwendung. Beide Verfahren werden im Folgenden beschrieben und ihre Anwendung für den Reitsport dargelegt.

2.4.1 Das erfahrungsorientierte (aufgabenorientierte) Verfahren

Als verbale Maßnahme ist, wie bereits angeführt (Kap. 2.3.1), die Bewegungsaufgabe das zentrale Element der erfahrungsorientierten Lehrmethode. Die methodischen Teilschritte sehen wie folgt aus:

- Klärung des Bewegungsproblems (der Bewegungsaufgabe)
- Klärung der Erfolgskriterien
- Schaffung von Bewegungssituationen mit gestaffelten Schwierigkeitsgraden
- Anerkennung individueller Lösungen
- Bewusstmachen des „inneren Bildes" (Bewegungsgefühls) des Schülers
- Anwendung und Ausweitung gekonnter Bewegungen

Die Phasen bedeuten im Einzelnen:

Klärung des Bewegungsproblems (der Bewegungsaufgabe)

Im erfahrungsorientierten Unterricht wird nicht die Form einer Bewegung oder des Sitzes vorgegeben, sondern das Ziel für eine bestimmte Aufgabe formuliert. Die Schüler erhalten beispielsweise die Aufgabe, an der langen Seite den Schenkel weichen zu lassen. Die Lektion/Übung wird nur insofern vorgegeben, als dass gesagt wird, dass das Pferd, mit der Vorhand zur Bande gerichtet, die Beine kreuzen soll, d.h. auf der linken Hand dem rechten Schenkel weichen und auf der rechten Hand dem linken Schenkel weichen. Die Schüler müssen sich nun eigenständig mit der Lösung auseinandersetzen, d.h., sie müssen selbstständig überlegen, welche Hilfe sie einzusetzen haben. Sie haben nur die Vorgabe bekommen und haben damit Entscheidungsfreiräume. Sie sind im Gegensatz zum anweisungsorientierten Unterricht nicht eingeengt in ihren Ausführungsmöglichkeiten.

8 Vgl. Meyners 1996

Klärung der Erfolgskriterien

Bevor z.B. eine Vorhandwendung ausgeführt wird, klärt der Ausbilder gemeinsam mit dem Schüler die korrekten Hilfen (zumindest theoretisch), um sie dem Schüler bewusst zu machen. Nach der Ausführung wird der Schüler aufgefordert, zunächst selbst die Lektion und seine eigene Leistung (in Zusammenarbeit mit dem Lehrer) zu beurteilen, um daraus das so wichtige eigene Bewegungsgefühl („inneres Bild") und ein Verständnis für die gemachten Bewegungen auszubilden. Die Schüler werden damit intensiv am Lernprozess beteiligt.

Bewegungssituationen mit gestaffelten Schwierigkeitsgraden schaffen

In dieser Phase sollen Situationen geschaffen werden, in denen es den Schülern individuell möglich ist, die Übung auf unterschiedliche Art und Weise auszuführen. Diese Anforderungen sind abhängig vom Pferd-/Reiter-Vermögen und den daraus resultierenden Grenzen. Beim Schenkelweichen beispielsweise sind weitere Staffelungen das Weichen des Pferdes mit der Vorhand in die Bahn oder das Übertreten-Lassen an der offenen Zirkelseite im Trab. Dies wird auch als sogenannte „innere Differenzierung" bezeichnet.

Akzeptieren individueller Lösungen

Der Ausbilder hat die Aufgabe, die Ausführung des Schülers nach seinem derzeitigen Vermögen/seinem Ausbildungsstand zu beurteilen. Mithilfe von Formvorgaben können die Ausführungen verbessert werden, dürfen aber den Schüler nicht zu stark einschränken und ihn nicht in seiner individuellen Suche nach dem Ziel einengen. Sie müssen nur dann abgelehnt werden, wenn sie der Zielvorgabe widersprechen. Auch hier ist das vornehmliche Ziel, dem Schüler bei der Entwicklung seines eigenen Bewegungsgefühls Raum zu bieten.

Bewusstmachen des inneren Bildes (Bewegungsgefühls) des Schülers

Diese Phase ist das Hauptanliegen der erfahrungsorientierten Lehrmethode. Das Bewusstmachen des inneren Bildes der Bewegung von Reiter und Pferd ist in jeder Phase vordergründiges Ziel und das Gesamtziel dieses Verfahrens. Dazu ist es hilfreich, dass der Ausbilder die Schüler befragt, wie sie die Übung/Bewegung gefühlt haben. So erlangt er Gewissheit über das Gefühl jedes einzelnen Schülers und schafft für den Schüler eine Unabhängigkeit vom Ausbilder. Das heißt, dass der Schüler befähigt wird, auch in Abwesenheit seines Ausbilders eigenständige Entscheidungen treffen zu können.
Durch bewusstes Lenken der Aufmerksamkeit der Schüler auf bestimmte Teilaspekte von Übungen/Lektionen wird ferner die Wahrnehmung geschult und die Lektion schrittweise verbessert.

Anwendung und Ausweitung gekonnter Bewegungen

Nach dem korrekten Lernen des Schenkelweichens soll die Anwendung der Lektion in weiteren Situationen ausgeweitet, vertieft und damit stabilisiert werden. Sie wird somit in vielen veränderten Situationen abrufbar; sie hat sich automatisiert. Denn nicht die Instruktion lehrt, sondern die Situation[9].
Diese Vorgehensweise hat also zur Bedeutung, die Innenbetrachtung des Reiters in den Mittelpunkt zu rücken und ihn zu eigenen, selbst gefühlten Entscheidungen zu befähigen. Das Ziel des Lehrens wäre damit erreicht, die Entwicklung individueller Problemlösungen zu unterstützen (siehe Kap. 2.3.1).

9 Vgl. Trebels 1990, S. 12–20

2.4.2 Das anweisungsorientierte Verfahren

Das anweisungsorientierte Verfahren zeichnet sich durch eine klare Schrittfolge aus, die unabdingbar eingehalten werden muss. Es ist somit ein stark lenkendes Verfahren, das infolgedessen die Ausführung einengt. Voraussetzungen sind, dass Physis (körperliche Beschaffenheit) und Koordination entwickelt sind.

Das anweisungsorientierte Verfahren hat eine Bewegungsanweisung als Grundlage (siehe Kap. 2.3.1) und lässt sich in folgende Schritte einteilen:

- Fest umschriebenes Lernziel, Vorgabe durch den Lehrer, Bewegungsfertigkeit
- Entwicklung der Bewegungsvorstellung
- Üben von Teilschritten der Fertigkeit oder ganzheitliches Üben (wenn nötig erleichterte Bedingungen) mittels Anweisungen des Lehrers
- Verbessern der Fertigkeit bzw. der Teilelemente mittels Korrektur des Lehrers
- Vertiefen/Sichern der Fertigkeit durch Einbettung in immer neue Bewegungszusammenhänge

Dazu ein Beispiel: Der Ausbilder plant mit den Schülern, das Schenkelweichen zu reiten. Als Erstes muss er für sich entscheiden, wie die Lektion fachlich korrekt auszusehen hat und welche Hilfen der Reiter zu geben hat (einseitig belastende Gewichtshilfe auf dem inneren Gesäßknochen, leicht angenommener, innerer Zügel zum Stellen des Pferdes, gering nachgebender, äußerer Zügel, um Stellung zu ermöglichen und Ausfallen der Schulter dennoch zu verhindern, innerer Schenkel vorwärts-seitwärtstreibend, etwas hinter dem Gurt liegender und verwahrender, äußerer Schenkel, damit das Pferd mit der Hinterhand nicht zu weit herumtritt).

Im nächsten Schritt gilt es zu überlegen, welche Voraussetzungen die Schüler mit sich bringen und welche individuellen Besonderheiten der Ausbilder berücksichtigen muss. Erst daraus entwickelt er das Konzept, wie er den Schülern eine Bewegungsvorstellung verschafft (mit Sprache, durch Vormachen, mit personaler Hilfe – vgl. Kap. 2.3). Je nach Entscheidung und Auswahl des Ausbilders wird die Bewegung geübt, woraufhin Lernerleichterungen einsetzen oder einzelne Elemente akzentuiert werden, die zum Gelingen der Lektion beitragen.

In Rücksprache mit dem Ausbilder wird die Lektion verfeinert (Korrektur) und im weiteren Verlauf oder in den nächsten Unterrichtsstunden wiederholt und gefestigt.

Diese Art des Vorgehens eignet sich besonders für diejenigen Reiter, deren Bewegungsgefühl sensibel angelegt ist. Der Reiter muss bereits ein inneres Bild der Bewegungen (von sich und dem Pferd) haben, dann ist die anweisungs- oder ergebnisorientierte Methode sehr sinnvoll. Im anderen Fall kann es leicht zum Misslingen führen, wenn der Reiter sich aufgrund seiner zu geringen Erfahrungen noch kein inneres Bild von seinen Bewegungen machen konnte. Er fühlt dann nicht, wo das eigentliche Problem ist, und auch nicht, wenn er es korrigiert hat und es richtig ist.

2.4.3 Gegenüberstellung beider Verfahren und praktische Umsetzung

Im Gebrauch der beiden Verfahren kommt es in der Praxis häufig zu Missverständnissen.

Daher hier noch einige Erläuterungen:

- Beide Verfahren sind je nach Intention sinnvoll.
- Gesichert ist, dass das anweisungsorientierte Verfahren dasjenige ist, das normiert ist, also einen festgelegten Rahmen hat und nur ein bestimmtes Ziel mit nur einem Lösungsweg verfolgt. Daher engt es sehr ein und ist kritisch zu betrachten. Das erfahrungsorientierte Lehrverfahren dagegen bietet einen größeren Spielraum in der praktischen Umsetzung. Das beste Beispiel dazu bietet die Korrektur des Leichttrabens auf dem falschen Fuß (vgl. Übung 54):

Anweisungsorientierte Lehrmethode:
Der Schüler erhält die Aufforderung, dann aufzustehen und leichtzutraben, wenn die äußere Pferdeschulter nach vorne geht. Als Hilfestellung kann der Ausbilder noch rhythmisch unterstützen: „Jetzt, jetzt, jetzt ...". Der Schüler lernt in diesem Fall das korrekte Leichttraben über sein Auge.

Erfahrungsorientierte Lehrmethode:
Der auf dem falschen Fuß trabende Schüler erhält die Aufgabe, im Wechsel auf dem falschen und auf dem richtigen Fuß zu traben. Dabei unterstützt der Ausbilder verbal und fordert außerdem zum Fühlen des Unterschiedes auf (am besten eignet sich diese Übung an der Longe oder im freien Reiten auf einer Zirkellinie). Der Schüler soll geschult werden, dass das Gefühl auf dem richtigen oder auf dem falschen Fuß unterschiedlich ist. So entwickelt der Schüler im Laufe der Zeit ein eigenes Bewegungsgefühl für das Traben auf dem richtigen Fuß und korrigiert sich später selbstständig.

- Der Hauptunterschied beider Verfahren liegt darin, dass im einen Fall (anweisungsorientiert) der Ausbilder für den Schüler entscheidet und im anderen Fall (erfahrungsorientiert) der Schüler unter Anleitung des Ausbilders dazu befähigt werden soll, selbst zu erkennen, ob seine Ausführung gut oder noch nicht gut genug war. Je nach Ziel der jeweiligen Übung im Unterricht sind beide Verfahren anzuwenden.

- Im Anfängerbereich sollte vermehrt die erfahrungsorientierte Methode Anwendung finden, damit die Schüler schneller ein eigenes Reitgefühl entwickeln und lernen, über ihr eigenes Reitgefühl, ihr eigenes „Erleben", nachzudenken. Die Praxis zeigt, dass die Reitschüler zu wenig zum eigenen Fühlen aufgefordert werden und zu häufig nur Ausführende der „Lehrerwünsche" sind. Je früher sie angeregt werden, über das, was sie tun, nachzudenken, je schneller kommen sie in der Ausbildung voran.

2.5 Zum handlungsorientierten Reitunterricht

Im heutigen Reitunterricht verläuft das methodische Vorgehen überwiegend einseitig, wie eine Einbahnstraße: Die Äußerungen des Ausbilders sind ausschließlich Anweisungen und gehen nur in eine Richtung – zu der des Reitschülers, der diese auszuführen hat (deduktiv/anweisungsorientiert: „Zügelfaust machen, Finger zu" anstatt induktiv/erfahrungsorientiert: „Versuch deine Hände so zu schließen, dass du das Pferdemaul beständig spüren kannst, ohne zu verkrampfen, die Verbindung dir angenehm ist, die Zügel dir aber nicht rausrutschen!".[10] Der Ausbilder „reitet" für den Reiter, anstatt ihn so anzuleiten und zu unterstützen, dass er eigene Erfahrungen machen und Entscheidungen selber treffen lernt. Der Reiter ist und bleibt unmündig, lernt das Fühlen nicht und kann nicht ohne den Ausbilder reiten, weil er keinen Plan für sein eigenes Tun besitzt. Hier setzt der **handlungsorientierte Unterricht** an, der Erziehung zur Selbstständigkeit zum Ziel hat.

Der handlungsorientierte Unterricht[11] ist ein ganzheitlicher und schüleraktiver Unterricht, in dem die vereinbarten Handlungsprodukte zwischen dem Lehrer und dem Schüler die Organisation des Unterrichtsprozesses leiten, sodass Kopf- und Handarbeit (und Herz) des Schülers in ein ausgewogenes Verhältnis zueinander gebracht werden.[12] Die wichtigen Merkmale sind **Ganzheitlichkeit** und **Schülerbeteiligung**, die Folgendes meinen:

- **Ganzheitlichkeit** bedeutet, dass der Schüler nicht nur körperlich, sondern auch geistig, emotional und sozial beansprucht und gefördert wird. Es geht im Reitsport nicht nur um das Prinzip der Leistung, sondern es werden auch Aspekte wie Freude und Spaß haben, Gesundheit, Gemeinschaft, Team und Kooperation berücksichtigt.
- **Schülerbeteiligung** bedeutet, dass der Schüler an der Planung und an der Struktur des Lernprozesses beteiligt wird und seine bisherigen Erfahrungen mit aufgenommen werden.

„Ich höre und vergesse.
Ich sehe und erinnere mich.
Ich tue es und verstehe es."
(Chinesisches Sprichwort)

Auf den Unterricht bezogen meint dieses Sprichwort: Reitunterricht ist dann gut und effektiv, hat also Mehrwert, wenn er den Reiter **selbsttätig** und **handlungsfähig** macht:

- **Selbsttätig** bedeutet, dass der Reiter Selbstauslösender einer Handlung bzw. der Bewegung ist. Der Ausbilder gibt nicht Anweisungen, die er auszuführen hat, sondern stellt ihm Aufgaben, die Spielraum für eine Lösung bieten. Diese Lösung muss er durch eigenes Tätigwerden herausfinden und entscheiden lernen, welche die wohl beste Lösung für sich und das Pferd darstellt. Der Reiter entwickelt seinen eigenen Weg und seine eigenen Erkenntnisse aus der Beschäftigung mit den möglichen Lösungswegen und er-

10 Vgl. Kap. 2.4 – Erfahrungs- bzw. anweisungsorientierte Lehrmethode
11 Handlungsorientierter Unterricht ist kein didaktischer Modetrend; es gab ihn schon in der Zeit der Reformpädagogik (19. Jhdt.), dort allerdings wurde der Name „Handelnder Unterricht" verwendet.
12 Vgl. Jank/Meyer 1991

reicht somit die Fähigkeit zur „Selbstständigkeit" im Handeln. Diese Selbstständigkeit kann er dann in der weiteren Ausbildung für weitere Aufgabenbereiche verwenden/anwenden.[13]

- **Handlungsfähig** bedeutet, ihn so auszubilden, dass er lernt, für sich und das Pferd eigene Entscheidungen zu treffen. Der Ausbilder muss sich an die inneren Vorgänge des Reiters herantasten.

Grundvoraussetzung, um an diese inneren Vorgänge des Reiters heranzukommen, sind der **DIALOG** bzw. das „dialogische Bewegungskonzept"[14], das im Folgenden erläutert wird:

- **DIALOG** meint nicht nur miteinander reden. Das „dialogische Bewegungskonzept" meint vielmehr, dass sich Mensch und „Welt" miteinander auseinandersetzen; es geht um den sich bewegenden Menschen unter seinen persönlich-situativen Umständen, der sich mit seiner „Welt" auseinandersetzt. Die „Welt" ist somit nicht objektiv, sondern eine durch den jeweiligen Menschen schon interpretierte subjektive „Welt", mit vielfältigen subjektiven Bedeutungen.[15] Die menschliche Bewegung ist nur im Kontext von dem Sich-Bewegenden, der konkreten Situation und der Bedeutung der Bewegungsaktion begreifbar.
- Das heißt für die Praxis im Reitsport: Im Reitunterricht haben wir es nie isoliert nur mit der einzelnen Person, dem Individuum, zu tun, sondern immer mit seinem aktuellen Umfeld, seiner Gestaltung und seinen Einflüssen. Und – ganz wichtig – mit dem Pferd. Wir haben es als einzige Sportart mit zwei Lebewesen zu tun. Das Ziel muss es sein, aus beiden Lebewesen eine Einheit zu formen.

Auf der Grundlage eines dialogischen Unterrichts ergibt sich folgende

Skala der Unterrichtserteilung:

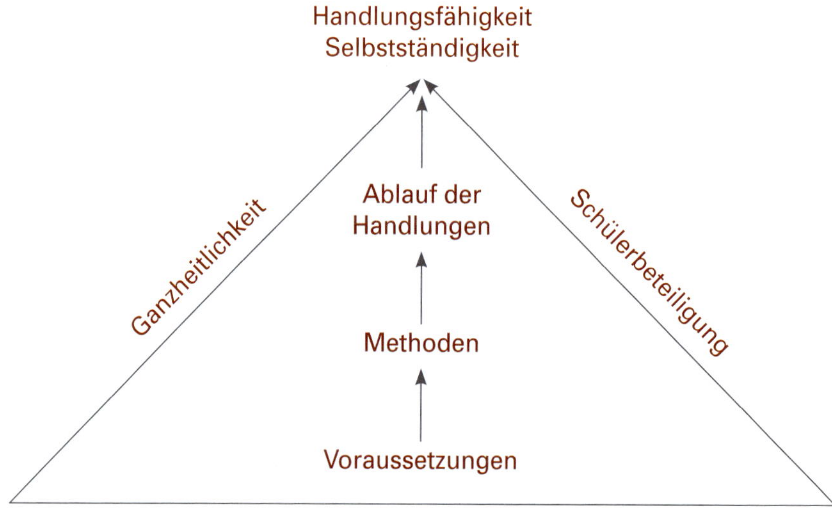

13 Vgl. Meyners 2016
14 Trebels 1992, Seite 20–29
15 Vgl. Trebels 1992

Kurze Erläuterung:

Die Skala der Unterrichtserteilung setzt sich aus den Punkten 1. Voraussetzungen, 2. Methoden und 3. Ablauf der Handlung zusammen.
Auf dem Weg, den Reitschüler handlungsfähig und selbstständig zu machen (Ziel), bestimmen Ganzheitlichkeit und Schülerbeteiligung den Unterricht.

Dazu im Einzelnen:

1. Voraussetzungen des Ausbilders

Der Ausbilder muss folgende Handlungs-Kompetenzen besitzen:

a) Er muss **fachlich** kompetent sein, d.h., er muss über vertiefende Kenntnisse in der Reit- und der Bewegungslehre und über deren Verbindung im Unterricht (Fach- und Sachebene) verfügen.

b) Er muss **methodisch** kompetent sein, d.h., er muss vertiefende Kenntnis in der Methodenlehre haben: Strukturiertes und planvolles gemeinsames Vorgehen nach Handlungsschritten; vorrangig Handlungsempfehlungen geben; Ausführungen bewerten und kontrollieren in Absprache mit dem Lernenden (Methoden-, Vermittlungsebene).

c) Er muss **sozial** kompetent sein, d.h., der Ausbilder muss Partner sein, denn das Potenzial eines Ausbilders liegt in seiner Person allein (Sozial-, Beziehungsebene).
Der gute Ausbilder kommt dem Ideal nah, wenn er beispielsweise ein lernförderliches Klima herstellt (gegenseitiger Respekt, verlässliche Regeln) und sinnstiftend kommunizieren lässt (durch Planungsbeteiligung, Gesprächskultur, Schülerfeedback, Verantwortungsübernahme, Gerechtigkeit und Fürsorge).[16]

Der Ausbilder muss permanent mit dem Reiter in den Dialog treten, um die Zusammenhänge zwischen Bewegungs- und Reitlehre transparent machen zu können. Die nötige Kompetenz des Ausbilders wird bisweilen unterschätzt! Die Komplexität des Reitenlernens muss der Ausbilder dem jeweiligen Schüler so aufbereiten, dass er es verstehen, nachvollziehen und später eigenständig umsetzen kann.

2. Methoden

Wie oben angeführt, überwiegt im bisherigen Unterricht das anweisungsorientierte Verfahren, der Lehrer fordert und „reitet" für den Schüler, der Schüler reagiert und führt aus.
Der Kern des handlungsorientierten Unterrichts liegt in der erweiterten Methodik, die deutlich über das reine Anweisen hinausgeht. Nur mit diesen (neuen) Methoden können Selbstständigkeit und Erkenntnis über die eigenen Bewegungsabläufe erzielt werden; in der Vergangenheit wurde dies im Reitunterricht überhaupt nicht formuliert.
Die Methoden/Techniken, die für den handlungsorientierten Unterricht von Bedeutung sind, sind die folgenden:

a) **Instruktion**
b) **Beratung**
c) **Moderation**

16 Meyer 2004

a) Instruktion

Gemeint sind Vorgaben/Anleitungen für die Situationen oder Handlungen, in denen der Schüler keinerlei Kenntnis bzw. Hintergründe besitzt. Im handlungsorientierten Unterricht wird nicht grundsätzlich auf Anweisungen verzichtet; sie werden aber dosiert und pädagogisch sinnvoll eingesetzt, z.B. mit den wichtigsten Bewegungskriterien, mit Metaphern (Bildsprache). Anweisungen können auch als Bewegungsaufgabe gegeben werden, wie in Kap. 2.4. erläutert.

b) Beratung

„Der Begriff Beratung bezeichnet umgangssprachlich ein strukturiertes Gespräch (...) oder auch eine praktische Anleitung, die zum Ziel hat, eine Aufgabe oder ein Problem zu lösen oder sich der Lösung anzunähern".[17] Gemeint ist damit auch, jemandem Ratschläge (b-e-r-a-t-e-n) zu erteilen.
Reiter und Ausbilder stehen dabei im DIALOG/Austausch über die Planung und die Ausführung. Das innere Bild des Schülers, seine innere Wahrnehmung, wird mit dem äußeren Bild des Ausbilders, der Außenwahrnehmung, abgeglichen, es werden gemeinsam Lösungen festgelegt. Der Reiter wird vom Ausbilder in seiner Entscheidung begleitet.

c) Moderation

Die Moderation setzt dann beim Reitlehrer ein, wenn der Reiter auch bei mehrmaligem Nachfragen nicht spürt, wie er sich tatsächlich bewegt: Innen- und Außenwahrnehmung differieren. Der Ausbilder versucht dann, mit seinen Ausbilder-Worten die Bewegungsausführung des Schülers zu beschreiben, damit dieser sein inneres Bild mit der ausgeführten Bewegung abgleicht. Der Ausbilder hält ihm einen „Spiegel" vor, damit er sein Bewegungsgefühl wieder korrigiert.
Wenn dieser Weg auch noch keinen Erfolg bringt, werden konkrete Anweisungen gegeben, um den Schüler auf die „richtige" Ausführung aufmerksam zu machen. Darauf müssen aber wieder selbstständige Erlebnisse (eigenes Handeln) und eigenständiges Kommentieren erfolgen, um ein inneres Bild zu entwickeln. Denn „Nicht die Instruktion lehrt, sondern die Situation".[18] Man lernt nicht durch die Anweisung, sondern durch das aktive Handeln, das Erleben, indem man sich mit der Situation auseinandersetzt.

3. Ablauf einer Handlung („Gestaltkreis"[19])

Mithilfe der verschiedenen Kompetenzen des Reitausbilders und der Anwendung der dargestellten Methoden vollziehen sich Reithandlungen wie in einem Kreis (Gestaltkreis) – beginnend mit einer Aufgabe, einer Handlung (siehe Kap. 1.). Um optimale Wirkung zu erzielen, laufen sie nach folgendem Schema ab:

17 Quelle: Wikipedia
18 Trebels 1990, S. 20
19 Vgl. Meyners 2016

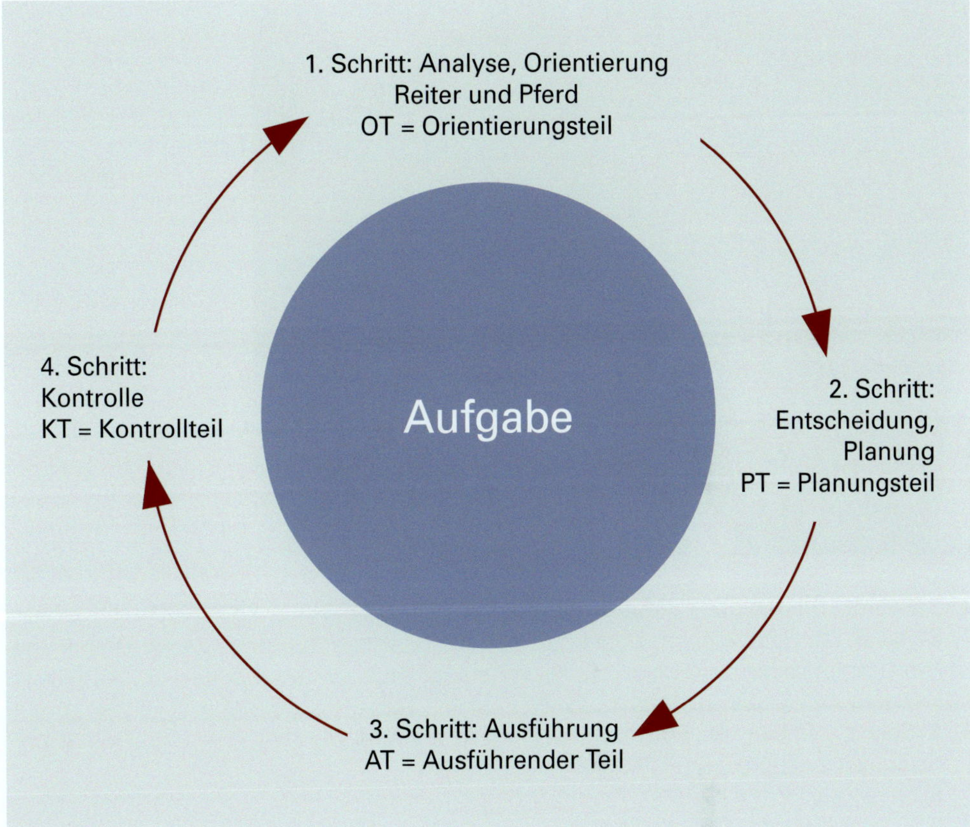

Die Schritte im Einzelnen:

- **1. Schritt – Phase der Orientierung/Bestandsaufnahme (OT):** Der Schüler reitet seine „Aufgabe" vor, zeigt seine augenblicklichen Möglichkeiten/Fähigkeiten und die des Pferdes, er formuliert eine innere Analyse von sich und seinem Pferd. Der Ausbilder gibt seine äußere Analyse, sein äußeres Bild vom Reiter/Pferd ab. Dieses bezeichnet man als Innen- und Außenwahrnehmung.
  Beispiel: Der Schüler reitet ein Viereck-Verkleinern und -Vergrößern. Danach beschreibt er das Gelingen oder Nicht-Gelingen der Übung aus seiner Sicht (innere Analyse – Innenwahrnehmung). Der Ausbilder beschreibt die ausgeführte Übung des Schülers aus seiner Sicht (äußere Analyse – Außenwahrnehmung). Es stellt sich in diesem Beispiel heraus, dass jeweils die Hinterhand des Pferdes durch zu starke äußere Schenkelhilfe vorauskommt.

- **2. Schritt – Phase der Entscheidung/Planung (PT):** Aus dieser Bestandsaufnahme/diesem Ergebnis werden entsprechende Korrekturen gemeinsam festgelegt; hiermit wird für das weitere Vorgehen/die weitere Planung eine gemeinsame Entscheidung getroffen.
  Beispiel: Ausbilder und Schüler besprechen, bei den kommenden Übungen den äußeren Schenkel passiver/schwächer einzusetzen bzw. zu versuchen, mit der Vorhand durch Führung mit dem äußeren Zügel die Richtung zu bestimmen.

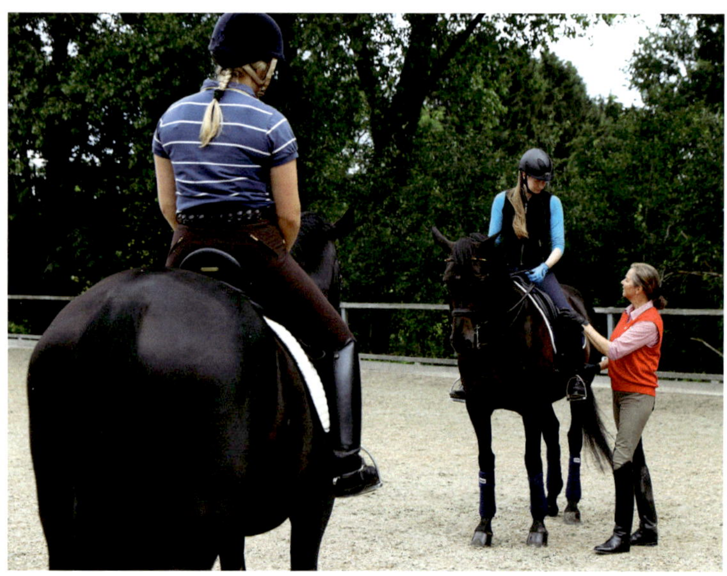

Die Handlung wird besprochen (Selbst- und Fremdbeobachtung) und geplant.

- **3. Schritt – Phase der Ausführung (AT):** Die Handlung/Lektion wird ausgeführt.
  Beispiel: Der Schüler führt das Viereck-Verkleinern und -Vergrößern mit der veränderten Hilfengebung aus.

- **4. Schritt – Phase der Kontrolle (KT):** Die Ergebnisse/das Reiten werden in folgender Reihenfolge besprochen, kontrolliert und bewertet:
  a. Selbstbeobachtung Reiter
  b. Fremdbeobachtung Ausbilder.
  Beispiel: Die Ausführung wird besprochen, der Schüler formuliert sein Gefühl, sein Ergebnis („hat besser funktioniert, das Verkleinern war besser als das Vergrößern"); der Ausbilder gleicht es mit seinem äußeren Eindruck ab („ja, richtig erkannt") und schließt gleich, gemeinsam mit dem Schüler, die nächste Analyse an („...beim nächsten Mal beim Vergrößern die Vorhand noch länger auf die neue Linie führen, wie beim Abwenden auf eine Diagonale ...") – beginnt damit wieder den 1. Schritt (OT), wie in einem Kreis.

Zusammenfassung:
Bisher wurde der Unterricht nach dem Prinzip von Ursache und Wirkung durchgeführt; ein Beispiel: „Hände aufrecht, Absatz tief, stell ihn mehr durch ...".

Der wichtige Unterschied zum bisher üblichen Lernweg ist, dass das **Lernen als Handlung** verstanden wird (weiteres Beispiel dafür: „Was kannst du tun? Wie kannst du dem Pferd helfen, balancierter auf die Mittellinie abzuwenden?" – deswegen: „handlungsorientierter Unterricht"). Der Reiter ist nicht mehr nur Ausführender der Anweisungen (reine Anweisungen funktionieren nicht, um zu lernen – wie oben dargestellt), sondern er ist gemeinsam mit seinem Pferd der aktive Teil der Bewegung und gestaltet nun aktiv das Unterrichtsgeschehen mit!

Mit diesem handlungsorientierten Unterricht sind alle Wege geebnet, ein selbstständiger, selbsttätiger und handlungsfähiger Reiter zu werden und zu bleiben!

3. Ausbildungswege für Pferd und Reiter

Nach dem vorangegangenen Methodik-Kapitel komme ich jetzt zur Darstellung und Erläuterung der Ausbildungswege von Pferd und Reiter.

Das Fundament der Deutschen Reitlehre bildet die Skala der Ausbildung des Pferdes (siehe Kap. 3.1.1), die aus dem Vorläufer unserer heutigen Richtlinien, der Heeresdienstvorschrift, H.Dv.12, 1912 entstanden ist.[1] Sie ist das Herzstück der Reiterei.

Seit einigen Jahren gibt es auch einen Ausbildungsweg des Reiters, den ich in Kap. 3.1.2 näher erläutern werde.

Die Verknüpfung beider Skalen schließlich stellt die komplexe Aufgabe des Ausbilders dar. Darauf wird in Kap. 3.1.3 näher eingegangen.

Am Schluss dieses Kapitels wird der Begriff des Gleichgewichts (Kap. 3.2) gesondert bearbeitet, weil er meines Erachtens eine zentrale Rolle in der Ausbildung von Reiter und Pferd einnimmt.

3.1 Ausbildungswege

Die Ausbildungswege stellen einen fachlich logischen Aufbau dar. Die einzelnen Schritte müssen immer im Zusammenhang gesehen und können nicht isoliert betrachtet werden. Sie bauen aufeinander auf und bilden, vergleichbar mit dem Bau eines Hauses, das Fundament. Ist kein Fundament zur Verfügung oder gibt es Risse, müssen diese erst repariert bzw. korrigiert werden, bevor höhere Etagen angestrebt werden.

3.1.1 Skala der Ausbildung des Pferdes

Die Skala der Ausbildung existiert seit vielen Jahren in der Reitausbildung und ist sicherlich vielen Lesern bekannt. Sie ist folgendermaßen aufgebaut:

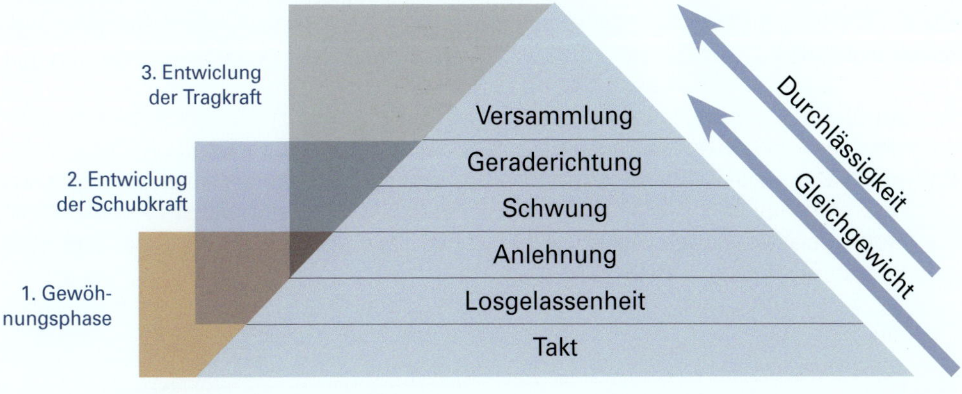

1 Deutsche Reiterliche Vereinigung e.V. (Hrsg.) 2000, S. 17

Die „Skala der Ausbildung" werde ich im Folgenden erläutern, wobei ich mich sehr kurz fasse, da sie in den Richtlinien für Reiten und Fahren, Band 1, ausführlich beschrieben wird.

Als **Takt** „bezeichnet man das Gleichmaß aller Schritte, Tritte und Galoppsprünge des Pferdes".[2] Gemeint ist auch das zeitliche und räumliche Gleichmaß auf allen Wegen, in allen Übergängen, in allen Tempi und in allen Lektionen.

Losgelassenheit zeigt ein Pferd, wenn es psychisch und physisch entspannt ist. „Losgelassenheit ist gekennzeichnet durch regelmäßiges An- und Entspannen der Muskulatur, setzt Zwanglosigkeit voraus und beinhaltet innere Gelassenheit."[3]

Merkmale der Losgelassenheit sind:

- Der zufriedene Gesichtsausdruck (Augen, Ohrenspiel)
- Der gleichmäßig schwingende Rücken
- Das geschlossene, tätige Maul
- Der getragene, pendelnde Schweif
- Das Abschnauben als Anzeichen dafür, dass sich das Pferd auch innerlich entspannt
- „Das Fallen-Lassen des Halses aus dem Widerrist heraus und Dehnungsbereitschaft"
- Die entspannte Unterhalsmuskulatur
- Das deutliche Vor- bzw. Durchschwingen aller Gliedmaße
- Das „konzentrierte Mitarbeiten und die Akzeptanz der Reiterhilfen"[4]

Anlehnung „ist die stete und weich-federnde Verbindung zwischen Reiterhand und Pferdemaul".[5] Das Pferd soll die Anlehnung ans Gebiss suchen und somit an die Hand des Reiters herantreten. Die jeweils richtige Anlehnung gibt dem Pferd die nötige Sicherheit, sein natürliches Gleichgewicht unter dem Reiter wiederzufinden und sich im Takt der verschiedenen Gangarten auszubalancieren.[6]

Schwung „ist die Übertragung des energischen Impulses aus der Hinterhand über den schwingenden Rücken auf die Gesamt-Vorwärtsbewegung des Pferdes."[7] Man sagt, ein Pferd geht schwungvoll, wenn es energisch abfußt und in der Schwebephase mit seinen Gliedmaßen gut nach vorne durchschwingt.

Geraderichtung bedeutet, dass ein Pferd dann geradegerichtet ist, „wenn Hinterhand und Vorhand aufeinander eingespurt sind, d.h., wenn es auf gerader und gebogener Linie mit seiner Längsachse der Hufschlaglinie angepasst ist. Man sagt auch, das Pferd geht „hufschlagdeckend".[8]

Versammlung meint, mithilfe der gesamten gymnastischen Ausbildungsarbeit ein leistungsbereites und gebrauchsfähiges Pferd zu erhalten. Die Last (Pferd und Reitergewicht) soll möglichst auf alle vier Beine verteilt werden, Vorderbeine sollen entlastet (von Natur aus ruht hier mehr Gewicht) und die mehr unter den Schwerpunkt tretenden Hinterbeine dadurch mehr belastet werden. Optisch sieht das Pferd aus, als gehe es „bergauf". Das Pferd bewegt sich zusehends in mehr „Selbsthaltung".

2 Deutsche Reiterliche Vereinigung e.V. (Hrsg.) 2014, S. 233
3 Ebd. S. 236
4 Ebd. S. 237
5 Ebd. S. 239
6 Vgl. ebd.
7 Vgl. ebd. S. 247
8 Deutsche Reiterliche Vereinigung e.V. (Hrsg.) 2000, S. 101

Die Richtlinien für Reiten und Fahren, Band 1, 2014, S. 252 formulieren:
„Von Versammlung spricht man, wenn ein Pferd sich mit näher herangeschlossener Hinterhand und stärker angewinkelten Gelenken der Hinterbeine ausbalancieren kann, sich leichtfüßig und energisch bewegt und sich daraus in Selbsthaltung erhabener trägt."

Die Punkte der Gewöhnungsphase sind sowohl in den ersten Wochen bzw. Monaten der Ausbildung des jungen Pferdes als auch in der Lösungsphase jeder Trainingseinheit vorrangige Ziele. Die Festigung des Taktes und der Losgelassenheit und die Herstellung der Anlehnung in einer Einstellung, bei der das Maul sich in etwa in Höhe der Buggelenke befindet, sind weitere Kennzeichen der Gewöhnungsphase.

In der Phase der Entwicklung der Schubkraft wird das Pferd zu vermehrter Aktivität angeregt und soll weiter in Richtung unter den Schwerpunkt fußen, als Voraussetzung für die später zu entwickelnde Tragkraft. Dies in Verbindung mit der Anlehnung, dem vertrauensvollen Herantreten ans Gebiss, bildet die Phase der Entwicklung der Schubkraft.

Die Entwicklung der Tragkraft ist das Ergebnis aus entwickelter Schubkraft und gezielter Gymnastizierung im Hinblick auf Geraderichtung und Versammlung. Das Pferd ist dann in der Lage, sich in allen drei Grundgangarten ausbalancierend in Selbsthaltung zu bewegen.

Durchlässigkeit ist dann gegeben, wenn das Pferd auf beiden Händen gleichmäßig losgelassen und gehorsam auf vorwärtstreibende, verhaltende und seitwärtswirkende Hilfen reagiert. Sie ist die entscheidende Eigenschaft des richtig gerittenen Pferdes und das Ziel und das Ergebnis der gesamten gymnastizierenden Arbeit.

Für dieses Buch ist die Frage der Methodik und der Systematik in der Ausbildungsskala von besonderer Bedeutung.

Die Skala der Ausbildung ist ein in sich geschlossener und logischer Aufbau und hat sich über Jahrzehnte in der Ausbildung des Pferdes bewährt. Sie ist eine Zusammenstellung der Grundeigenschaften des auszubildenden Pferdes und stellt die einzelnen Phasen dar, die zum Erreichen dieser Ziele notwendig sind. Die einzelnen Ausbildungsstufen dürfen nicht isoliert, sondern sollen im Gesamtzusammenhang betrachtet werden. Keiner der sechs Punkte steht für sich alleine. Sie müssen systematisch, aber nicht schematisch erarbeitet werden. Die praktische Umsetzung bereitet jedoch immer wieder Schwierigkeiten. Woran liegt das?

Dazu ein kleiner Exkurs: Takt, Losgelassenheit und Anlehnung, als die ersten Punkte der Ausbildungsskala, umfassen die Gewöhnungsphase des Pferdes. Meines Erachtens wird diese Phase aus Reitersicht nicht konsequent genug durchgeführt bzw. aus einem Fehlverständnis heraus zu schnell abgeschlossen. Dem Reiter ist nicht bewusst, dass allein die physiologische Ausbildung des Pferdes – Kräftigung von Muskeln, Sehnen und Bändern, Konditionierung des Herz-Kreislaufsystems – mehrere Monate in Anspruch nimmt. Wird dieser Abschnitt zu früh beendet, wird das Pferd mit den nächsten Ausbildungsphasen überfordert sein. Es wird sowohl physisch als auch psychisch den neuen Situationen nicht gewachsen sein. (Über die Ausbildung des Pferdes gäbe es noch ein weiteres Buch zu schreiben.)

Zusammenfassend meine ich damit, dass zwar vielen Ausbildern und Reitern die Skala der Ausbildung inhaltlich bekannt ist, dass es aber in der Praxis Umsetzungsprobleme gibt, weil die richtige Interpretation, die praktische Übersetzung, Schwierigkeiten bereitet und enorme Erfahrung voraussetzt. Wer selbst mal ein Pferd von der Remonte bis zum Turniersportler ausgebildet hat, weiß um diese Schwierigkeiten.

Auch für die praktische Unterrichtserteilung ist es von entscheidender Bedeutung, die Ausbildungsskala verstanden zu haben und korrekt umzusetzen. Die Ausbildung des Pferdes muss in jeder Stunde auf dieser Systematik aufgebaut werden. Daraus ergeben sich methodische Struktur und methodischer Aufbau eines jeden Unterrichts. Die gesamte Planung einer Stunde, einer Unterrichtseinheit, eines mehrwöchigen Plans und schließlich des Jahresplans haben die Skala der Ausbildung im Hintergrund zu berücksichtigen.

> **Dazu ein Beispiel:** Eine Reiterin eines Lehrganges bittet mich, mit ihr und ihrem Pferd die Problematik im Außengalopp zu beheben. Das Pferd verliert ständig den Takt und „traloppiert". Bei genauerer Betrachtung stelle ich fest, dass das Problem nicht im Außengalopp liegt, sondern in der grundsätzlichen Bereitschaft des Pferdes, sich zu versammeln. Die Anlehnung ist noch nicht hergestellt, sodass bereits im Handgalopp Taktstörungen entstehen.
> Die Ursache liegt also nicht im Außengalopp selbst (in der Versammlung), sondern in den Bereichen Takt und Anlehnung. Die Skala hilft an dieser Stelle, die richtige Ursache für einen Fehler zu finden, und gibt dadurch Entscheidungshilfen für das weitere methodische Vorgehen. Sie ist ein Diagnose-System zum Kontrollieren und zum Organisieren.

3.1.2 Ausbildungsweg des Reiters[9]

Die Ausbildungsskala für das Pferd dient zur Ausbildung und Gesunderhaltung des Pferdes. Auch für den Reiter ist eine Skala notwendig, um systematisch und fachlich logisch ausgebildet zu werden. Meyners[10] und Lührs[11] haben einen leicht veränderten Ausbildungsweg des Reiters konzipiert.[12] Der Ausbildungsweg für den Reiter (nach Meyners und Lührs) sieht folgendermaßen aus:

Die Schritte bedeuten im Einzelnen:

Erlernen der Sitzgrundlagen (umfasst 1.–3.)

1. Vertrauen und Angstfreiheit
2. „Losgelassenheit" (Lockerheit) des Reiters (emotional und körperlich)
3. Gleichgewicht und Rhythmus
4. Bewegungsgefühl
5. Hilfengebung/Einwirkung

9 Vgl. Meyners 2003
10 Meyners 2003
11 Lührs-Kunert 2006
12 Im Vergleich zum Ausbildungsweg in den Richtlinien für Reiten und Fahren, Band 1, S. 68, liegt die Betonung bei Meyners/Lührs auf der Losgelassenheit, die vor dem Gleichgewicht kommen muss und nicht anders herum.

1. **Vertrauen und Angstfreiheit**
Sie beziehen sich sowohl auf das Pferd als auch auf den Ausbilder.
In puncto Pferd geht es um das Erleben und Kennenlernen des Lebewesens Pferd. Der Schüler soll erfahren, wie das Pferd reagiert, wie es sich verhält oder verhalten kann, mit welchen Reaktionen der Schüler zu rechnen hat etc. Daraus lernt der Schüler, wie er selbst sich dem Pferd gegenüber zu verhalten hat.
Für den Ausbilder geht es um die angstfreie und vertrauensvolle Atmosphäre, die geschaffen werden muss, damit der Schüler lernen kann. Ein angstbesetzter Mensch wird große bis unüberwindbare Schwierigkeiten haben, das Reiten zu erlernen.

2. **Losgelassenheit des Reiters**
Diesen Begriff kennen wir aus der Ausbildungsskala des Pferdes. Er meint das Gleiche, nur bezogen auf den Menschen. Der Reiter muss in sich locker sein, d.h., er muss muskulär unverkrampft sein. Dieses Phänomen ist vergleichbar mit der Übersetzung von „Versammlung", – die als „gelöste Spannung" bezeichnet wird. Sie bezieht sich sowohl auf innere, emotionale (der Kopf muss frei sein, um aufnahmefähig zu sein) als auch auf äußere, körperliche Vorgänge.

3. **Gleichgewicht und Rhythmus**
Aus der Lockerheit des Reiters heraus wird es erst möglich sein, den Reiter zur Findung seines eigenen Gleichgewichts zu schulen. Nur daraus wird der Reiter fähig sein, rhythmisch zu reiten. Ohne Rhythmus gibt es kein Gleichgewicht und umgekehrt. Das Thema „Gleichgewicht" (bzw. Balance) wird aufgrund seiner Wichtigkeit in Kap. 3.2 noch einmal aufgegriffen.

Erlernen der Sitzgrundlagen
Parallel dazu wird beim Erlernen der drei erstgenannten Punkte die Sitzschulung integriert, d.h., dass der Schüler die Grundlagen des Dressursitzes und des leichten Sitzes erlernen soll.[13] Es darf auf keinen Fall um das formale Erlernen des Sitzes, den schablonenhaften, formschönen Reiter gehen, weil dies nur zu Verkrampfungen und Verspannungen führen würde, wodurch die Losgelassenheit behindert und das Gefühl ausgeschaltet wird.
Alle Lernschritte zur Sitzschulung müssen grundsätzlich unter den Aspekten Vertrauen, Losgelassenheit und Gleichgewicht/Rhythmus stehen!

4. **Bewegungsgefühl**
Es setzt die vorangegangenen Punkte voraus und meint die Fähigkeit des Schülers, sich den Bewegungen des Pferdes in jeder Situation anzupassen. Der Reiter kann dann optimal fühlen und mit dem Pferd verschmelzen.

5. **Hilfengebung/Einwirkung**
Sie sind das Ziel des Lernprozesses, müssen aber auch schrittweise eingeführt und gelernt werden. Erst wenn sich der Reiter dem Pferd total anpassen kann, fühlt, spürt und sich den Bewegungen bewusst ist, können Hilfengebung und Einwirkungen optimal gelingen. Es sind die Formen, über die der Reiter mit seinem Pferd sprechen kann.
Die Praxiserfahrung zeigt, dass das Erlernen der Hilfen häufig zu früh geschult wird. Die Schüler sind noch nicht in der Lage, losgelassen und balanciert zu sitzen, und werden

13 Zum Sitz des Reiters (Dressursitz, leichter Sitz) siehe Deutsche Reiterliche Vereinigung e.V. (Hrsg.) 2014, S. 68 ff.

schon mit erhöhten Anforderungen konfrontiert, z.B. das Pferd in Anlehnung zu reiten bzw. an die Hilfen zu stellen. Wenn sich der Ausbilder an dieser Stelle mehr Zeit zum Erlernen von Losgelassenheit und Balance nimmt und der Schüler dazu bereit ist, wird die Hilfengebung wesentlich leichter und dann auch schneller zu erlernen sein.

3.1.3 Verknüpfung beider Wege

Mit dem Wissen um die beiden Ausbildungswege sind wir noch lange nicht am Ziel. Sie sind zwar eine große und entscheidende Hilfe für die Systematik des Reitenlernens, aber beinhalten noch keine Gebrauchsanweisung für die praktische Umsetzung. Diese schwierige Aufgabe, die Verknüpfung der beiden Wege, obliegt nun dem Ausbilder.
Am besten lässt sich dieser Weg umschreiben mit dem Begriff des „Dialogs". Ein Dialog ist ein Zwiegespräch (Gespräch unter zwei Personen, im Gegensatz zum Monolog, wo nur einer spricht). Man kann das Reitenlernen mit einem solchen Gespräch vergleichen. Beide Gesprächspartner müssen, um sich miteinander verständigen zu können, dieselbe Sprache sprechen. Ist das nicht der Fall, kommt es zu Missverständnissen oder sogar zu gar keinem Gespräch.[14]
Ein Dialog beinhaltet ein gegenseitiges Abtasten. Was versteht der Partner und was nicht oder noch nicht? Auf das Reiten bezogen ist der Versuch, ein junges Pferd mit einem jungen Reiter zusammenzufügen, zum Scheitern verurteilt, weil der eine die Sprache des anderen nicht verstehen kann. Der Reiter ist dazu fachlich und gefühlsmäßig, von seiner reiterlichen Erfahrung her, nicht in der Lage, das Pferd zu verstehen. Deshalb ist es so wichtig, dass ein junger Reiter auf einem erfahrenen Pferd lernt und umgekehrt ein junges Pferd von einem erfahrenen Reiter lernt bzw. ausgebildet wird.
Wie diese Verständigung Reiter/Pferd, dieser Dialog vermittelt bzw. ausgebildet wird und wie Störungen korrigiert werden, ist ein Hauptanliegen dieses Buches und wird in den nächsten Kapiteln zur Sprache kommen.

3.2 Gleichgewicht – Balance

Die Begriffe Gleichgewicht und Balance, die das Gleiche bedeuten, sind zentrale Begriffe im Reitenlernen, weshalb sie an dieser Stelle eine besondere Aufmerksamkeit erfahren.
Im Sport, also auch im Reiten, spricht man vom „motorischen Gleichgewicht".[15] Es meint die Fähigkeit des Menschen (Reiters), den eigenen oder fremden Körper (Reiter und Pferd) durch Ausgleichsbewegungen in einer Gleichgewichtslage zu belassen.[16] Man muss balancieren, um den Bewegungen des Pferdes folgen zu können.
Die Gleichgewichtsfähigkeit eines Menschen zeigt sich am ehesten, wenn er Gleichgewichtsanforderungen ausgesetzt ist. Das Sitzen auf einem haltenden Pferd ist bereits eine solche Anforderung, das Sitzen auf einem sich bewegenden Pferd potenziert diese Anforderung.
Gleichgewichtsanforderungen sind dann vorhanden, wenn „durch Lageveränderungen des Körperschwerpunktes im Verhältnis zur Stützfläche das Körpergleichgewicht gestört wird".[17] Das heißt, wenn ein Reiter sein Pferd aus dem Halten anreitet, wird sein Körperschwerpunkt in diesem Moment nach hinten verlagert und zwingt den Reiter zu balancieren. Ein typisches Bild bietet ein sehr kleines Kind, das erstmals zu Pferde/Pony sitzt. Beim

14 Vgl. Meyners 1996
15 „Motorisch" meint eine Bewegung betreffend (Motor)
16 Vgl. Röthig 1992
17 Hirtz, Holz, Ludwig 2000, S. 52

ersten Anreiten fällt es fast hintenüber, weil es die Bewegung nicht erwartet und nicht weiß, dass es die Bewegung mitmachen muss. Es geht während dieser Anforderungen um den Erhalt oder die Wiederherstellung des Körpergleichgewichts.
In der neueren sportwissenschaftlichen Literatur werden vier Arten des Körpergleichgewichts unterschieden:

1. **Stand-Gleichgewicht**
2. **Balancier-Gleichgewicht**
3. **Dreh-Gleichgewicht**
4. **Flug-Gleichgewicht**[18]

Für den Reitsport ist in erster Linie das Balancier-Gleichgewicht von Bedeutung, das den Erhalt und die Wiederherstellung des Körpergleichgewichts (wie oben beschrieben) bei Bewegungen mit einem Lebewesen (dem Pferd) fordert.
Entscheidend ist nun, dass der Reiter die Gleichgewichtskompetenz erwirbt, d.h. die Fähigkeit der Wiederherstellung des Gleichgewichts. Jeder Mensch hat die grundlegenden Ressourcen, die Anlage für diese koordinative Fähigkeit in sich, er muss sich nur den Anforderungen stellen bzw. durch die Ausbildung den Anforderungen gestellt werden.

Die Balance des Reiters auf dem Pferd hat ihre Grundlage in der muskulären Balance. Damit ist gemeint, dass alle Muskeln möglichst in einem ausgewogenen Verhältnis stehen, denn erst der ausbalancierte Reiter ist in der Lage, dem Pferd zu helfen, sich auszubalancieren. Dies trifft genauso auf das junge Pferd zu, das durch das zusätzliche Reitergewicht beim Anreiten aus dem Gleichgewicht gebracht wird. Deshalb muss für diese Aufgabe ein erfahrener, guter Reiter eingesetzt werden, der das Pferd unterstützt. Ein so ausbalanciertes Pferd kann wiederum dem unbalancierten/unerfahrenen Reiter bei der Suche nach seiner Balance hilfreich sein (ganz wichtig beispielsweise im Behindertensport) und ihm das Gefühl für die Balance vermitteln.
Die gegenseitig erworbene Balance (von Reiter und Pferd) hat die Verwobenheit von Reiter und Pferd zum Ziel, die die Basis des Dialoges (siehe Kap. 3.1.3) bildet.
Der Gleichgewichtssinn ist bei vielen Menschen durch das heutige Alltagsleben kaum noch normal ausgebildet. Dies erkennt man bei den Reitern am starken Ziehen an den Zügeln und am Klemmen im Sitz. Eine Sensibilisierung erfolgt am besten durch Ungleichgewicht (vgl. Kap. 4.8).

In der weiterführenden Ausbildung des Pferdes und des Reiters erfährt die Ausbildung der Gleichgewichtsfähigkeit eine immer zentralere Rolle; sie muss auf einer immer höher und anspruchsvoller werdenden Ebene thematisiert und ausgebildet werden. Je mehr das Pferd in die Versammlung gebracht wird, umso mehr hat es die Lastaufnahme mit der Hinterhand gelernt und umso leichter wird es in der Hand des Reiters und ist in der Lage, sich selbst zu tragen. Diese Tragkraft setzt eine ständige Balance des Pferdes voraus, die durch den Reiter nicht gestört werden darf.
Das Ziel der Ausbildung ist es nun, dass Pferd und Reiter diese Balance möglichst permanent durchhalten. Ihr Verlust wirkt sich in jedem Fall negativ auf die Bergauftendenz des Pferdes aus. Das Pferd kommt auf die Vorhand. In Dressurprüfungen der Klassen M und S fällt dies umso mehr auf, da diese Pferde eine höhere Aufrichtung haben sollten als die Pferde in den Prüfungen der Klassen A und L.

18 Vgl. Hirtz, Holz, Ludwig 2000

4. Vermittlungsprinzipien in der täglichen Methodik – aus der Praxis für die Praxis

Nachdem über Methodik im Reitunterricht (Kap. 2) und über Ausbildungswege für Pferd und Reiter (Kap. 3) geschrieben wurde, werde ich im nun folgenden Kapitel Prinzipien anführen, die in der praktischen Unterrichtserteilung zu beachten sind.

In meinen Seminaren wird mir immer wieder die Frage gestellt, woran guter Reitunterricht zu erkennen ist. Eine erste Antwort gibt folgender Grundsatz:
Im guten Reitunterricht sollte vorrangig die Vermittlung von Punkten der Skalen der Ausbildung (Pferd und Reiter) unter besonderer Beachtung der Einwirkung des Reiters liegen. Sind diese Kriterien in Ordnung (und das ist das Faszinierende an der Ausbildungsskala), ergeben sich die Lektionen wie von selbst. Sie sind das Resultat aus konsequenter Interpretation der Deutschen Reitlehre. Zum Beispiel: Lernen Pferd und Reiter die korrekten Grundlagen der Schwungentfaltung, wird das Erlernen und das Reiten des Mitteltrabes keine große Hürde mehr darstellen.

Ein Reitunterricht, der sich ausschließlich am Reiten und Üben von Lektionen orientiert, ist daher wenig effektiv.

Eine zweite Antwort geben die folgenden neun Vermittlungsprinzipien, deren Reihenfolge keinerlei Wertigkeit beizumessen ist. Sie sind aus der praktischen Unterrichtserfahrung entstanden und sind das Rüstzeug für die tägliche Unterrichtspraxis.

4.1 Den Reiter abholen, wo er steht

Diese Formulierung klingt etwas hölzern, sagt aber in aller Kürze Folgendes aus: Der Ausbilder darf den Schüler weder unter- noch überfordern. Er muss mit seinen Hilfestellungen und Korrekturen dort ansetzen, wo der Schüler von seiner Reiterfahrung, seinem reiterlichen Niveau, den Möglichkeiten und Grenzen seines reiterlichen Könnens her steht. Der Ausbilder muss also wissen, was der Schüler bereits beherrscht und was nicht. Erste Fragen dazu sind sehr hilfreich.
Unterrichtet man den Schüler schon eine längere Zeit, wird dieses Prinzip kein Problem darstellen – man kennt seinen Schüler! Auf Lehrgängen, die nur über wenige Tage durchgeführt werden, oder mit neuen Schülern kann dies zur Problematik werden, wenn man kein Vorwissen von dem hat, was der Schüler kann bzw. nicht kann. In einer solchen Situation muss der Ausbilder möglichst schnell über Gespräche mit dem Schüler und gezielte Beobachtungen erfahren, wie weit er fachlich (theoretisch und praktisch) ist. Erst dann können Korrekturen fachlich logisch und sinnvoll angesetzt werden.

In der Fachsprache bezeichnet man diese Informationen als „anthropogene Voraussetzungen". Das sind die Voraussetzungen, die der jeweilige Schüler oder die Gruppe für die Unterrichtsstunde mitbringt. Dazu zählen die Zusammensetzung der Gruppe, das Alter, die Reitqualität, die reiterliche Lern- und Leistungsfähigkeit der Einzelnen/der Gruppe, die Kondition des Einzelnen usw. Diese Informationen bilden den Ausgangspunkt der Unterrichtsplanung.

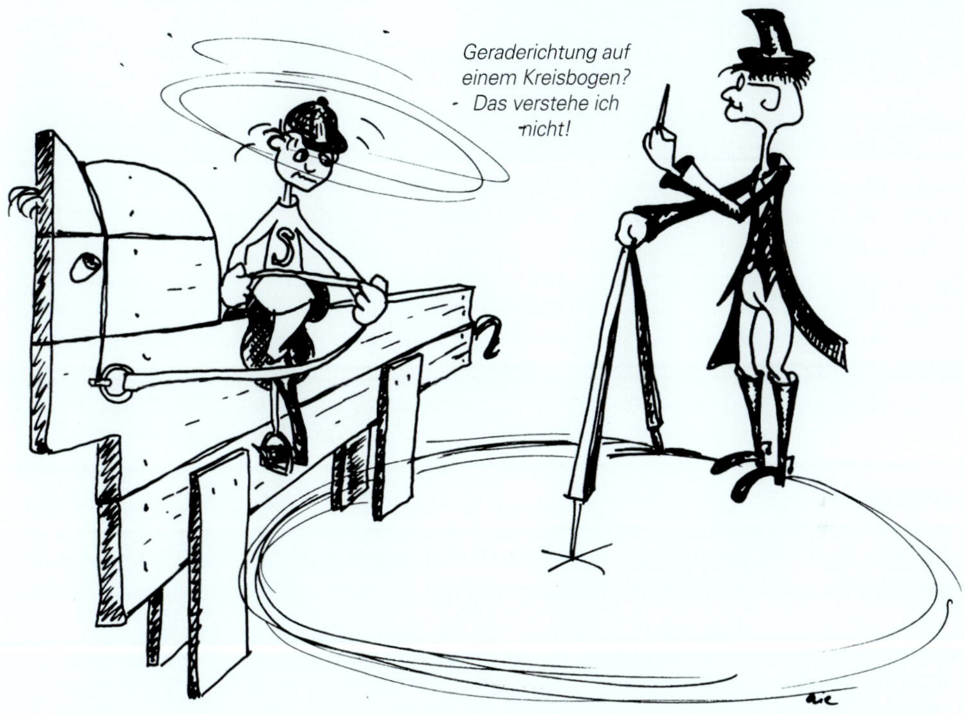

Beispiel: Der Schüler kennt die genaue (praktische und theoretische) Übersetzung des Begriffs der „Geraderichtung" nicht, wird aber vom Ausbilder angehalten, sein schiefes Pferd auch in der Volte „gerade"zurichten. Es wird ihm nicht möglich sein, diese Korrektur umzusetzen, weil er dazu kognitiv, vom Verstand her, noch nicht in der Lage ist; der Begriff ist dem Reiter noch fremd.

4.2 Das Pferd abholen, wo es steht

Das gleiche Prinzip, welches für den Reiter gilt, trifft auch auf das Pferd zu. Das Training des Pferdes bzw. die Korrektur müssen dort ansetzen, wo es fachlich logisch und sinnvoll ist. Weder eine Unterforderung, die keinen Trainingseffekt erzielt, noch eine Überforderung machen Sinn. Dem Ausbilder kommt auch hier die Aufgabe zu, möglichst rasch herauszufinden, was das Pferd kann bzw. noch nicht kann; wo seine Stärken und seine Schwächen liegen. Daraus erst resultieren die nächsten Unterrichtsschritte (Unterrichtsplanung, Methodik, Hilfestellungen etc.).

Beispiel: Einem Pferd, das keine Losgelassenheit zeigt, können keine versammelnden Lektionen abverlangt werden. Das Pferd wäre dazu nicht in der Lage, die Übung wäre zum Scheitern verurteilt; es wäre überfordert (ohne Losgelassenheit keine Durchlässigkeit im Sinne der Skala der Ausbildung – siehe Kap. 3).

Weiteres Beispiel: Mit einem Pferd, das Schritt-Galopp-Übergänge noch nicht kann, sollten weder Außengalopp noch der einfache Galoppwechsel geübt werden. Reitfachlich kommt der Übergang zum Schritt vor dem Außengalopp und den einfachen Wechseln!

4.3 Der Reiter lernt mit vielen Sinnen

Jeder Mensch ist ein anderer Lerntyp. Der eine lernt besser über das Ohr, über die Aufnahme sprachlicher (verbaler) Informationen, der andere über das, was er sieht, was ihm vorgemacht oder gezeigt wird (visuell) und der dritte schließlich lernt am schnellsten, wenn er es gefühlt hat (taktil). Der jeweilige Vorzug für eine bestimmte Informationsart muss beim Lernen bedacht werden.
Der Mensch behält wenig von dem, was er nur über das Ohr vermittelt bekommen hat.[1] Wenn man zusätzlich viele neue Informationen auf einmal über das Ohr aufnehmen muss, ist es schwer, sie überhaupt zu speichern bzw. am nächsten Tag ins Bewusstsein zu holen. Untersuchungen[2] haben gezeigt, dass motorisches Lernen (das Erlernen von Bewegung und Bewegungsfertigkeiten im weitesten Sinne) am ergiebigsten ist, wenn mehrere Informationsmittel (d.h. verbal, visuell und taktil) Anwendung finden. Dies liegt darin begründet, dass wir ausschließlich verbal vermittelte Informationen nur zu einem Bruchteil behalten können.

In der gängigen Unterrichtspraxis wird noch zu viel einseitig verbal unterrichtet. Sicherlich ist die Sprache unser wichtigstes Medium, aber der Ausbilder sollte wissen, dass die Kombination mit visuellen und taktilen Hilfen das Mittel schlechthin ist, den Schüler auf seinem Ausbildungsweg weiterzubringen.

4.4 Verständnis für Bewegungsabläufe

Zum Reitenlernen gehört auch die Vermittlung von theoretischen Kenntnissen. Diese können in Theoriestunden erworben werden; aus eigener Erfahrung weiß jeder Ausbilder, dass dies von den Schülern nur ungern angenommen wird. Den Schülern fehlt der Bezug zur Praxis.

Viel effektiver ist es, die Theorie in den praktischen Unterricht zu integrieren. Reitpausen sind dafür prädestiniert, das eben Gerittene Revue passieren zu lassen bzw. die nächsten Schritte zu besprechen. Dem Ausbilder bietet es eine Rückmeldung, inwieweit der Schüler die Theorie nachvollziehen kann oder nicht bzw. wie groß sein Wissensstand ist.

1. Beispiel: Nach der Lösungsphase wird mit den Schülern besprochen, wozu und warum gelöst werden muss und wie beispielsweise das Ergebnis einer gelungenen Lösungsphase auszusehen hat (beim Zügel-aus-der-Hand-kauen-Lassen dehnt sich das Pferd vorwärts-abwärts, es kaut, der Schweif pendelt, die Ohren spielen, etc.).

2. Beispiel: In einer Schrittpause kann die Fußfolge des Pferdes (in allen drei Grundgangarten) erarbeitet, besprochen und mit den Schülern am lebenden Objekt beobachtet werden.

Durch diese Art der theoretischen Vermittlung werden dem Schüler die Zusammenhänge deutlicher (transparenter). Der Schüler erwirbt Fachwissen und Handlungsfähigkeit, die die praktische Umsetzung erleichtern. Er lernt mit dieser kognitiven Grundlage, selbstständiger

1 Jeder erinnert sich aus seiner Schulzeit an die Unterrichtsstunden, in denen nur der Lehrer geredet hat. Am Ende der Stunde war es schwerlich möglich, sich an Inhalte zu erinnern. Und spätestens am nächsten Tag war alles vergessen.
2 Vgl. Größing 1983

(autonomer) in seiner Planung zu werden und sich aus der Abhängigkeit des Ausbilders zu begeben. Das Ziel des Ausbilders sollte es sein, sich durch diesen Unterricht mehr und mehr zurückziehen zu können und den Schüler entscheiden zu lassen, welcher Übungsschritt der nächste sein sollte (zum Thema selbstständiges Fühlen siehe folgenden Abschnitt). Dieses ist besonders wichtig, wenn der Schüler zu Hause oder in Prüfungen alleine reitet und der Ausbilder als Korrektiv nicht mehr zur Verfügung steht.

4.5 Fühlen lernen anstatt mechanisch auf das Pferd einwirken

Wenn man etwas (kognitiv) verstanden hat, hat man es noch lange nicht im Gefühl. Aus eigener Erfahrung weiß jeder Reiter, dass er eine Bewegung dann „verstanden" hat, wenn er sie gefühlt hat. Reiten ist ein Gefühlssport, und wir sollten früh genug damit beginnen, das Gefühl unserer Schüler auszuprägen (vgl. Kap. 2.5).

Doch wie lernt der Reiter Fühlen?

Bisher zeigt sich im gängigen Reitunterricht, dass der Reitlehrer für den Schüler fühlt. Der Reitlehrer lenkt den Reiter, wie es nach seinem „Reitlehrer"-Gefühl richtig ist. Der Reitlehrer entscheidet für den Schüler, anstatt ihn entscheiden zu lassen. Somit ist der Schüler nur noch Ausführender des Reitlehrers und nicht selbst Agierender. Der Ausbilder bestimmt über den Schüler, der wie eine Marionette zu funktionieren hat.

Der Ausbilder muss sich aber an das Gefühl des Reiters herantasten. Er darf nicht nur die äußere Form der Reitbewegung (Außensicht) betrachten, sondern muss versuchen, sich in das Gefühl des Reiters, in seine Innensicht, hineinzuversetzen. Das, was der Ausbilder von außen erkennt, und das, was der Schüler fühlt, weichen häufig voneinander ab. Nur über das Erkennen der inneren Bewegungsabläufe des Schülers ist es möglich, das Gefühl des Schülers auszuprägen und zu verbessern (vgl. Kap. 2.4 und 2.5).

Der Reiter muss außerdem lernen, sein eigenes Gefühl in Worte fassen zu können. Eine Frage des Ausbilders könnte bspw. lauten: „Wie fühlt sich deiner Meinung nach die Anlehnung an? Was gefällt dir oder was missfällt dir?" Aussagen des Reiters über seine gefühlten Bewegungen signalisieren dem Ausbilder, inwieweit sich das Gefühl des Schülers (weiter-) entwickelt hat.[3]

Dem Ausbilder obliegt nun die Aufgabe, dem Schüler beizubringen, sich von innen sehen zu lernen. Das bedingt eine aktive Beteiligung des Schülers am Lernprozess, er soll selbst initiativ werden. Er muss dazu lernen, seine Bewegungen und die seines Pferdes zu erspüren und zu interpretieren, um daraus mit seinen eigenen Bewegungen (Hilfen) auf das Pferd einwirken zu können. „Der Zusammenhang von Spüren und Bewirken steht im Mittelpunkt des Lernprozesses".[4] Damit ist die Grundlage eines Dialogs, des „Gespräches" zwischen Reiter und Pferd, gegeben.

Dem Ausbilder fällt durch diesen Unterricht eine andere Rolle zu: Er korrigiert nicht mehr ausschließlich das, was er von außen erkennt, sondern versucht, die inneren Vorgänge seiner Schüler zu berücksichtigen und sie, die Vorgänge, zu beeinflussen. Er arbeitet an den Gefühlen, den Sinneswahrnehmungen, seiner Schüler.

3 Vgl. Meyners 2000

4 Meyners 2000, S. 26

4.6 Funktion statt Form – Abkehr von der Form des Reitersitzes hin zum Erzielen der Funktion

„Hände aufrecht, Absatz tief!" Diese typische Floskel ist immer wieder in der Erteilung von Reitunterricht zu hören. Aufforderungen wie „Spann dein Kreuz mehr an" oder „Halte die Hände ruhiger" sind ständiger Bestandteil des Reitunterrichts.

Analysiert man diese Formulierungen, muss man feststellen, dass der Reiter in eine bestimmte Form gepresst wird. Und zwar in die Form, die als „richtiger, idealtypischer Sitz" bezeichnet wird. Solange die Abweichungen von der Idealsitzform funktional sind (d.h., wenn man am Pferd erkennen kann, was der Reiter will, und seine Einwirkung eine Funktion erfüllt), sind sie nicht als Fehler zu werten. Doch durch die ständige Anforderung, der Idealtypik entsprechen zu müssen, werden Abweichungen fälschlicherweise als negativ beurteilt. Es wird nicht bedacht, dass die äußere Form des Sitzes nicht ausschlaggebend für gefühlvolles Reiten ist, sondern die Funktion, die der korrekte Sitz auslöst. Dies bedeutet: Beim Erlernen des korrekten Reitsitzes (gleichgültig ob Dressur-, Spring- oder Geländesitz geschult wird) kommt es in erster Linie darauf an, die Einwirkungen des Schülers zu schulen (diese gelingen nur aus einem annähernd korrekten Sitz).

Beispiel: Reitet der Schüler mit offenen Fingern, kann er keine stete Verbindung zum Pferdemaul halten. Die Korrektur sollte nicht nur lauten „Mach deine Finger zu!", sondern besser: „Versuche über deine geschlossenen Ringfinger eine konstante Verbindung zum Pferdemaul herzustellen." Oder: „Was musst du tun, um eine ständige Verbindung zum Pferdemaul herstellen zu können?", also in Form eines Gesprächs bzw. einer Erläuterung, die den Sinn und die Funktion der korrekten Hilfengebung formuliert (vgl. erfahrungsorientierte Lehrmethode, Kap. 2.4.1).

Die Funktion des Sitzes kann nur dann geschult werden, wenn individuell unterrichtet wird, d.h., wenn die Hinweise und Korrekturen spezifisch auf die Paarung Reiter/Pferd zugeschnitten sind. Das ist auch im Unterricht mit mehreren möglich und nötig. Jedes Pferd/jeder Reiter bewegt sich anders; sie dürfen deshalb nicht in eine (idealtypische) Form gepresst werden. Individualität spielt somit in der Ausbildung der Reiter eine noch größere Rolle als in den übrigen Sportarten, weil durch die Kombination mit einem weiteren Lebewesen (Pferd) ein formalistisches Vorgehen nicht funktioniert, das die Individualität außer Acht lässt.

4.7 Ausbilder und Reiter müssen Funktionszusammenhänge erkennen und selbstständig umsetzen können

Der Ausbilder sollte im Bereich Sitz und Einwirkung des Reiters und ihrer muskulären Zusammenhänge eine größere Kenntnis erwerben. Die verschiedenen Körperteile müssen immer in ihren Funktionszusammenhängen gesehen werden. Das Wissen um diese Zusammenhänge erleichtert dem Ausbilder, Störungen beim Reiter zu erkennen und Ursache und Wirkungen zu definieren (vgl. Kap. 4.9).
Mittlerweile gibt es verschiedene Autoren, die sich mit diesem Thema befasst haben.[5]

5 Stodulka, Weiß, Meyners 2013 / von Dietze 2010

Dazu ein Beispiel: Zur Kenntnis eines Ausbilders zählt insbesondere der Blick für die richtige Positionierung der Mittelpositur des Reiters. Das Becken ist der Motor und das Bewegungszentrum des Menschen. Wie oben beschrieben (Kap. 3.2 – Gleichgewicht – Balance), ist der Reiter zur Aufrechterhaltung seines Gleichgewichts zu ständigen Balancierbewegungen aufgefordert. Dies setzt voraus, dass sich der Reiter in einer mittleren Position – der natürlichen Haltung – mit seiner Mittelpositur befindet. Das heißt, ihm muss Möglichkeit gegeben sein, die Mittelposition sowohl nach vorne als auch nach hinten zu bewegen (das Becken anzuheben bzw. zu kippen). Sitzt er bereits in einer Endstellung (z.B. Hohlkreuz) und kann sich nur noch in eine Richtung bewegen, ist ein Mitschwingen zur Aufrechterhaltung der Losgelassenheit unmöglich. Der Ausbilder muss den Schüler dahingehend schulen, dass er ein Bewusstsein und damit das Gefühl für die richtige Positionierung der Mittelpositur entwickelt.[6]

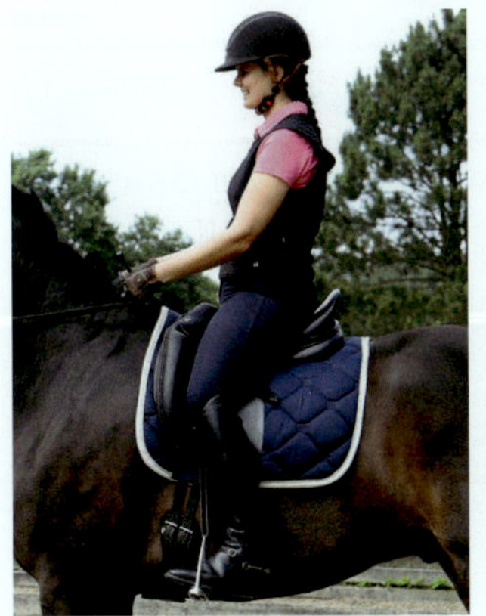

Mittelpositur in Normalstellung

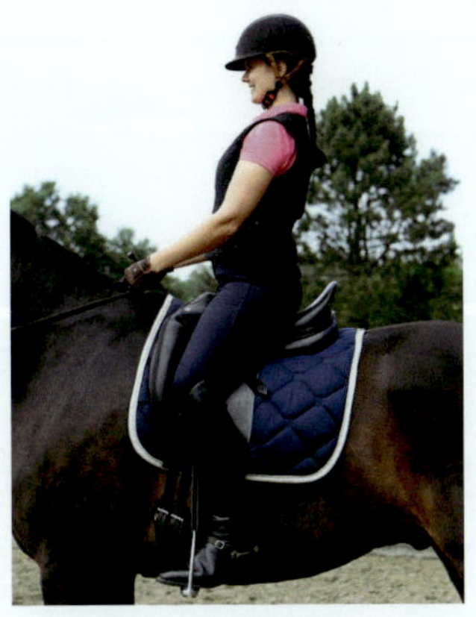

Mittelpositur in Hohlkreuzposition

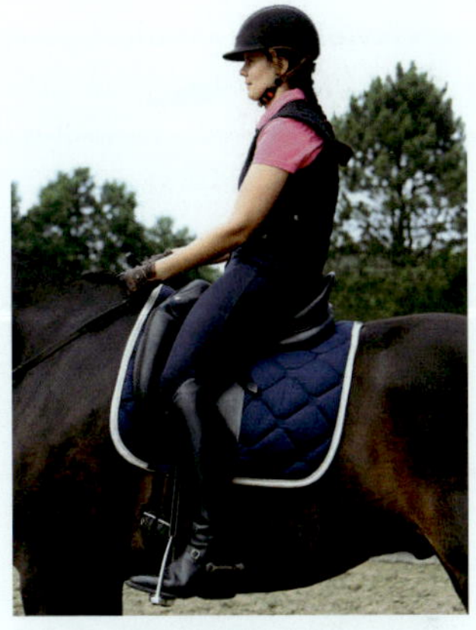

Mittelpositur in Rundrückenposition

Zum Verständnis der Funktionszusammenhänge ist das sogenannte „Bootsmastmodell"[7] sehr wertvoll: Die einzelnen Körperteile sind miteinander verbunden, „vertäut"; wenn an einer Stelle etwas verändert wird, verändert sich das ganze System.

Dazu ein Beispiel: Das Pferd fällt in der geforderten Längsbiegung mit der Hinterhand aus. Ursache ist, dass der Reiter die innere Hüfte nicht vorne hat und die äußere Schulter zu weit vorn. So kommt es zur falschen Gewichtsverlagerung nach außen und unbewusst zum seitwärtstreibenden, inneren Schenkel. Die Korrektur des Ausbilders muss also am Grundsitz ansetzen, am korrekten Drehsitz, und nicht am Ausweichen der Hinterhand oder am vermehrten Einsatz des äußeren Schenkels. Das wäre die falsche Lösung!

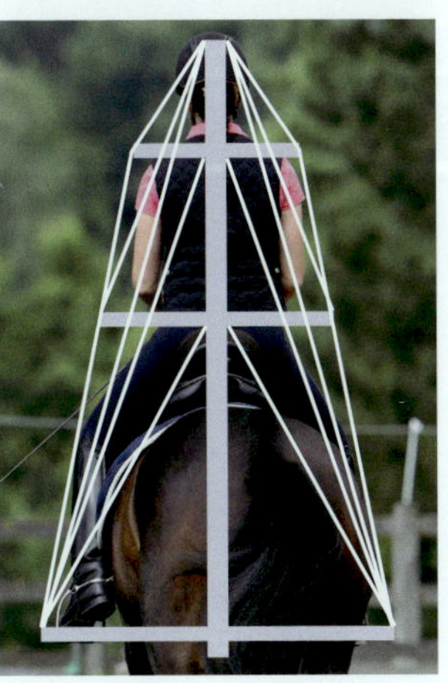

Bootsmastmodell

6 Meyners 1996 und 2003

7 Vgl. Meyners, Müller, Niemann 2011

4.8 Kontrasterfahrungen erleichtern das Lernen und das Fühlen

Kontrasterfahrung meint das Erleben von Gegensätzlichkeiten oder von Extremen. Über die Erfahrung von Extremen werden Dinge ins Bewusstsein gehoben und Bewegungsmöglichkeiten erprobt.

Dazu ein Beispiel: Zur Darstellung der Beckenbeweglichkeit bieten sich Übungen an, von einer übertriebenen Hohlkreuzposition in eine übertriebene Rundrückenposition zu gehen. Da heraus kann der Reiter die Bewegungsmöglichkeit seines Beckens erfühlen und schließlich leichter seine eigene Mitte finden (siehe Fotos S. 43).

Weiteres Beispiel: Der reitende Anfänger soll im Halten erfühlen, wie weit er sich jeweils nach links bzw. nach rechts herunterbeugen kann, ohne den Halt zu verlieren. Da er sich fürchtet, zur Seite herunterzufallen, vermittelt ihm diese Übung Sicherheit. Mithilfe der Begleitung durch den Ausbilder gewinnt er Vertrauen in seine eigene Balancierfähigkeit.

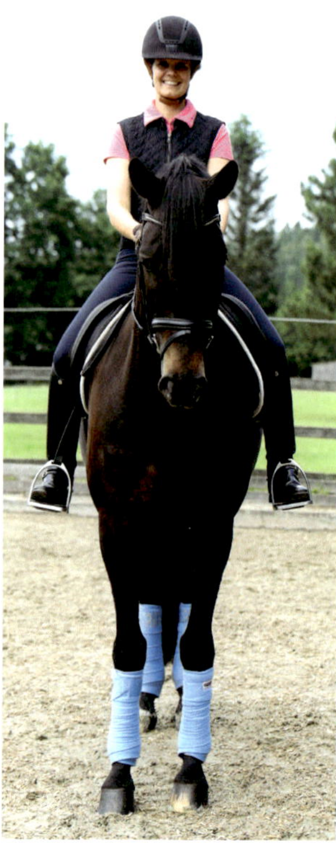

Korrektes Sitzen in der Mitte

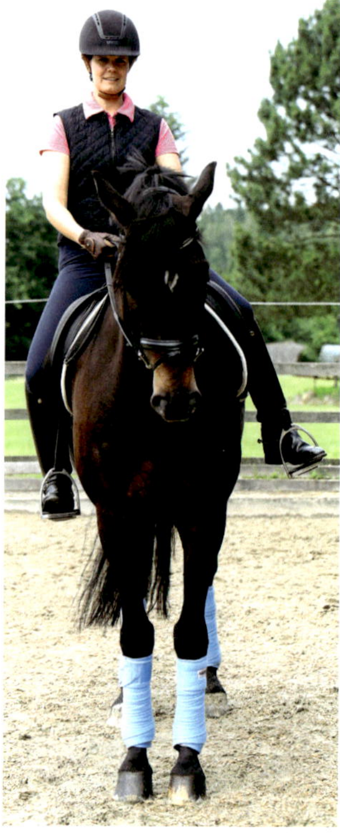

So weit kann man sich bedenkenlos zur Seite herunterbeugen. Mit Ausbilderhilfestellung kann man es noch weiter schaffen. Hier nach rechts ...

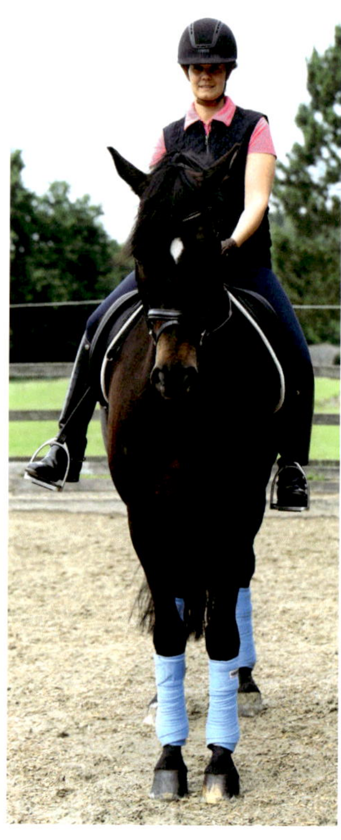

... und hier nach links.

4.9 Wie wird unterstützt?

Die vorangegangenen Punkte stellen Vermittlungsprinzipien dar. Auch die Korrektur ist ein solches Prinzip, wobei der Ursache für eine Korrektur immer ein Fehlverhalten von Reiter oder Pferd vorausgeht.
Bei der Anwendung von Korrekturregeln ist stets zu beachten, dass man dem Schüler nicht so sehr sagt, was er falsch macht, sondern wie er es richtig machen soll. Korrekturen sollen keine Kritik hervorbringen, sondern Hilfe anbieten.[8] Korrekturen sind in diesem Zusammenhang der Oberbegriff für Hilfestellungen-Geben, Unterstützung, Anregung, Beratung etc.

Die Art und Weise des Korrigierens ergibt sich logischerweise aus den vorher genannten Vermittlungsprinzipien, den Kapiteln 4.1 bis 4.8:

- **Den Reiter korrigieren, wo er steht**
  Der Reiter muss von seinem reitfachlichen Verstand her (kognitiv), von seiner Umsetzungsfähigkeit und von seiner körperlichen (motorischen) Verfassung her in der Lage sein, die Korrektur umsetzen zu können („den Reiter abholen, wo er steht").

- **Das Pferd korrigieren, wo es steht**
  Das Pferd darf nur dort korrigiert werden, wozu es von seiner reiterlichen Ausbildung her imstande ist („das Pferd abholen, wo es steht").

- **Bei der Korrektur viele Sinne ansprechen**
  Bei der Korrektur des Schülers sollten möglichst viele Sinne einbezogen werden, um die Korrektur effektiver zu gestalten. Ergänzend zu den verbalen, visuellen und taktilen Mitteln ist die Videoaufzeichnung eine positive Lernhilfe. Sie gibt dem Schüler eine äußere Rückmeldung (Außensicht), ist aber nur dann von Vorteil, wenn er bereits eine ausreichende Bewegungsvorstellung besitzt.

- **Die Korrektur muss verständlich sein**
  Wenn Fehler korrigiert werden, müssen die Hintergründe dem Reiter einsichtig gemacht werden, damit er dieses Wissen zukünftig nutzen kann. Dies bedeutet, er muss die Bewegung zunächst theoretisch verstanden haben.

  Beispiel: Der Schüler führt beim Schenkelweichen (Kopf ins Innere der Bahn) das Pferd mit fehlerhafter Konterstellung zurück. Er richtet die Vorhand nicht korrekt auf die Hinterhand ein. Die Ursache liegt darin, dass der Schüler noch eine falsche Vorstellung von der Rückführung hat und dass er die Lektion theoretisch noch nicht kennt oder richtig verstanden hat. Er soll begreifen, warum die Innenstellung des Pferdes beibehalten werden muss. Es muss also eine theoretische Besprechung über die Lektion erfolgen. Dies ist die Voraussetzung für den nächsten Schritt, die praktische Umsetzung erfolgt danach.

- **Die Korrektur muss am Gefühl des Reiters ansetzen**
  Um das Gefühl des Schülers auszuprägen (und das ist das Kernziel des Reitenlernens), ist es wichtig, dass auch die Korrekturen am Gefühl ansetzen (vgl. Kap. 4.5). Der Ausbil-

8 In der Sportpsychologie wird der negativ besetzte Begriff des „Fehlers" durch den positiven Begriff des „Entwicklungshelfers" ersetzt.

der korrigiert nicht mehr ausschließlich das, was er von außen erkennt, sondern versucht, die Innensicht des Schülers zu korrigieren bzw. die Korrektur an seinem individuellen Gefühl anzusetzen.

Dazu ein ausführliches Beispiel: Das Pferd des Schülers galoppiert an der langen Seite auf zwei Hufschlägen. Wie muss die Korrektur des Ausbilders lauten?
„Dein Pferd geht schief, es galoppiert auf zwei Hufschlägen. Richte es gerade!" So oder ähnlich würde die gängige Korrektur/Anweisung für den Schüler sein. Doch damit wird dem Schüler wenig geholfen, weil ihm keine Gelegenheit/Situation zum selbstständigen Fühlen, Erleben und Korrigieren geboten wird. Um den Schüler an seiner Gefühlsebene zu fassen, muss anders vorgegangen werden.

- Als Erstes wird das Gefühl des Reiters erfragt. Der Ausbilder kann so feststellen, ob der Reiter die Schiefe fühlt oder nicht. Erst daraus entwickelt sich die weitere Vorgehensweise. Fühlt er es nicht, sollte der Ausbilder das Gefühl des Schülers für ein gerades bzw. ein schiefes Pferd schulen (eignet sich gut über Kontrasterfahrung und Gespräch mit dem Ausbilder).
- Fühlt er die Schiefe, wird die Hilfengebung besprochen, wie ein schief gehendes Pferd zu korrigieren ist (s. Übungsteil).
- Das Ergebnis wird ein Schüler sein, der die Schiefe des Pferdes in Zukunft selbst erfühlen kann oder der weiß, wie die Schiefe zu korrigieren ist.

- **Die Korrektur muss an der Funktion der Einwirkung/Hilfen ansetzen**
  Die Korrektur an der Funktion und nicht an der Form ist ein ganz entscheidender Aspekt, der besonderer Aufmerksamkeit bedarf, weil er im heutigen Reitunterricht nur selten praktiziert wird (vgl. Kap. 4.6). Dies betrifft vor allem die Einwirkungen des Reiters aus dem Sitz heraus. Beispiel: Der Schüler soll nicht aufrecht sitzen, weil es so in den Richtlinien steht, sondern er soll deswegen aufrecht sitzen, weil aus der so aufgerichteten Mittelpositur die beste Einwirkungsmöglichkeit gegeben und ein losgelassenes Mitschwingen möglich sind.

- **Die Korrektur muss Funktionszusammenhänge berücksichtigen und den Reiter zur selbstständigen Umsetzung anleiten**
  Bei Einwirkungsschwierigkeiten ist darauf zu achten, dass die Funktionszusammenhänge zur Ursachenfindung berücksichtigt werden.

Dazu ein Beispiel: Der Reiter kann seine Hände nicht unabhängig von der Pferdebewegung tragen. Der Ausbilder muss analysieren, woher der Fehler stammt. In diesem Beispiel liegt die Ursache in der nicht mitschwingenden Mittelpositur. Da er in diesem Bereich unbeweglich ist, fließt die Bewegung ungewollt bis zu den Händen weiter, die dann fälschlicherweise das Mitschwingen ausführen.

Wenn der Korrekturweg dem Reiter verständlich gemacht wird, kann er ihn zukünftig selbst erkennen bzw. sogar vermeiden.[9]

9 Wiemeyer 2002, S. 102, spricht in diesem Zusammenhang von Bewegungsfremdkorrektur. Sie erzeugt häufig einen Umkehreffekt, da sie kurzfristig Erfolg hat, sich aber langfristig als negativ erweist. Auch ein Video-Feedback unterstützt das Lernen nur dann wirkungsvoll, wenn der Reiter bereits eine ausreichende Bewegungsvorstellung hat.

- **Kontrasterfahrungen erleichtern die Korrektur eines Fehlers**
  Eine praktische Methode zur Bewegungskorrektur ist die sogenannte Kontrasterfahrung. Der Schüler, der sich eine falsche Bewegung angeeignet hat, z.B. Reiten mit einem Rundrücken, wird aufgefordert, genau eine entgegengesetzte Haltung einzunehmen, in diesem Fall statt eines Rundrückens ein Hohlkreuz. Mit dieser Methode kann die Schwere eines Fehlverhaltens zum Ausdruck gebracht werden und eine Korrektur sinnvoll begonnen werden.
  Der Schüler wird in der Regel die neue, geforderte Position nicht einnehmen, weil sie für ihn unmöglich erscheint. Er wird sie aber so verändern, dass er seinem (individuellen) Ideal näher kommt. Auf das o.a. Beispiel bezogen: Für ihn erfühlt sich die Aufforderung des Reitens mit einem Hohlkreuz bereits in der normalen Position als Hohlkreuzposition. Somit hat die Korrektur des Ausbilders das Ziel erreicht.

- **Der Zeitpunkt der Korrektur ist wichtig**
  Die Korrektur ist dann sinnvoll, wenn sie unmittelbar nach der Bewegungsausführung gegeben wird. In Zeiten ausgedrückt, entspräche das etwa nicht vor 5 bis 10 Sekunden und nicht später als 25 bis 30 Sekunden nach der Bewegungsausführung. Korrekturen direkt während des Bewegungsvollzuges machen keinen Sinn. Sie bringen den Reiter nur durcheinander und zerstören seinen Ablauf, weil er noch mit seiner Ausführung beschäftigt ist. Liegt sogar eine azyklische Bewegung vor[10], kann die Korrektur nicht greifen, weil eine sofortige Umsetzung nicht machbar ist.

- **Der entscheidende Fehler ist zuerst zu korrigieren**
  Die Korrekturen sollten sich auf den Hauptfehler beziehen. Der Ausbilder hat ständig die Entscheidung zu fällen, an welchem Problem des Schülers oder des Pferdes er zunächst anzusetzen hat und welches das seiner Meinung nach vorrangigste ist. In der Regel hat der Schüler mit mehreren Problemen zugleich seine Schwierigkeiten. Hier kommen die Erfahrung und das Fachwissen des Ausbilders voll zur Geltung. Er sollte den Mut haben, anderen Schwierigkeiten zunächst keine Beachtung zu schenken und sie zu einem späteren Zeitpunkt zu thematisieren. Korrekturen von Hauptfehlern lassen „Nebenfehler" oft von selbst verschwinden.

Dazu ein Beispiel: In einer Hinterhandwendung, in der das Pferd mit den Hinterbeinen dreht, ist dies der größere Fehler als bspw. eine zu geringe Stellung, eine zu große Wendung oder eine fehlerhafte Gewichtsverlagerung des Reiters.

Wichtig ist in diesem Zusammenhang, dass nur an einer Sache zurzeit gearbeitet wird. Ein Korrekturbombardement für Pferd und Reiter sollte vermieden werden, da es den Reiter überfordert. Der Schüler ist nur in der Lage, eine Übung oder Anweisung pro Situation zu erfassen und eventuell zu korrigieren. Dies ist das Ergebnis sportwissenschaftlicher Untersuchungen.[11]

10 Azyklisch nennt man Bewegungen, bei denen es keine Wiederholung einzelner Bewegungsphasen gibt (Überwinden eines Hindernisses), im Gegensatz zu zyklischen Bewegungen (die drei Grundgangarten Schritt, Trab, Galopp).

11 Volger 1990, S. 50/51. Die menschliche Aufmerksamkeit kann nur auf eine Sache gerichtet sein. Das ist die sogenannte Enge des Bewusstseins. „Der Mensch kann zwar gleichzeitig viele Dinge tun, aber seine Konzentration in einer Zeiteinheit eben nur auf eine Sache richten."

- **Ursachen müssen korrigiert werden**
  Häufig ist der Fehler nicht dort zu finden, wo man ihn von außen vermutet. Er wird jedoch dort korrigiert. Um die Ursache eines Fehlers herauszufinden, muss der Ausbilder über viel Erfahrung verfügen und in die Tiefen eines Bewegungsablaufes eindringen.
  Das Wissen um Funktionszusammenhänge von Reiter/Pferd erleichtert ihm die Suche. Hat der Reiter z.B. unruhige Hände, ist die Ursache häufig in dem mangelnden Mitschwingen in der Mittelpositur zu finden.

- **Bildsprache (Metaphorik) führt Korrekturen zum schnelleren Erfolg**
  Die Arbeit mit Metaphern und Bildern ist von unschätzbarem Wert. Den Schülern und uns, das weiß jeder aus seiner eigenen Lernerfahrung, fällt die Vorstellung einer Bewegung/einer Übung viel leichter, wenn sie mit einem „Bild" verknüpft wird. Beispiel: „Versuche, deine Hände so zu halten, als wenn du einen Vogel in jeder Hand hältst, den du weder zerdrückst noch wegfliegen lässt." Mit etwas Fantasie und Übung können die verschiedensten Korrekturen und Hilfestellungen untermalt werden.[12]

Die hier dargestellten Korrekturprinzipien finden in den praktischen, methodischen Übungsreihen ab Kap. 6 Anwendung.

12 Viele Autoren nutzen dieses Stilmittel (vgl. von Dietze, Meyners, Müseler, Swift).

5. Der Sattel – Hilfe oder Hindernis?

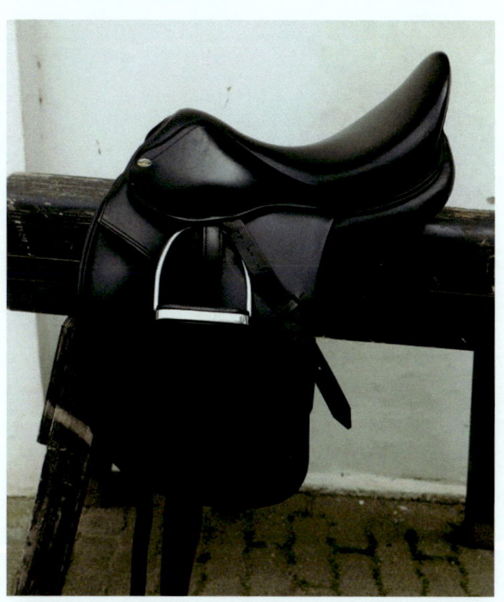

In diesem Kapitel möchte ich kurz auf eines der wichtigsten Ausrüstungselemente eingehen, da es immer wieder ein Diskussionsthema im Unterricht, auf Lehrgängen und Seminaren ist: der Sattel!

Es ist ratsam, in regelmäßigen Abständen die Ausrüstung seiner Schüler bzw. der Pferde zu kontrollieren. Es gibt einige grundsätzliche Regeln, die bei der Beurteilung der korrekten Lage eines Sattels und seiner Passung zum Reiter eine Rolle spielen. Voran steht auch hier wieder das Vermittlungsprinzip, das in Kap. 4.6 angesprochen wurde: Nicht die Form des Sitzes ist entscheidend, sondern seine Funktion! Der Sattel muss als Vermittler dienen und darf kein Störfaktor sein.

5.1 Die Position des Sattels

Der Sattel passt dann zum Pferd, wenn die Mitte des Schwerpunkts, der tiefste Punkt, des Sattels mit der Mitte des Pferdes übereinstimmt. Er liegt dann hinter dem Schulterblattknorpel.
Der Sattel muss zur Größe des Pferdes passen. Unter dem Widerrist und entlang der Wirbelsäule muss ausreichend Platz sein, auch mit dem Gewicht des Reiters – man muss durchschauen können; der Sattel darf den Reiter von der Mittelpositur her weder nach vorne noch nach hinten kippen lassen. Er muss waagerecht liegen und das Sattelkissen durchgehend gleichmäßig aufliegen.

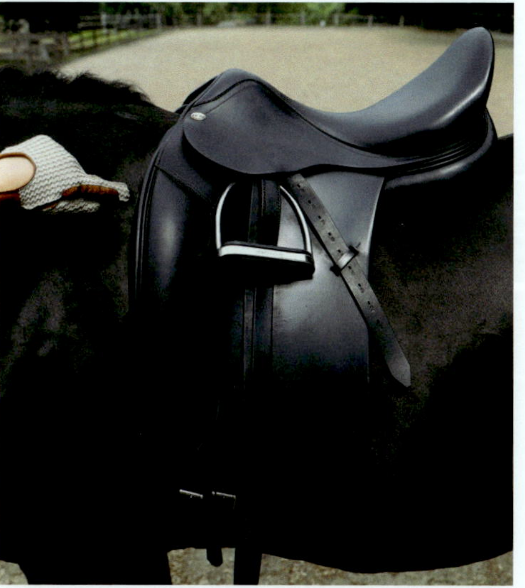

Sattel liegt hinter dem Schulterblattknorpel

Der Reiter spricht über seine Hilfen zum Pferd. Die Gewichtshilfen des Reiters werden über den Sattel übertragen. Dieser Dialog Reiter/Pferd (Becken des Reiters – Rücken des Pferdes) erfordert einen optimal sitzenden Sattel, damit die Botschaften des Reiters vom Pferd korrekt verstanden werden und der Reiter ebenso das Pferd verstehen/erfühlen kann. Das Pferd muss sich unter dem Sattel genauso natürlich bewegen wie ohne Sattel. Die Übertragung der Reiterhilfen auf das Pferd müssen gelingen können.

5.2 Die Größe des Sattels

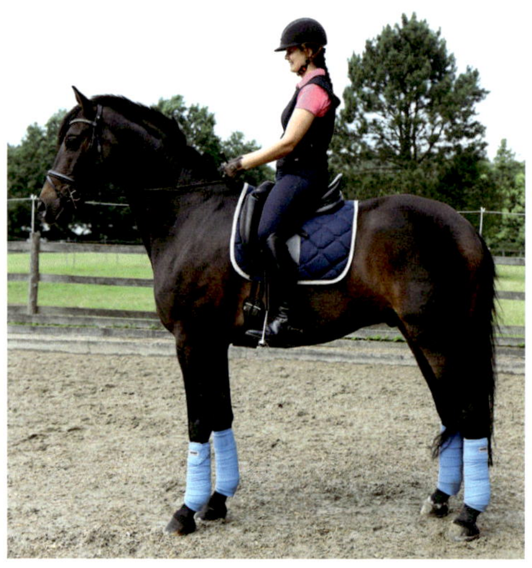

Dieser Sattel passt Pferd und Reiterin.

Der Sattel muss aber auch zur Größe des Reiters passen: Sattelblatt und Sitzfläche sollten derart gestaltet sein, dass sie den Reiter weder einengen noch ihm zu viel Freiheit geben, wobei das Einengen das größere Problem darstellt. Wenn dem Reiter das „Sich-Bewegen" durch den Sattel verhindert wird, führt es logischerweise dazu, dass die Übertragung der Hilfen nicht funktioniert!

Die aufrechte Haltung, doppelt geschwungene S-Form der Wirbelsäule, muss gewährleistet sein, das Gelenk zwischen fünftem Lendenwirbel und dem Kreuzbein muss frei sein, um eine Gewichtshilfe zu geben (Kippen des Becken muss möglich sein), denn „die Stellung des Beckens nimmt Einfluss darauf, wie gut die Aufrichtung und somit auch die Übertragung der Bewegungen des Beckens über die Wirbelsäule bis hin zum Kopf ermöglicht werden."[1] Das Becken ist das Bewegungszentrum des menschlichen Körpers und ist entscheidend für die Einwirkung des Reiters. Es darf nicht durch den Sattel blockiert werden. Die Bewegung des Beckens ist für die Beweglichkeit des Reiters verantwortlich und damit für seine Geschmeidigkeit und seine Einwirkungsmöglichkeit. Kann der Reiter es aufgrund eines einengenden Sattels nicht mehr bewegen, ist ein Mitschwingen mit der Bewegung des Pferdes unmöglich; die Verständigung/der Dialog Reiter/Pferd wären gestört!

5.3 Die Pauschen

Die Sattelmode, vor allem in der Dressur, hat sich in den letzten Jahren dahingehend entwickelt, dass mehr Pausche gleich mehr reiterliche Kunst, einen „besseren" Sitz, bedeutet. Doch weit gefehlt. Die meistens falsch liegenden Pauschen – die Größe ist nicht so entscheidend – pressen den Reiter in eine derartige Form, dass jegliche Balancierbewegung und jegliches Mitschwingen des Reiters (siehe Kap. 3.2) unmöglich gemacht werden. Der Reiter sitzt unbeweglich und starr, hat zwar seiner Meinung nach einen ruhigeren Sitz, verkennt aber, dass nur ein Sitz mit ständigen, fast unsichtbaren Ausgleichbewegungen einen wirklich ruhigen Sitz bedeuten kann.

Die Pauschen liegen oft so, dass die Oberschenkel fast senkrecht nach unten und die Knie steil, ohne Winkelung liegen. Die Bügellänge ist nicht veränderbar, da die Pausche eine Verschnallung nicht zulässt. Viele Pauschen reichen bis zum Knie des Reiters, wodurch es einen Widerstand erfährt. Dieser Widerstand schließt Bewegung aus, und der Reiter kann nicht mehr einwirken. Seine Losgelassenheit wird eingeschränkt.

1 Deutsche Reiterliche Vereinigung e.V. (Hrsg.) 2014, S. 70

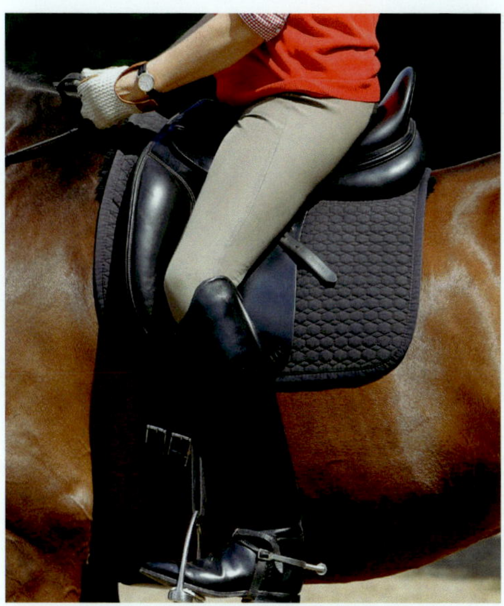

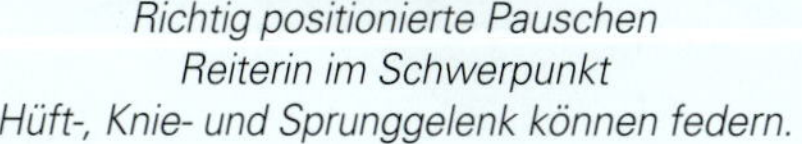

Richtig positionierte Pauschen
Reiterin im Schwerpunkt
Hüft-, Knie- und Sprunggelenk können federn.

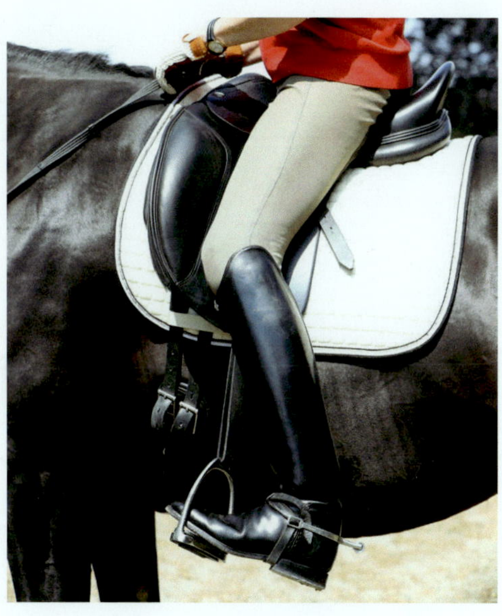

Falsch positionierte Pausche
Gelenke zu offen,
Absatz zu steif und blockierend

Wenn Pauschen gewünscht werden, sollten sie einen Winkel im Hüft-/Oberschenkelbereich sowie eine leicht schräge Lage der Oberschenkel ermöglichen, eine variierende Bügellänge und somit eine Winkelung im Knie zulassen, was einer natürlichen, losgelassenen Sitzhaltung auf dem Pferderücken entsprechen würde. Die Möglichkeit des Ausbalancierens muss immer gegeben sein.

In der neueren Sattelherstellung haben sich die Pauschen mit Klettverschluss sehr bewährt: Reiter können mit unterschiedlicher Bügellänge reiten, auch kurze Bügel sind möglich, und unterschiedliche Reiter können ihre Bügellänge ihren Bedürfnissen entsprechend einstellen.

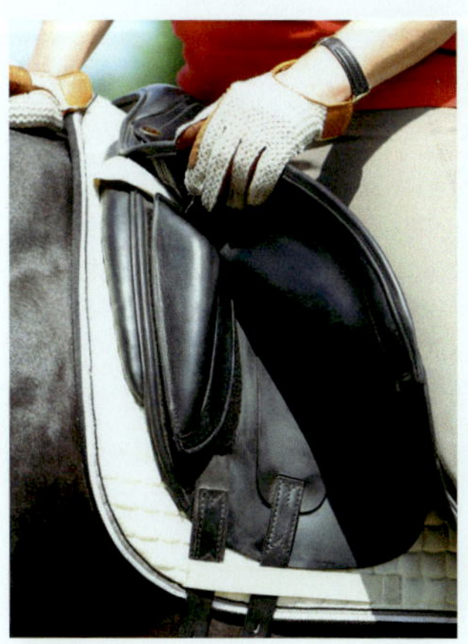

Pauschen mit Klettverschluss

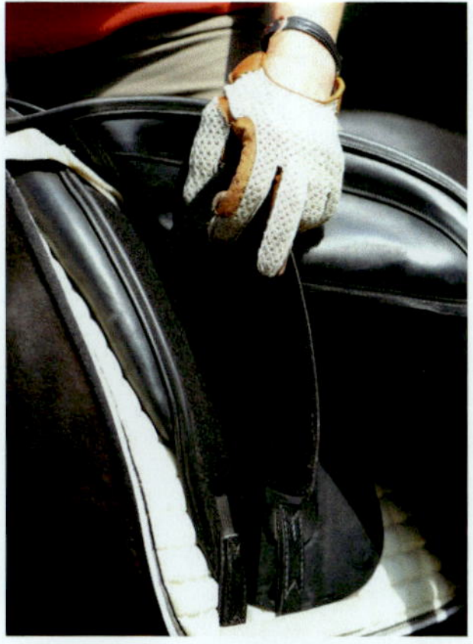

Herausnehmbare Pauschen
mit Klettverschluss

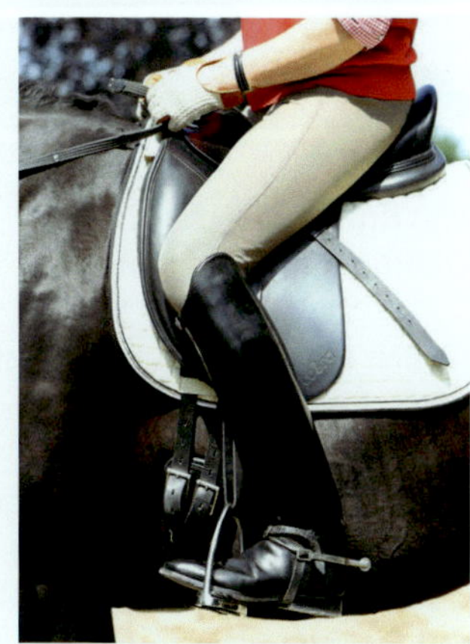

Ohne Pauschen
sind kurze Bügel möglich.

Pauschen hinter den Oberschenkeln haben keinerlei positive Funktion und engen die „Bewegung" des Reiters noch mehr ein.

Für Pferde mit wechselnden Reitern und für junge Pferde bieten sich Vielseitigkeitssättel an, da sie erstens eine flexiblere Nutzung gewährleisten: kurze oder lange Bügel, Dressur, Spring- oder Geländereiten. Zweitens ermöglichen sie dem einzelnen Reiter das Reiten mit unterschiedlichen Bügellängen und unterschiedlichen Sitzformen, sodass zusätzlich Sitz und Gleichgewicht geschult werden.

Zur Verdeutlichung dieser Ausführungen empfehle ich, Zeitlupenaufnahmen aus Videofilmen heranzuziehen. Hier bieten sich die FN-Lehrfilme über Sitz und Einwirkung an oder privat erstellte Videoaufnahmen eines losgelassen sitzenden Reiters: Insbesondere beim Aussitzen im Trab ist eine ständige „Bewegung" des Reiters auszumachen, ein dynamischer Sitz, der mit bloßem Auge kaum wahrnehmbar ist. Derjenige, der „unbeweglich" im Sattel sitzt, sitzt steif, nicht losgelassen, und stört das Pferde elementar in der Bewegung!

5.4 Die Bügellänge

Im Dressursitz wird mit „langen" Bügeln, im leichten Sitz mit entsprechend kürzeren Bügeln geritten, um den Pferderücken entlasten zu können.
Im Dressurreiten wird das „lange" Bein mit dem tiefen, gewinkelten Knie gefordert, um das Pferd optimal umschließen zu können. Dazu schreiben die Richtlinien Band 1 in ihrer 30. Auflage von 2014 auf Seite 72: „Die Bügelriemen sind so zu verschnallen, dass die Kniegelenke deutlich angewinkelt sind und ein problemloser Übergang zwischen „Aussitzen" und „Entlasten" möglich ist."
Leider zeigt die Praxis eine andere Realität: Viele Reiter sitzen mit überlangen Bügeln und sehr steifen Hüftgelenken. Wir können es nicht oft genug sagen:

Die Kniegelenke müssen deutlich angewinkelt sein!

In der Praxis ist zu beobachten, dass sehr oft mit extrem langen bzw. viel zu langen Bügeln geritten wird. Begründet wird dies mit Äußerungen wie „je länger, je schöner" und dem Irrglauben, dass ein besonders langer Bügel ein besonders gutes Reiten kreiert. Leider verkennen diese Reiter, dass ein zu langer Bügel viele Fehlfunktionen mit sich bringt:

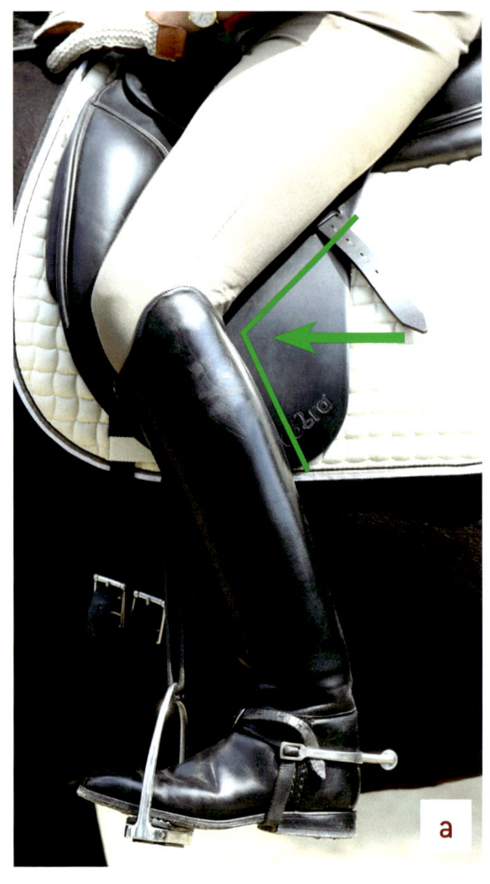

Korrekt verschnallter Bügel
Das Kniegelenk ist deutlich angewinkelt.

- Der Reiter kommt in den Spaltsitz, wodurch er auf seinen Oberschenkeln sitzt und nicht mehr auf seinem Gesäß; der Einsatz der Unterschenkel kann nicht mehr korrekt erfolgen.
- Die Überstreckung führt zu einem festgestellten Becken, einer festen Mittelpositur, die ein Mitschwingen und ein Eingehen in die Bewegung des Pferdes unmöglich machen.
- Diese Überstreckung setzt sich nach unten bis zum Absatz, der nicht mehr federn kann, und nach oben bis zum Kopf fort, der fest und verkrampft getragen wird.

a) **Korrekt verschnallter Bügel**

b) **Bügel um zwei Loch (ca. 2,7 cm) verlängert. Es sieht im Stand noch gut aus, in der Bewegung wird das Mitschwingen aber bereits eingeschränkt.**

c) **Bügel um vier Loch (ca. 5,5 cm) verlängert. Reiterin sitzt überstreckt. Das Becken ist blockiert. Eine Einwirkung ist nicht mehr gegeben.**

d) **Bügel um sechs Loch (ca. 8 cm) verlängert. Reiterin kann die Bügel nicht mehr fassen.**

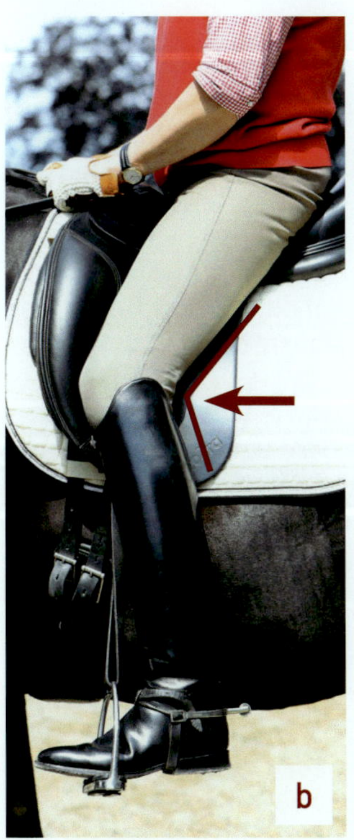

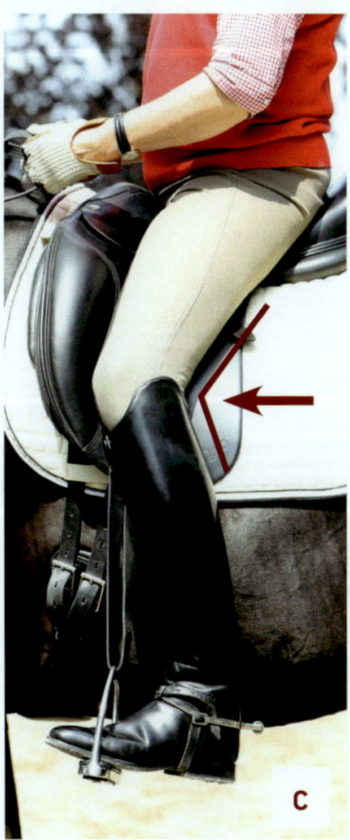

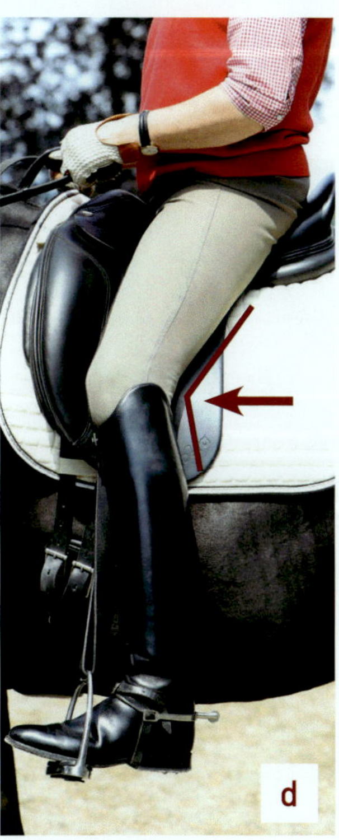

In der Summe sind dies alles Probleme, die Auswirkungen auf das Gehen des Pferdes haben, für das Pferd sehr unangenehm sind und zu Verspannungen im Rücken führen. Diese Probleme können mit einem kürzeren Bügel vermieden werden. Er sollte so geschnallt sein, dass das Becken beweglich sein, dass es den Kippvorgang ausführen und dass es mitschwingen kann.

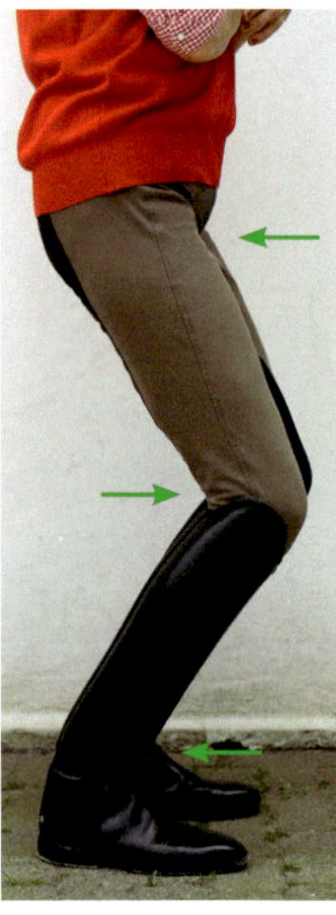

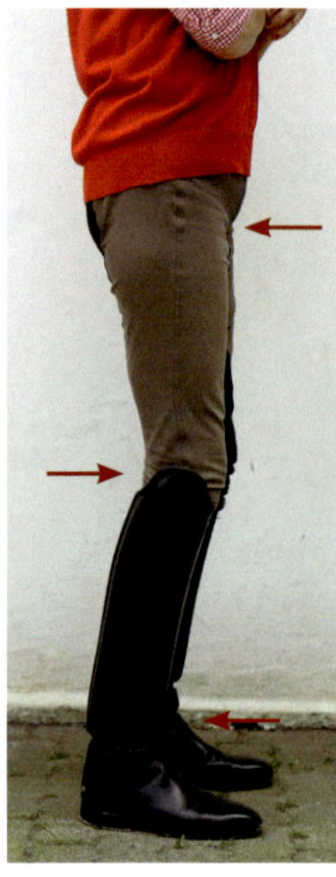

Die Praxis zeigt, dass das Verständnis für das korrekte Bügelmaß noch nicht ausreichend vorhanden ist. Da bedarf es einer enormen Überzeugungskraft von Ausbilderseite, um den Schülern langfristig ein federndes, gesunderhaltenes Mitschwingen beizubringen.

Dazu zwei Bilder, die die angemessene Bügellänge veranschaulichen.

Das Bild links zeigt die angemessene Winkelung von Hüfte/Oberschenkel bzw. Knie bzw. Fußgelenk. So ist Federn möglich.

Rechts ist die Winkelung so gering, dass Federn und Schwingen ausgeschlossen sind. Das Reiten mit derartig langen Bügeln führt zu Verspannungen von Reiter und Pferd.

5.5 Schräge (Keilgummi-)Steigbügeleinlagen

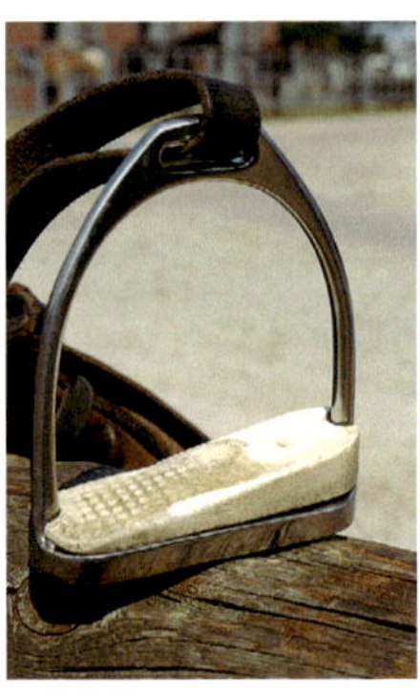

Gebrauchte, abgenutzte Keilgummieinlagen. Hier ist gut zu erkennen, dass nur die äußere Kante abgenutzt ist.

In „Mode" geraten sind auch schräge Steigbügeleinlagen, die den Bügel außen erhöhen; sie sollen durch ein Kippen des Fußgelenkes zu einer verbesserten Positionierung des Unterschenkels führen. In Werbeprospekten werden sie angekündigt als „... verbessert die Fußposition des Reiters ...!" Der Reiter erhofft sich das Gefühl, das Pferd mehr zu umschließen bzw. einzurahmen. Doch leider wird das Gegenteil bewirkt:

Durch das Anheben der äußeren Seite des Fußgelenks erfährt der Unterschenkel eine X-Bein-Position, die den Unterschenkel vom Pferd entfernt, anstatt es ihm näher zu bringen. Die Unterschenkelmuskulatur wird an der äußeren Seite verkürzt und an der inneren dauernd überdehnt. Die Blockade setzt sich bis zum Becken fort, der Sitz wird überstreckt. Die Losgelassenheit des Reiters und seine Beweglichkeit des Beckens werden verringert bzw. beeinträchtigt.
Betrachtet man benutzte, schräge Steigbügeleinlagen, zeigen diese eine vermehrte Abnutzung der äußeren Seite der Einlage. Der Reiter berührt den Steigbügel nur mit seinem äußeren Fußrand.[2]

2 Schräge Steigbügeleinlagen würden nur dann überhaupt Sinn machen, wenn sie den Fuß an der inneren Seite erhöhen.

5.6 Schräge Aufhängung der Steigbügel

Ein neueres Produkt auf dem weitreichenden Markt des Reitsports sind schräg aufgehängte Steigbügel. Sie haben eine schräg versetzte Öse und eine leicht schräg nach unten geneigte Trittfläche. In Katalogen angekündigt mit „ ... unterstützt die gewünschte Haltung ..." und „... für eine optimale Fußhaltung (Hacke nach unten etc.) ..." Sie sollen, so vermute ich, ähnlich wie die schrägen Steigbügeleinlagen, ein besseres Umschließen des Pferdes dadurch bezwecken, dass die innere Seite des Unterschenkels konvex an den Pferdeleib herankommt (O-Bein-Haltung).

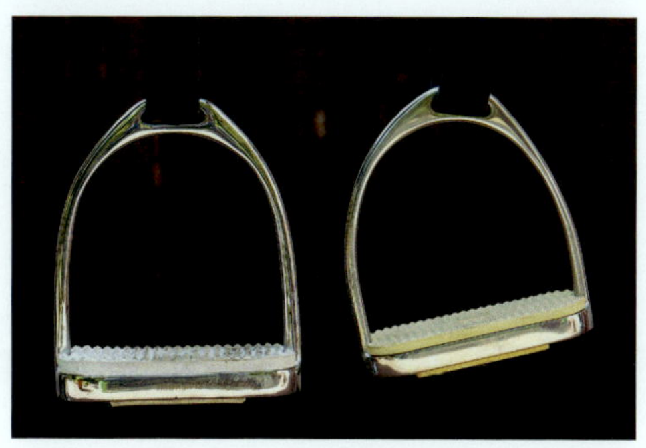

Gegenüberstellung: Mittig aufgehängter Steigbügel neben einem schräg aufgehängten

Bei einem Proberitt auf einem fremden Pferd (und fremden Sattel) wunderte ich mich gleich zu Beginn, weshalb mein Reitgefühl von den Beinen/Füßen her irritiert wurde. Ich fühlte irgendetwas Ungewohntes. Bei näherer Untersuchung stellte ich derartig justierte Bügel fest. Ich ritt noch einen Augenblick weiter, um genau zu fühlen, wie meine Beine sich auf diese Situation einstellten. Und ich kann sagen, dass meine Ballen im Bügel nicht mehr gleichmäßig belastet wurden und ich mich wie auf einer Schrägen gehend fühlte. Ähnlich wie bei den schrägen Steigbügeleinlagen wurde auch hier mein Bewegungsgefühl empfindlich gestört und getäuscht. Das Hauptgewicht im Fuß lag auch hier auf der Außenkante, weshalb ich mich sehr unwohl fühlte. Das kann nicht der Sinn sein.

5.7 Federnde Bügel

Sicherheit geht vor und steht an erster Stelle. Dennoch muss die Funktionalität der Bügel mit mobilen, biegsamen Teilen überdacht werden. Der Bügel federt in sich und reduziert damit die körpereigenen Schwingungen. Der Körper stellt sich darauf ein, dass nicht seine Gelenke, sondern das Material federn. Im Springen und Geländereiten ist es aus Sicherheitsgründen sinnvoll, im Dressurreiten aus funktionalen Gründen eher nicht.

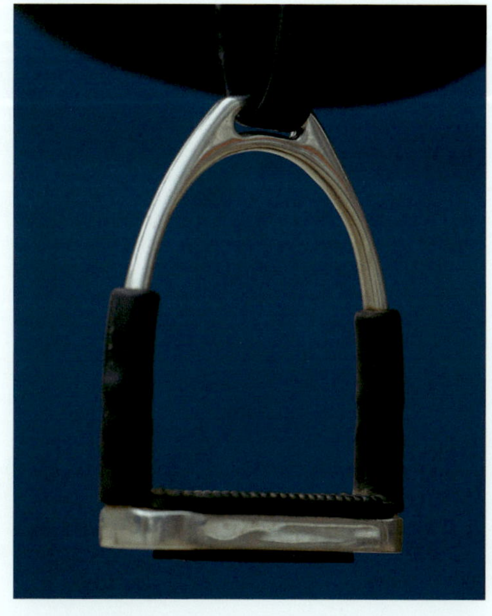

Insgesamt ist festzustellen, dass insbesondere in Deutschland versucht wird, reiterliche Defizite mit externen Materialien auszugleichen. Extreme Versionen, wie oben dargestellt, machen ein gefühlvolles Reiten unmöglich. Nur wenn sie funktional unterstützen, machen Materialhilfen Sinn!

6. Methodische Übungsreihen (MÜR) in der Praxis

Nachdem in den vorangegangenen Kapiteln die theoretischen Hintergründe für die Methodik im Reitsport dargestellt wurden, sollen im nun folgenden zentralen Kapitel zahlreiche Methodische Übungsreihen (zukünftig MÜR) für die Unterrichtspraxis vorgestellt werden.

Vorab möchte ich jedoch noch einige grundlegende Informationen geben, die bei der Umsetzung der praktischen Übungsreihen beachtenswert sind. So sollen Fehler reduziert werden und die Reihen möglichst effektiv sein.

6.1 Grundsätzliche Aspekte zur praktischen Umsetzung der nun folgenden MÜR

1. Die MÜR beinhalten verschiedene Lösungswege, die mit speziellen Hilfen des Reiters auszuführen sind. Wenn diese Hilfen zu stark oder zu grob eingesetzt werden, verlieren sie ihre Wirkung. „Wo Kraft einsetzt, hört das Gefühl auf!"
   Der vorgeschlagene Lösungsweg ist nur dann sinnvoll, wenn die Hilfe wohldosiert eingesetzt wird, damit stets das Gefühl des Reiters zur Geltung kommt. Überwiegt der Krafteinsatz, wird das Gefühl ausgeschaltet und die Übung verfehlt ihren Sinn. Es ist immer wieder festzustellen, dass die Schüler die Hilfestellungen des Ausbilders viel zu stark umsetzen, in der Annahme, es würde dann noch „richtiger" werden.
2. Ähnlich verhält es sich mit den Zügelhilfen. Schult der Ausbilder die Zügelhilfen, ist es von Beginn an empfehlenswert, die Schüler zu dezenter und dosiert gegebener Zügelhilfe anzuleiten. Sie müssen Respekt vor dem Pferdemaul vermittelt bekommen und erfahren, dass das Maul die empfindlichste Stelle des Pferdes ist. Nur so kann unschönes Ziehen am Pferdemaul vermieden werden. Eine harte Hand ist in der Ausbildung von Reiter und Pferd tabu! Grundsätzlich gilt, dass alles, was die Hand macht bzw. machen will, durch den Schenkel bzw. das Treiben vorbereitet werden muss.
3. Wir unterscheiden zwischen fleißigen, gehfreudigen, temperamentvollen und eher trägeren oder phlegmatischen Pferden. Die Charaktere und das Temperament des einzelnen Pferdes entscheiden über die Dosierung und damit über die „Stärke" der Hilfengebung durch den Reiter. Sensiblere Pferde müssen mit noch leichteren, feinfühligeren Hilfen geritten werden als die weniger sensiblen. Dem Reiter obliegt die Aufgabe, diese unterschiedlichen Sensibilisierungsebenen seines Pferdes herauszufinden, um die Hilfen angemessen zu geben.
   Der reitende Anfänger muss bei dieser Aufgabe vom Ausbilder unterstützt werden, der fortgeschrittene Reiter sollte aufgrund seiner Erfahrung selbst diese Aufgabe übernehmen.
4. Über jeder Lernphase steht die Schulung des Gleichgewichts. Der Reiter muss, unabhängig von einer bestimmten Übung, immer wieder in sein Gleichgewicht „gesetzt" werden, muss lernen, sein Gleichgewicht individuell für sich zu finden und zu erfahren. Der Ausbilder muss ihn auf diesem Weg des Erfühlens des individuellen Gleichgewichts unterstützen. (vgl. Kap. 3.2)

5. Die korrekte und die fehlerhafte Hilfengebung des Reiters gegenüber seinem Pferd liegen oft ganz nah beieinander. Häufig sind es nur kleinste Veränderungen von Körperteilen oder eine Verringerung des Krafteinsatzes, um zum gewünschten Erfolg zu kommen. Hier müssen Hinweise, Korrekturen und die Sprache des Ausbilders sehr gezielt und differenziert eingesetzt werden. Bei allen Lernschritten muss die Gefühlsschulung im Vordergrund stehen.

6.2 MÜR zum Erlernen von Hilfengebung und Lektionen

Im nun folgenden Abschnitt werden Übungen dargestellt, die den Schüler befähigen sollen, eine Übung bzw. Lektion neu zu erlernen. Zu jeder angeführten Übung gibt es eine kurze Übungserläuterung, die die wichtigsten Aspekte für diese Übung beinhaltet, und einen Übungsvorschlag. Inhalte aus den „Richtlinien für Reiten und Fahren" Band 1–6 werden nur dann herangezogen, wenn sie einer Ergänzung bedürfen. Generell gelten die Kriterien aus den Richtlinien inkl. der Skalen der Ausbildung (Pferd und Reiter) als Voraussetzung!

Die erste und die letzte Übung stehen aufgrund ihrer Wichtigkeit und Schwierigkeit am Anfang (Halbe Parade) bzw. am Ende (Geschlossenheit). Die übrigen Übungen unterliegen keiner Rangierung.

1. MÜR zum ersten Verständnis des Reitens einer halben Parade

Übungserläuterungen:

Die halbe Parade ist eine der schwierigsten „Übungen" in der Reiterei überhaupt, weil sie das kurzfristige Einschließen und die Abstimmung von treibenden und verhaltenen Hilfen fordert. Sie wird wie folgt ausgeführt: Der Reiter gibt in Verbindung mit einer treibenden Gewichtshilfe und einer treibenden Schenkelhilfe eine wohlbemessene, annehmende oder durchhaltende Zügelhilfe, jeweils gefolgt von einem rechtzeitigen Nachgeben.

Sie werden gegeben, um

- Übergänge von einer Gangart in die andere zu reiten,
- das Gangmaß innerhalb einer Gangart zu verkürzen oder zu regulieren,
- das Pferd vor einer neuen Übung oder Lektion aufmerksam zu machen,
- Versammlung und Haltung während der Bewegung zu verbessern bzw. zu erhalten.[1]

So weit zur Idealform.

Die Problematik besteht darin, dass das Reitpferd von Beginn an die halben und ganzen Paraden benötigt, der unerfahrene Reiter die Anwendung dieser Paraden erst im Laufe seiner reiterlichen Ausbildung lernt. Daher bilden für die nun folgende methodische Reihe die Pferde den Ausgangspunkt, die die halben Paraden kennen. Ein unerfahrener Reiter und ein unerfahrenes Pferd sind eine möglichst zu vermeidende Konstellation.
Die Zielübung beinhaltet das Zusammenwirken aller Hilfen (vgl. Richtlinien für Reiten und Fahren, Band 1, 2014), in der MÜR werden diese Hilfen zunächst isoliert geübt und dann miteinander verbunden. Nur so besteht die Chance, die Komplexität dieser Hilfe zu erarbeiten. Die vorgestellten Schritte sind eine Möglichkeit von vielen.

1 Vgl. Deutsche Reiterliche Vereinigung e.V. (Hrsg.) 2000

Übungsvorschlag:

Wir beginnen mit Übergängen vom Schritt zum Halten. Dies ist zwar eine ganze Parade – die ganze Parade wird von mehreren halben Paraden vorbereitet und führt immer zum Halten – aus dem Schritt heraus lassen sich aber diese Übungsschritte leichter durchführen. Der Schritt ist im Vergleich zu den anderen Gangarten eine schwunglose Gangart und daher für den Reiter leichter zu sitzen als Trab und Galopp; es erleichtert ihm die Konzentration nur auf sich selbst.

Erklärung der Übung – Definition der halben Parade

- Übergänge vom Schritt zum Halten. Schwerpunkt bilden die Gewichts- und die Zügelhilfe. Aufgabe: **„Wenn du Halten willst, zieh deinen Bauchnabel ein (das Einziehen des Bauchnabels setzt die beidseitig belastende Gewichtshilfe in Gang) und gib eine beidseitig annehmende Zügelhilfe, gefolgt vom Nachgeben."** Das wird ein paarmal wiederholt. Der Ausbilder kann verbal unterstützen, die Hilfen können nacheinander gegeben werden.
  Eine weitere Formulierung lautet: **„Halte mit deiner Bewegung in der Mittelpositur für einen kurzen Moment inne", „richte dich dabei etwas mehr in der Mittelpositur auf", „dein Oberkörper sagt dem Pferd: Halt!".** Der Oberkörper soll dabei nicht nach hinten verlagert werden. Diese Formulierungen werden je nach Wissensstand des Schülers angewendet.

Es gilt auszuprobieren und herauszufinden, mit welcher der o.a. Äußerungen der Schüler am besten umgehen kann, welche Äußerung für ihn die praktische Umsetzung ermöglicht und/oder erleichtert.

- Diese Zügelhilfe sollte von vornherein so beschrieben werden: **„Das Maul ist die empfindlichste Stelle des Pferdes, mit den Zügeln und dem Maul des Pferdes musst du ganz sanft umgehen. Gib die Zügelhilfe zum Halten so, dass du eine weiche, fast gewichtslose Verbindung zum Maul hast."**
- Sollte das Pferd die sehr isoliert eingesetzten Hilfen nicht verstehen, kann der Ausbilder mitgehen und beim Übergang zum Halten am Trensenring oder mit der Stimme behilflich sein.
- Erst danach wird der Schwerpunkt auf die treibenden Schenkelhilfen gelegt. Das mag paradox klingen, gelingt aber vom Schritt zum Halten sehr gut. Es hat sich gezeigt, dass viele Ausbilder zu viel treibende Schenkelhilfe verlangen, wodurch das Pferd einen zu starken Impuls nach vorne erfährt. Ziehen am Zügel ist dann die logische Folge.
  Also: Nach dem Einziehen des Bauchnabels und dem beidseitigen, kurzfristigen Annehmen der Zügel folgt die beidseitig treibende Schenkelhilfe. Die Hilfen erfolgen nacheinander – in welchem Tempo, wie schnell nacheinander, hängt vom Pferd und seiner Reaktion ab. Hier setzt bereits der Dialog Ausbilder/Schüler ein: Der Schüler muss Zeit bekommen, sein Gefühl für die richtige Dosierung und Abstimmung der Hilfen herauszufinden.
- Die gleichen Schritte bieten sich auch für Übergänge vom Trab zum Schritt an.
  Für diese Übung muss man sich viel Zeit nehmen und sie häufig wiederholen bzw. in leicht veränderter Form durchführen, weil sie die wichtigste, aber gleichzeitig auch schwierigste Einwirkung im Reiten darstellt.

2. Treibende Schenkelhilfen

Übungserläuterungen:

Die treibenden Hilfen des Reiters sind die Gewichts- und die Schenkelhilfen (zum Erlernen der Gewichtshilfen siehe Übungen unter 6., Seite 63 f.).
Zum Verständnis der treibenden Schenkelhilfe noch diese kurze Erläuterung: Richtiges Treiben entsteht durch den richtigen Einsatz der hinteren Oberschenkelmuskulatur. Sie ist die Treibemuskulatur (Beugemuskulatur des Knies). Wenn die Wade zum Treiben ans Pferd geführt werden soll, muss die hintere Oberschenkelmuskulatur angespannt werden. Durch die Muskelanspannung wird das Knie etwas mehr gewinkelt und die Wade gelangt ans Pferd. Wichtig ist, dass dabei rhythmisch getrieben wird, d.h., dass die hintere Oberschenkelmuskulatur beim Treiben im Wechsel ständig angespannt und locker gelassen wird.[2]
Die Richtlinien formulieren: „Der Reiter muss in der Grundausbildung lernen, seine Schenkelhilfen so fein dosiert und gleichzeitig konsequent einzusetzen, dass das Pferd unmittelbar und positiv reagiert."[3]

Übungsvorschlag:

Der Reiter muss erspüren, dass das Pferd reagiert und sich nach vorne bewegt, wenn er seine Wade an den Pferdeleib legt. Voraussetzung ist ein einigermaßen sensibles Pferd. (Wenn das Pferd nicht reagiert, muss es durch verstärkte Schenkelimpulse wieder sensibilisiert werden.)

- Der Reiter wird aufgefordert, aus dem Halten heraus anzureiten, indem er die Waden vermehrt ans Pferd legt. Die Übung wird mehrmals wiederholt.
- Das Pferd bleibt im Schritt, der Reiter soll versuchen, mit der Wade die ganze Zeit das Pferd zu erspüren. Das Pferd holt sich die treibende Wadenhilfe, den Impuls, quasi selbst ab, ohne dass der Reiter aktiv Muskelarbeit leistet.

Zusätzlich ermöglicht diese Übung dem Reiter, ein Gespür für die Bewegungen der Hinterbeine zu entwickeln. Jedes Mal, wenn das Pferd vorfußt, kann er lernen, das gleichseitige Hinterbein zu spüren – dies ist eine gute Vorbereitung für die zukünftige Ausbildung.

3. Demonstration Verhältnis von Treiben und Verhalten

Übungserläuterungen:

In der Reitlehre findet sich u.a. der Grundsatz im Verhältnis von treibenden zu verhaltenden Hilfen: Die treibenden Hilfen müssen grundsätzlich um ein Vielfaches höher sein als die verhaltenden.
Die Richtlinien beschreiben es: „Die treibenden Hilfen sollten gegenüber den verhaltenen Hilfen immer Vorrang haben"[4] Gemeint ist damit, dass das Pferd grundsätzlich mit mehr treibender Einwirkung als mit verhaltener geritten werden muss, um die Hinterhand des Pferdes, im Sinne der Ausbildungsskala, gezielt in Richtung unter den Schwerpunkt anzuleiten. Man spricht auch davon, das Pferd „vermehrt an die Hand heranzutreiben".

2 Vgl. Meyners 2003
3 Deutsche Reiterliche Vereinigung e.V. (Hrsg.) 2014, S. 88
4 Ebd. S. 98

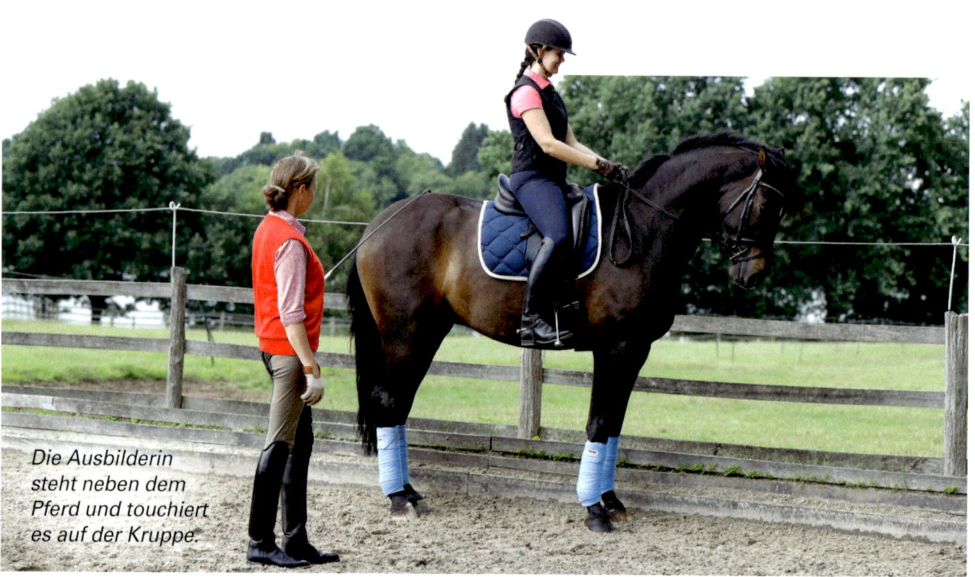
Die Ausbilderin steht neben dem Pferd und touchiert es auf der Kruppe.

Leider wird allgemein zu viel mit der Hand geritten und zu wenig „von hinten nach vorne an die Hand heran". Der Mensch ist von Natur aus ein „Handarbeiter", weshalb die Zügel nur zu gern zu stark und zu grob eingesetzt werden. Daher formuliere ich persönlich, in meinem Reitunterricht, das Verhältnis von Treiben und Annehmen als etwa 80:20 oder sogar 90:10 zugunsten der treibenden Hilfen, um das wirklich vorsichtigere Umgehen mit den Zügelhilfen zu verdeutlichen.
Der Ausbilder sollte betonen, dass es nicht darauf ankommt, mit möglichst viel Kraftaufwand dieses Verhältnis herzustellen. Je weniger Kraft, umso besser und umso feiner und leichter, im wahrsten Sinne des Wortes, muss die treibende Hilfe sein. Um dies zu verdeutlichen, drücke ich das Verhältnis in Zahlen aus: Wird mit etwa 500 g am Zügel angenommen (= 1 Pfund Butter, um eine Zahl zu nennen), sollte die treibende Hilfe etwa 2 kg sein (bei Verhältnis 80:20). Bei etwa 100 g Zügelhilfe, wird nur noch 400 g treibende Hilfe notwendig sein.

Folgende Übung bietet sich an, um dem Schüler die Wirkung der treibenden Hilfen in Bezug zur Anlehnung verständlich zu machen.

Übungsvorschlag:

- Das Pferd hält, der Reiter nimmt eine Zügelverbindung zum Pferdemaul auf. Der Reiter soll bewusst die treibende Hilfe mit seinem Schenkel ausführen, der erfahrene Ausbilder unterstützt taktil entweder am Schenkel, an der Wade des Reiters oder touchiert das Pferd mit der Gerte z.B. auf der Kruppe (je nach Interieur des Pferdes). Dazu muss der Ausbilder das Pferd gut kennen, damit er dessen Reaktion einschätzen kann. Der Reiter wird in seiner Hand plötzlich spüren, dass die Verbindung zum Pferdemaul leichter wird.
- Im Schritt, wenn das Pferd es zulässt, kann die treibende Hilfe des Ausbilders mithilfe der Gerte (z.B. auf der Kruppe) erfolgen. Es geht darum, dem Schüler das Gefühl zu vermitteln, dass er das Pferd durch die treibende Hilfe nicht nur vorwärts bekommt, sondern es auch in der Anlehnung verbessert und es in der Hand leichter wird. Durch die Gertenhilfe spürt der Reiter, dass die Hinterhand des Pferdes eine Bewegung über den Rücken zur Hand überträgt. Die Gesamtbewegung ist so geschlossen, dass das Pferd im Genick nachgibt.

4. Gebrauch des verwahrenden Schenkels

Übungserläuterungen:

Der verwahrende Schenkel hat, wie der Name besagt, die Aufgabe, die äußere Seite des Pferdes zu verwahren. Das Pferd soll nicht über die äußere Seite (besonders mit der Hinterhand) ausfallen bzw. ausweichen und vom Reiter diesbezüglich eine Unterstützung erhalten, eine Begrenzung durch den Schenkel. Die Stärke der Hilfe ist auch hier von der Sensibilisierung des Pferdes und der Erziehung durch den Reiter abhängig.
Der äußere Schenkel muss etwa eine Handbreit hinter dem Gurt liegen. Das Pferd muss diese Hilfe erspüren. Der verwahrende Schenkel ist aber auch für die Vorwärtsbewegung mit verantwortlich und wird bei Bedarf auch aktiv treibend eingesetzt.
Er hat somit mehrere Funktionen – je nach Verhalten des Pferdes: Einerseits verwahrend bei einem Ausweichen der Hinterhand oder andererseits treibend zur Unterstützung der Aktivität des äußeren Hinterbeins.

In einer Wendung und auch auf gerader Linie liegt der innere Schenkel am Gurt und der äußere eben diese Handbreit hinter dem Gurt (um immer dem Ausfallen der Hinterhand entgegenzuwirken). Optisch zeigen die Schenkel des Reiters eine leichte Schrittstellung, weshalb ich dieses als **„Reiten in Schrittstellung"** bezeichne und zukünftig so benenne.

Lernt der Reiter diese Schenkelhaltung von Anfang an, werden ihm und dem Pferd das Reiten von gebogenen Linien (Längsbiegung) und der Erhalt der Geraderichtung leichter fallen. Wird dabei der äußere Schenkel zusätzlich aus der Hüfte heraus zurückgenommen, wird zugleich das Gewicht auf den inneren Gesäßknochen verlagert, wodurch das Pferd eine Gewichtshilfe erfährt.[5]

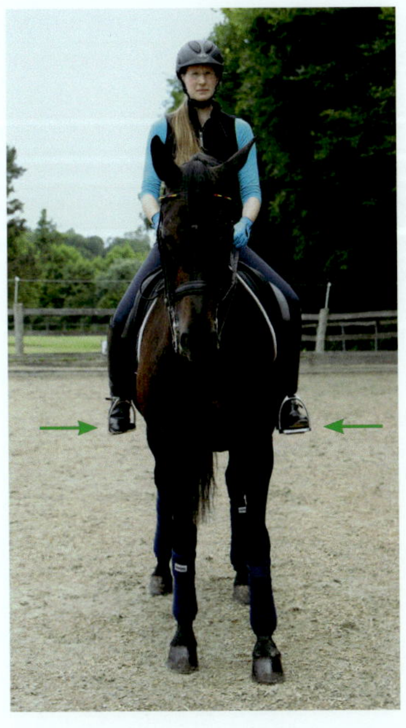

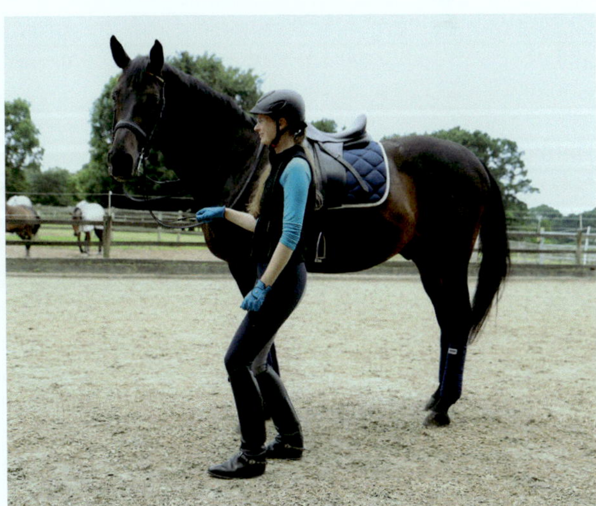

Die Reiterin hat die Schenkel in „Schrittstellung". Der innere Schenkel liegt am Gurt, der äußere verwahrend hinter dem Gurt.

Stehen in „Schrittstellung" Innerer Schenkel „am Gurt", äußerer „verwahrend"

5 Vgl. Meyners 2003

Übungsvorschlag:
Als MÜR empfehlen sich folgende Schritte:

- Reiten einer gebogenen Linie im Schritt mit Einnahme der Schenkelposition „Reiten in Schrittstellung" (innen am Gurt, außen hinter dem Gurt), linke und rechte Hand
- Reiten von gebogenen Linien im Schritt quer durch die Bahn mit Handwechsel und jeweiligem Umlegen der Schenkel
- Reiten von gebogenen Linien im Trab, z.B.: aus dem Zirkel wechseln oder Schlangenlinien durch die Bahn oder Reiten von Achten in beliebiger Größe
  Wichtig: Das korrekte Reiten der Hufschlagfiguren ist zweitrangig! Der Schwerpunkt liegt auf dem Training der Schenkelposition.
- **Ganz wichtig:** Auch im Galopp bleibt der äußere Schenkel verwahrend hinter dem Gurt. So „weiß" das Pferd, dass es immer noch im Galopp bleiben soll. Ganz viele Reiter vernachlässigen dies und haben Taktprobleme mit ihren Pferden, weil die Verständigung des Reiters zu seinem Pferd nicht deutlich genug ist. Auch dies muss, wie oben beschrieben, geübt werden.

5. Diagonale Hilfengebung

Übungserläuterungen:
Der diagonalen Hilfengebung kommt im Reiten eine immense Bedeutung zu, weil sie sowohl für die biegende Arbeit als auch für das Reiten von Wendungen benötigt wird; mit dem Üben dieser Hilfengebung sollte früh begonnen werden.
Die Richtlinien[6] formulieren zwar die „diagonalen Hilfen", beschreiben sie aber nicht explizit. Wichtig für die praktische Umsetzung ist es, den Schülern das Bewusstmachen der Körperdiagonalen zu verdeutlichen. Diagonal bedeutet in diesem Zusammenhang, dass beim Einsatz des beispielsweise linken Schenkels gleichzeitig der rechte Zügel oder beim Einsatz des rechten Schenkels gleichzeitig der linke Zügel die Biegung/Wendung unterstützt – also sowohl die Diagonale innerer Schenkel/äußerer Zügel als auch die Diagonale innerer Zügel/äußerer Schenkel.

Übungsvorschlag:

- Im Schritt reiten einer großen gebogenen Linie mit der Aufgabe, zur Einleitung einer Wendung die diagonalen Hilfen zu benutzen, entweder innerer Schenkel/äußerer Zügel oder äußerer Schenkel (verwahrende Position)/innerer Zügel harmonieren miteinander.
  Der Schwerpunkt liegt auf dem Einsatz ausschließlich der diagonalen Hilfen. Die notwendigen Gewichtshilfen und der z.B. treibende, innere Schenkel werden hier bewusst aus methodischen Gründen vernachlässigt (nicht zu viel auf einmal).
- Im Schritt reiten von Zirkeln unterschiedlicher Größe mit diversen Handwechseln, dabei Umlegen der Schenkel und jeweils seitenwechselnden Zügelhilfen
- Gleiche Übung im Trab
- Fortsetzung/Steigerung der Übung z.B. im Schultervor (1. Stellung), Reiten in Stellung (2. Stellung) und schließlich im Schulterherein

6 Deutsche Reiterliche Vereinigung e.V. (Hrsg.) 2014, S. 90, 173, 188, 239, 251

6. Schulung der Gewichtshilfen[7]

Übungserläuterungen:

Die Gewichtshilfen sind nicht schwer zu erlernen, aber umso schwieriger zu korrigieren, wenn sie einmal falsch erworben wurden. Zum ersten Erlernen muss der Reiter erspüren, welche Auswirkungen Gewichtsverlagerungen auf das Pferd haben.
Der Schüler soll außerdem lernen, dass das Pferd immer bemüht ist, unter das Gewicht des Reiters zu gelangen (1. Übungsvorschlag). Dieses Bemühen setzt auch dann ein, wenn der Reiter nicht an der richtigen Stelle sitzt und sein Gewicht falsch verlagert.
Des Weiteren muss er die korrekte Beckenbewegung erlernen (2. Übungsvorschlag).
Die verwahrende Schenkelhilfe steht in enger Beziehung zur Gewichtshilfe – vgl. hierzu Übung 4.

1. Übungsvorschlag:

Um die Auswirkungen von Gewichtsverlagerungen zu erspüren, bietet sich folgender Weg an:

- Das Bild eines Menschen (Pferd), der jemanden (Reiter) auf seinen Schultern sitzen hat, ist für das Verständnis hilfreich, dass geringste Hilfen ausreichen, um das Pferd zu lenken bzw. zu unterstützen. Andererseits soll es zum Ausdruck bringen, wie unangenehm ein falsch sitzender „Schulternreiter" für den Tragenden ist.
- Der Reiter wird aufgefordert, das Pferd im Schritt mit hingegebenen Zügeln ohne Schenkelhilfe nur mit Gewichtsverlagerung zu führen bzw. gebogene Linien zu reiten. Die Hilfen können zu diesem Zeitpunkt zur Verdeutlichung stärker gegeben werden.
- Die Gewichtsverlagerung des Reiters soll reduziert werden, um auch das Pferd zu schulen, auf feinere Hilfen zu reagieren.
- Die Gewichtsverlagerung des Reiters soll schließlich so gegeben werden, dass der Ausbilder sie praktisch nicht erkennen kann (unsichtbare Hilfengebung).

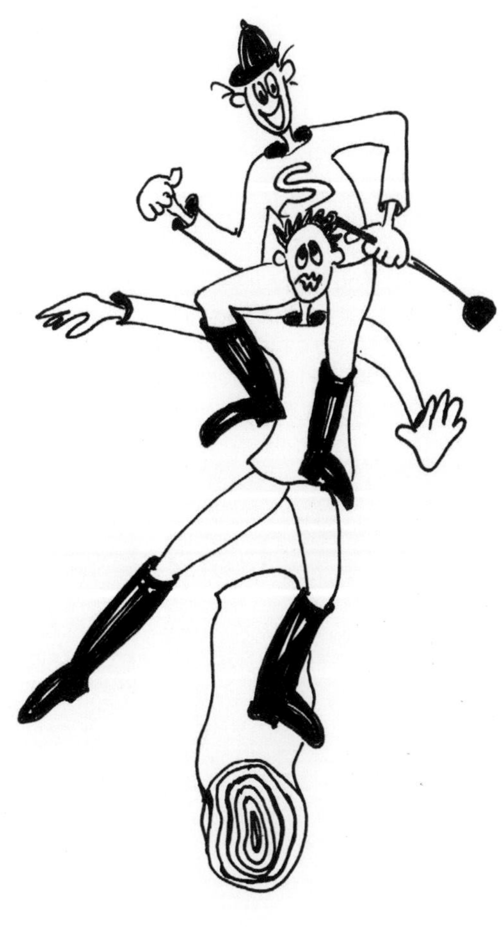

So nicht!

2. Übungsvorschlag:

Um die korrekte Bewegung der Gewichtshilfe zu schulen, bietet sich folgende Trockenübung an:

7 Das Wort „Gewichtshilfe" suggeriert eine Hilfe, die mit Kraft erzeugt wird. Besser wäre der Begriff „Gewichtsverlagerung" oder „Korrekte Nutzung des Reitergewichts". Dieser Begriff hat sich aber über Jahrzehnte durchgesetzt.

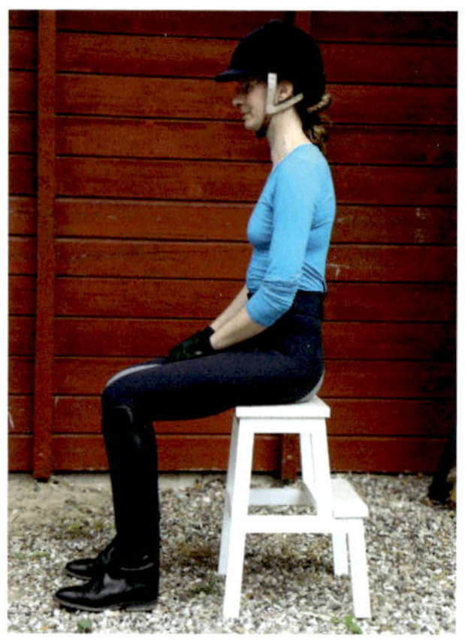
Mittelstellung

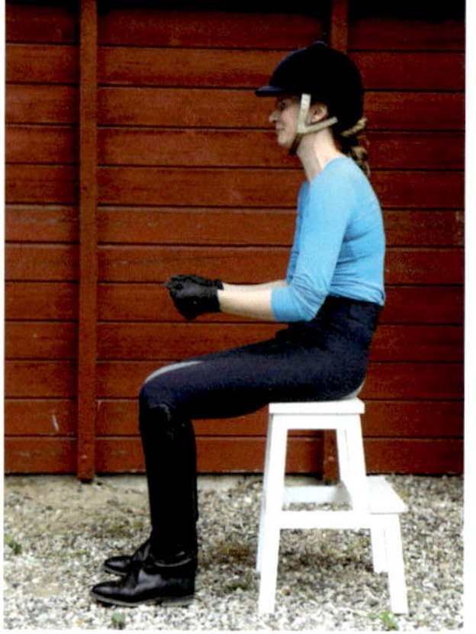
nach hinten

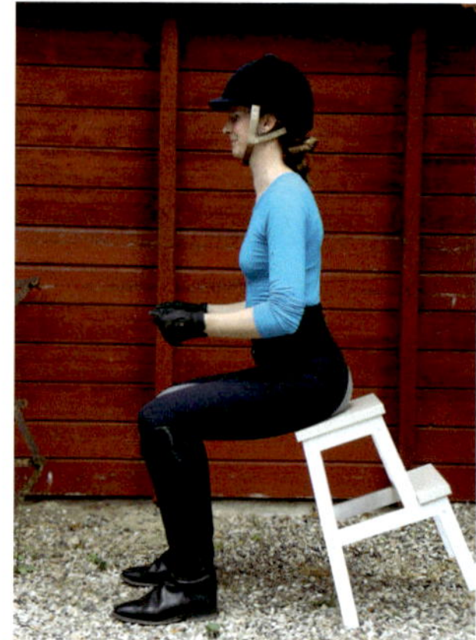
nach vorne... der Hocker beginnt zu kippen

- Sehr nutzbringend ist die Trockenübung auf einem Stuhl/Hocker. Der Schüler wird zur Beckenbewegung aufgefordert. Er soll das Becken in aufgerichteter Position nach vorne und nach hinten rollen (beidseitig belastende Gewichtshilfe). Man stelle sich das Ziffernblatt einer Uhr vor und rolle das Becken einmal zur 12 und einmal zur 6 und wieder zur 12 und wieder zur 6. Dies entspricht dem natürlichen Mitgehen in der Bewegung des Pferdes.
- Rollt man nun zur 10 oder zur 2, also in Richtung linkes bzw. rechtes Knie, wird die einseitig belastende Gewichtshilfe ausgeführt. Diese Rollbewegung ist für das Reiten von Wendungen, zum Angaloppieren, zum Reiten von Seitengängen – kurzum für alle Lektionen – entscheidend, die eine einseitige Gewichtshilfe verlangen.[8]
  Im weiteren Verlauf wird diese Übung praktisch ausprobiert und umgesetzt.

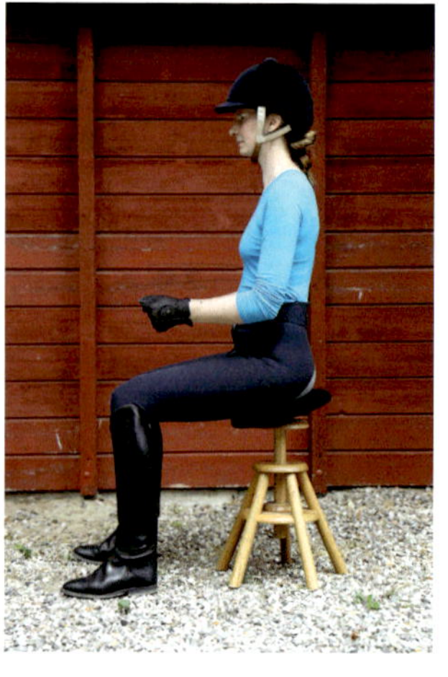

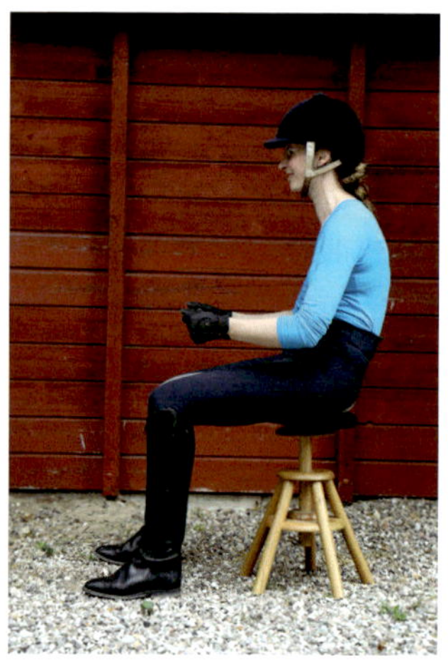

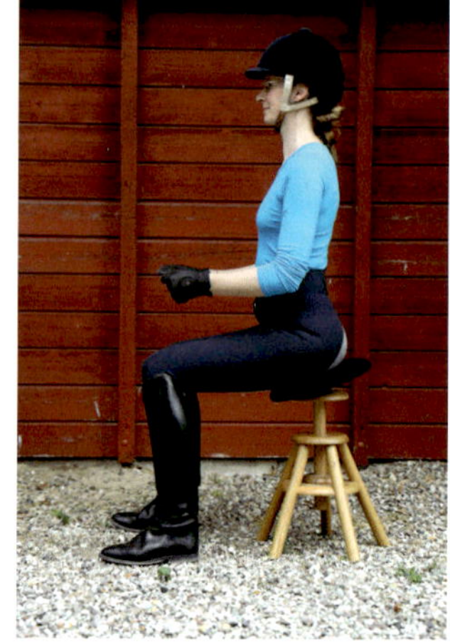

Rollen des Beckens auf einem Hocker/Balimo[9]

8 Vgl. Meyners 2003
9 Der „Balimo" ist ein Bewegungsstuhl, der von E. Meyners entwickelt wurde und den Reitern eine fundamentale Hilfe für die Mobilität des gesamten Körpers bieten kann.

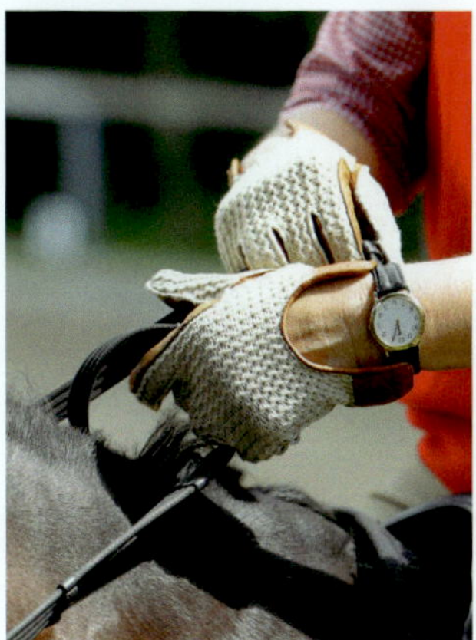
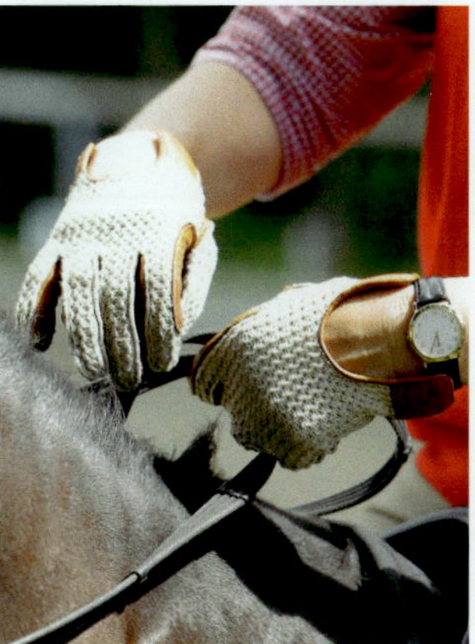
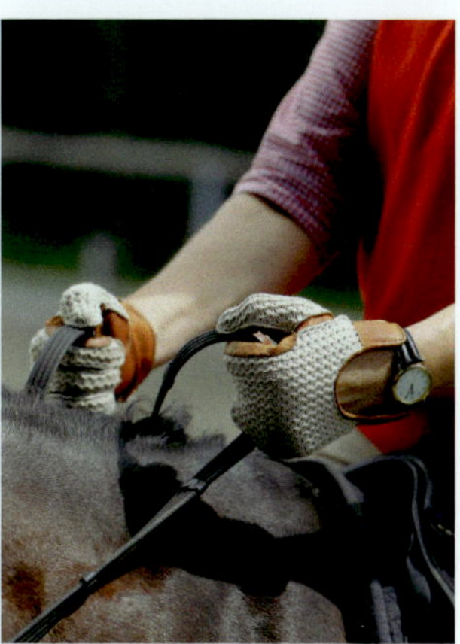

Zügelnachfassen ohne Aufgabe der Verbindung

7. Zügel nachfassen

Übungserläuterungen:

Diese Übung sollte schon früh in der Ausbildung geschult werden. Es muss den Schülern deutlich gemacht werden, dass es darauf ankommt, die Verbindung zum Pferdemaul nicht aufzugeben.

Übungsvorschlag:

- Im Halten Zügel in eine Hand nehmen lassen und mit der anderen nachfassen ohne Verbindung zum Pferdemaul. Deutlich machen, dass es sich beim Zügelnachfassen in der Regel nur um wenige Millimeter handelt.
- Im Halten Zügel in eine Hand nehmen lassen und mit der anderen nachfassen mit Verbindung zum Pferdemaul. Versuchen, dass die Verbindung nicht unterbrochen wird.
- Im Schritt die Übung wiederholen.
- Zügelnachfassen auch im Trab und Galopp durchführen.
- Häufiges Wiederholen in den nächsten Stunden, bis Automatisierung einsetzt.

8. Seitwärtsweisende Zügelhilfe

Übungserläuterungen:

Die seitwärtsweisende Zügelhilfe weist dem Pferd die Richtung. Sie ist sehr nutzbringend für das junge Pferd und für das Erlernen der Seitengänge. Außerdem ist sie eine nützliche Hilfe, um ein Pferd wieder in die Geraderichtung zu bringen oder in der Geraderichtung zu unterstützen.

Übungsvorschlag:

- Trockenübung im Halten: Der Reiter weist, zunächst ohne Zügel, mit der inneren Hand seitwärts, um ein Gefühl für den Bewegungsablauf zu erhalten. Der Ausbilder unterstützt taktil und führt gegebenenfalls die Hand des Reiters.
- Die gleiche Übung mit Zügelverbindung, immer noch im Halten. Üblicherweise fällt es den Reitern schwer, eine gleichbleibende Verbindung zu halten, ohne dass der Zügel rückwärts wirkt. Darauf muss geachtet werden.

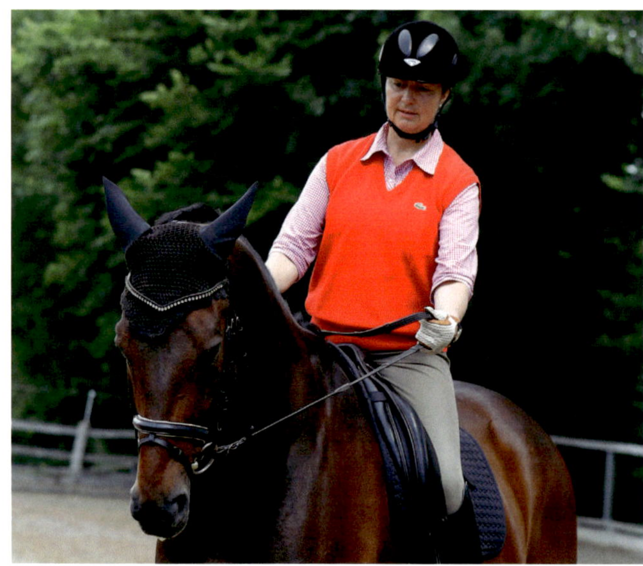

Einseitig seitwärtsweisende Zügelhilfe

Beidseitig seitwärtsweisende Zügelhilfe – von oben betrachtet

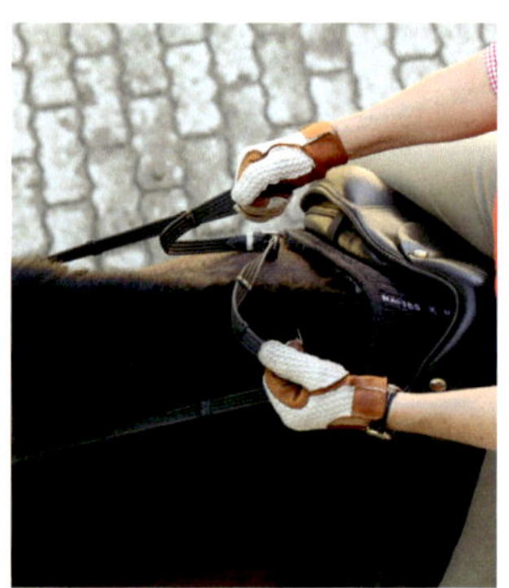

Mittelstellung

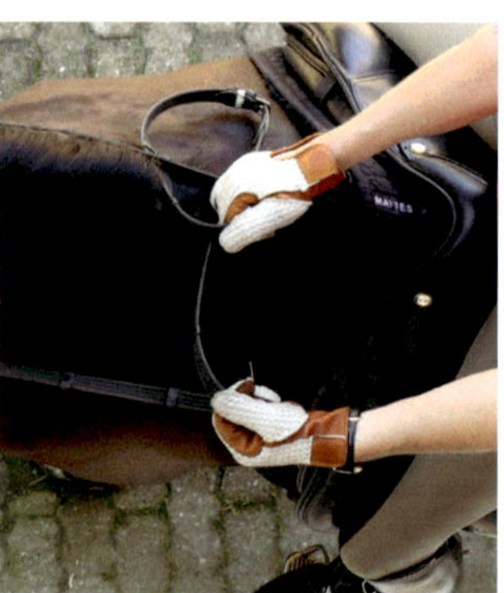

Seitwärtsweisende Zügelhilfe nach links

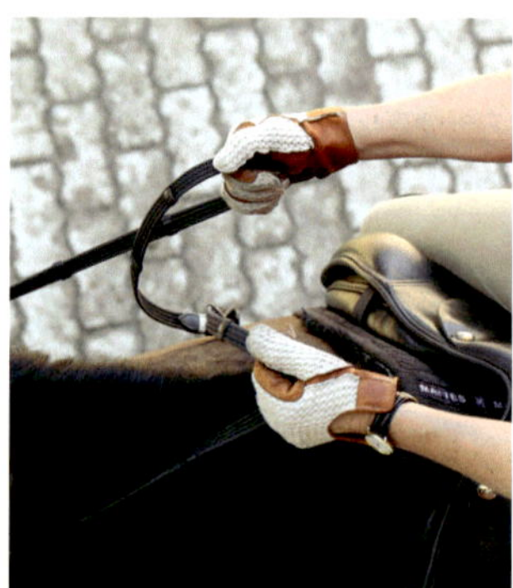

Seitwärtsweisende Zügelhilfe nach rechts

- Die Funktion des verwahrenden Zügels wird als Nächstes herausgearbeitet, um ein Gefühl für die richtige Dosis zu entwickeln. Er hat die Aufgabe, bei jedem Stellen und Biegen des Pferdes den annehmenden Zügel zu ergänzen. Beim Einsatz des seitwärtsweisenden, inneren Zügels muss er so eingesetzt werden, dass das Pferd im Hals in sich gerade bleibt. Nur zu gern benutzt der Reiter den inneren Zügel zu stark, der Hals des Pferdes wird fälschlicherweise überstellt, die Übung wird sinnlos. Man lässt beliebige Schrittwendungen (am besten 90°) durch die Bahn ausführen, wobei die Wendung jeweils mit der seitwärtsweisenden Zügelhilfe eingeleitet wird. Das Gefühl für den gleichmäßigen Einsatz von beiden Zügelseiten (von linken und rechten bzw. von inneren und äußeren) muss entwickelt werden. Damit isoliert geübt werden kann, muss der Einsatz von Gewichts- und Schenkelhilfen zunächst außer Acht gelassen werden.
- In Rücksprache mit dem Ausbilder werden die Einwirkungen verfeinert und zur Festigung in den nächsten Stunden wiederholt.

9. Schulung der Handunabhängigkeit

Übungserläuterungen:

Wenn die Beweglichkeit des Reiters in der Mittelpositur gegeben ist, muss er lernen, die Hand unabhängig von der Bewegung des Pferdes zu benutzen. Dazu werden zwei Übungsvorschläge angeboten:

1. Übungsvorschlag:

- Am Hals des Pferdes wird ein sogenanntes „verlängertes Martingal" angebracht (günstiger Winkel zur Handhaltung) oder ein verlängerter Halteriemen[10] am Sattel.
  An der Longe hat der Schüler nun die Aufgabe, diesen Riemen in der Bewegung gleichbleibend anstehen zu lassen bzw. mit einem gleichbleibenden Druck in der Hand. Zunächst kann der Druck etwas stärker sein, mit einiger Übung soll es der Reiter schaffen, den Druck sanfter und konstant zu halten.
- Als Zwischenschritte bieten sich auch hier die Kontrasterfahrungen an, indem ein Wechsel zwischen stärkerer, unruhiger Anlehnung am Riemen und sanfterer, ruhigerer stattfindet.
- Nach etwas Bewegungserfahrung genügt auch der eigentliche Halteriemen, an dem sich der Schüler nur noch mit den kleinen Fingern festhält.

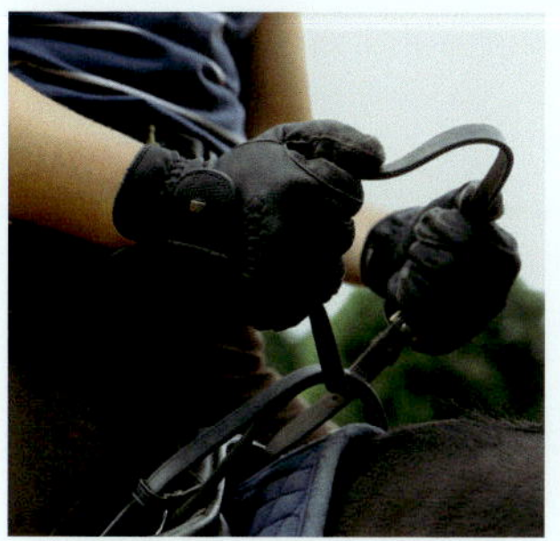

Einsatz eines verlängerten Halteriemens an der Longe ... als Zügelfaust

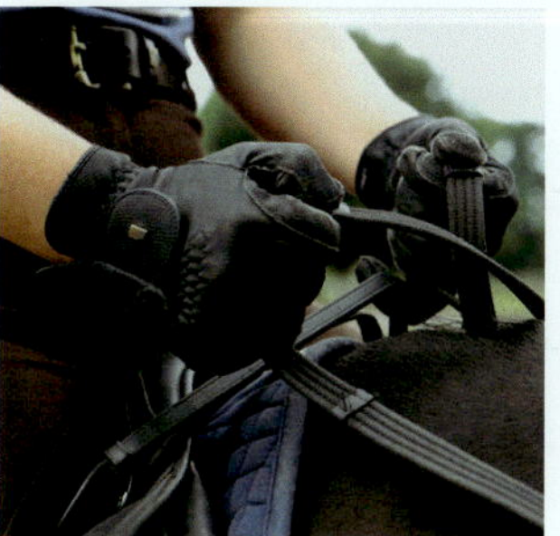

... nur mit dem kleinen Finger

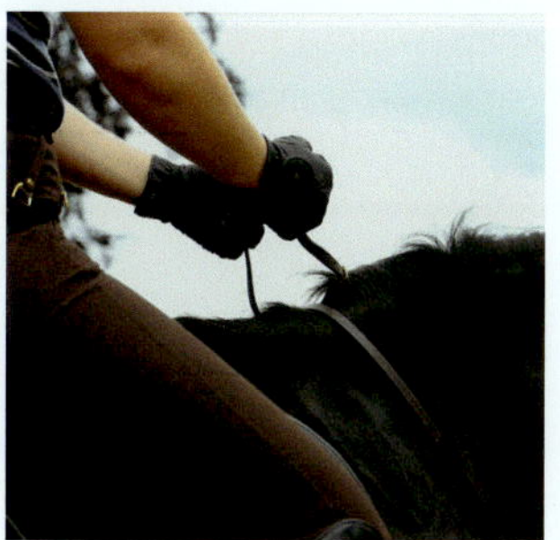

Einsatz eines „verlängerten Martingals" – ein zusätzlicher Riemen wird am Halsriemen des Martingals angebracht.

2. Übungsvorschlag:

- Aus dem breitensportlichen Bereich gibt es eine weitere Übung, die die Unabhängigkeit der Reiterhand schult und obendrein Spaß bereitet: das Wasserglasreiten[11] (für die Erwachsenen ist die Vorstellung des Champagnerreitens reizvoller). Man nimmt in der Praxis oder in der theoretischen Vorstellung ein Glas Wasser (Glas Champagner) in eine Hand und erhält die Aufgabe, die Zügel in die andere Hand nehmend, Schritt zu reiten. Bei unruhigeren Pferden werden diese an die Longe genommen.
- Die gleiche Übung versuchen, im Trab oder, je nach Ausbildungsstand und Sitz-Bequemlichkeit des Pferdes, im Galopp durchzuführen.
- Der positive Nebeneffekt dieser Übung liegt darin, dass die Schüler von ihrem eigentlichen Sitz abgelenkt werden und sich mehr auf den Inhalt des Glases konzentrieren.

10 Dieser Riemen, der unmittelbar am Vorderzwiesel des Sattels (Sattelkammer) angebracht ist, wird auch als „Angstriemen" bezeichnet.

11 Aus Sicherheitsgründen eignet sich ein Plastikbecher besser als ein einfaches Glas. Bedes sollte nur halb voll eingeschenkt werden.

10. Erlernen des Leichttrabens

Übungserläuterungen:

Das Leichttraben stellt für den lernenden Reiter eine erste Hürde dar. Wird es aber von Beginn an über das Erfühlen vermittelt, kann diese Hürde leicht genommen werden. Der Ausbilder muss sich zunutze machen, dass das Leichttraben eine rhythmische und fühlbare Grundübung ist. Das Aufstehen erfolgt in Anpassung an den Bewegungsablauf des Pferdes in dem Moment, in dem das Pferd das innere Hinterbein zum Abfußen vorschwingt. Aufgrund der diagonalen Fußfolge ist das Abfußen auch am Vortreten des äußeren Vorderbeins auszumachen.[12]

Übungsvorschlag – 1. Teil:

- Den Schüler an die Longe nehmen (das Gehen des Pferdes ist momentan irrelevant) und den Schüler zum Leichttraben auffordern. Das Pferd hat auf einer gebogenen Linie Längsbiegung, das richtige bzw. falsche Leichttraben lässt sich wesentlich leichter erfühlen.
- Der Schüler darf an dieser Stelle noch nicht mit „falschem" bzw. „richtigem" Leichttraben konfrontiert werden. Es würde ihn irritieren. Als erster Lernschritt steht das rhythmische Aufstehen und Einsitzen an. Die Beobachtung eines anderen Schülers bietet sich an, um dem Schüler eine Bewegungsvorstellung zu vermitteln.
- Der Ausbilder fordert den Schüler zum Aufstehen und Einsitzen auf und lässt ihn probieren (learning by doing – erfahrungsorientierte Lehrmethode). In den ersten Versuchen wird der Schüler sicherlich arhythmisch leichttraben, er wird aber sehr schnell erfühlen, dass ein besserer Rhythmus ein besseres Gefühl vermittelt.
- Sind die Rhythmusstörungen zu stark ausgeprägt, hilft eine akustische Unterstützung durch den Ausbilder: „Und jetzt! Und jetzt! ...".

Diese Schritte sind absolut ausreichend für das erste Mal, sie sollten in den kommenden Unterrichtseinheiten wiederholt werden, bis der Schüler den korrekten Rhythmus gefunden hat.

Übungsvorschlag – 2. Teil:

- Stimmt der Rhythmus des Leichttrabens, erfolgt im nächsten Schritt das Kennenlernen des Leichttrabens auf dem richtigen Fuß. Hierzu muss der Schüler lernen, das Vorfußen der äußeren Schulter zu erkennen (visuell) bzw. zu erfühlen (taktil). Diese Übung kann erst einmal im Schritt durchgeführt werden und so der Blick für das Vorfußen des äußeren Vorderbeins geschult werden. Auch hier hilft dem Schüler eine akustische Unterstützung durch den Ausbilder mit der Ansage „jetzt!". Dies erfolgt so lange, bis der Schüler es selbst erkennen kann.
- Darauf wird die Übung im Trab mit Leichttraben durchgeführt.
- Zum Erfühlen des Leichttrabens auf dem richtigen Fuß bietet sich folgender Weg an: Den Schüler (auf dem Zirkel) im Wechsel „falsch" und „richtig" leichttraben lassen, ihn ab und zu mit geschlossenen Augen reiten lassen und ihm den Auftrag geben, sein Gefühl zu beschreiben, ohne auf die Schulter zu blicken.
- Je nach Könnensstand und Gefühl des Reiters ist es sinnvoll, den Schüler zu informieren, wann er auf dem falschen oder wann er auf dem richtigen Fuß trabt.

12 Weitere Hinweise siehe Deutsche Reiterliche Vereinigung e.V. (Hrsg.) 2014, S. 76 ff.

- Es ist wichtig, dass an dieser Stelle der Schüler lernt, sich ausschließlich taktil, mit Unterstützung des Ausbilders, zu korrigieren. Wenn er sich nur visuell korrigiert, entwickelt er kein Gefühl.
- Zum Training des Gefühls hilft folgende Aufgabe: Den Schüler (an der Longe oder ohne) auf dem Zirkel reiten lassen und ihm den Auftrag geben, nach dem Aussitzen ohne Augenkontrolle mit dem richtigen Fuß aufstehend leichttraben. Das bedeutet, dass der Schüler bereits beim Aussitzen die Fußfolge erfühlen muss. Diese Übung eignet sich für fortgeschrittene Schüler. Können die Schüler das Vorfußen im Aussitzen noch nicht erfühlen, sollten sie es beim anschließenden Leichttraben selbst über ihr Gefühl korrigieren (wenn sie die o.a. Schritte bereits gelernt haben).

11. Korrektes Reiten der Zirkellinie

Übungserläuterungen:

Es kommt nicht darauf an, die Zirkellinie mechanisch nachzureiten, sondern darauf, das Führen mit dem äußeren Zügel zur Einhaltung der Zirkellinie zu erlernen.[13]

Übungsvorschlag:

- Erläuterung der Funktion der Zirkelpunkte
- Demonstration des Kreisbogens mit Hütchen, Eimer, in den Boden harken, Ausbilder als Orientierungspunkt (hinter mir musst du reiten) etc.
- Stell dir vor, du ziehst dir einen Kreis mit einem Zirkel (Mathematikunterricht).
- Besprechung der Hilfengebung: Welche Hilfe führt das Pferd auf die richtige Linie? Betonung des Einsatzes des äußeren, führenden Zügels.
- Ein guter Vergleich ist der Einsatz der Hilfen zum Schenkelweichen, um das Pferd in der inneren Stellung zum Punkt zu führen. Dadurch wird der Reiter gezwungen, die diagonalen Hilfen einzusetzen.
- Die größte Hürde ist in der Regel die Linienführung an der offenen Seite. Durch Harken der korrekten Spur oder mit dem Ausbilder als Hilfe (visuelle Hilfe) wird der Lernvorgang erleichtert.

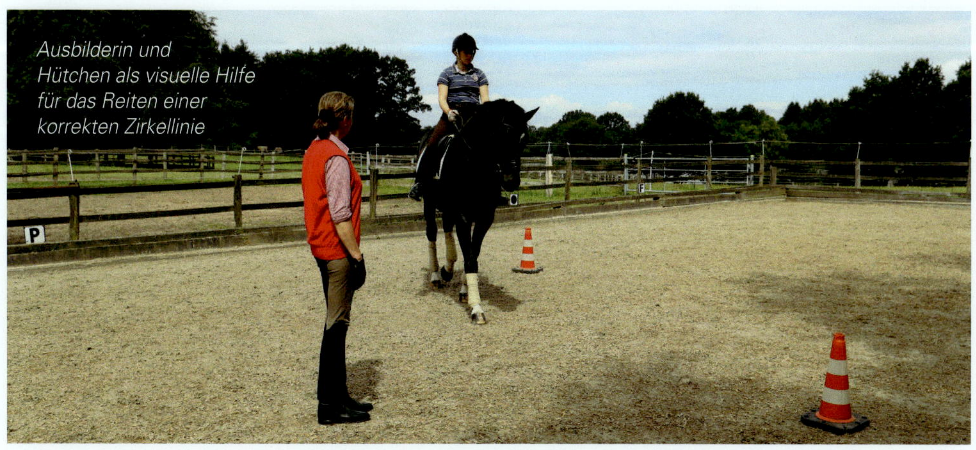

Ausbilderin und Hütchen als visuelle Hilfe für das Reiten einer korrekten Zirkellinie

13 Kleine Anekdote am Rande: Mein früherer Ausbilder (Werner Dethlefsen, verst.) hat mir mal beim wiederholt falschen Reiten eines Zirkels gesagt, dass ich die „Quadratur des Zirkels" erfunden habe.

12. Vorhandwendung

Übungserläuterungen:

Die Vorhandwendung als lösende Übung sollte sehr früh in die Anfängerausbildung integriert werden. Sie schult die Koordination der Hilfengebung (treiben, annehmen und nachgeben), die Anwendung der diagonalen Hilfengebung und wird in E- und A-Dressuren verlangt.

Die Hilfen (zur Wiederholung in Kurzform) sehen wie folgt aus:

- Der Reiter sitzt einseitig belastend auf dem inneren Gesäßknochen,
- mit dem inneren Schenkel wird die Hinterhand im Rhythmus des Bewegungsablaufes um die Vorhand Schritt für Schritt herumgeführt; der Schenkel liegt eine Handbreit hinter dem Gurt und treibt vorwärts-seitwärts,
- der verwahrende, äußere Schenkel verhindert, dass das Pferd mit der Hinterhand zu stark seitwärtstritt bzw. herumeilt,
- der neue innere Zügel wird zum Stellen des Pferdes verkürzt[14],
- der verwahrende, äußere Zügel verhindert ein zu starkes Abstellen im Hals.

1. Übungsvorschlag:

- Der Schüler hält auf dem zweiten Hufschlag; der Ausbilder steht an der Außenseite, fasst Trensenring und Wade des Schülers. Mithilfe der taktilen Unterstützung durch den Ausbilder wird die Vorhandwendung ausgeführt; der Schüler erhält eine erste Bewegungserfahrung.
- Wiederholung der ersten Übung, der Ausbilder unterstützt den Schüler taktil, den richtigen Zeitpunkt des treibenden Schenkels zu finden (mit dem Abfußen des inneren Hinterbeines).
- Reduzierung der Hilfen, der Ausbilder begleitet am Trensenring.
- Reduzierung der Hilfen, der Ausbilder steht passiv und greift nur ein, wenn es notwendig ist.
- Der Schüler probiert es ohne den Ausbilder.

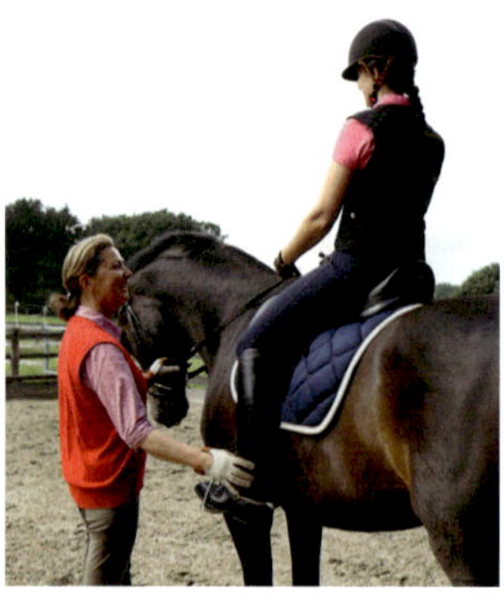

Vorhandwendung. Die Ausbilderin fasst Trensenring und Wade des Schülers.

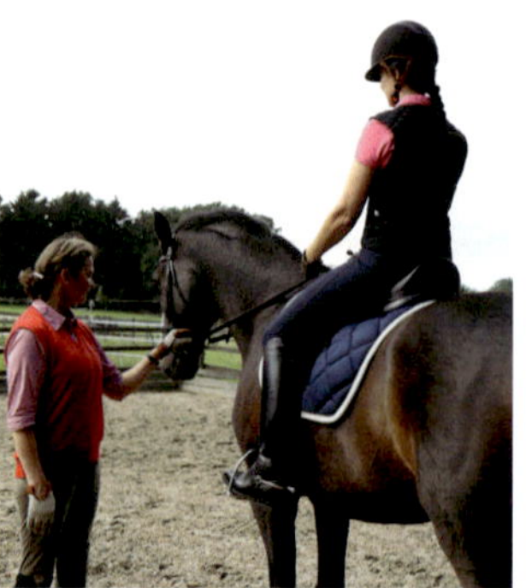

Die Ausbilderin fasst nur den Trensenring.

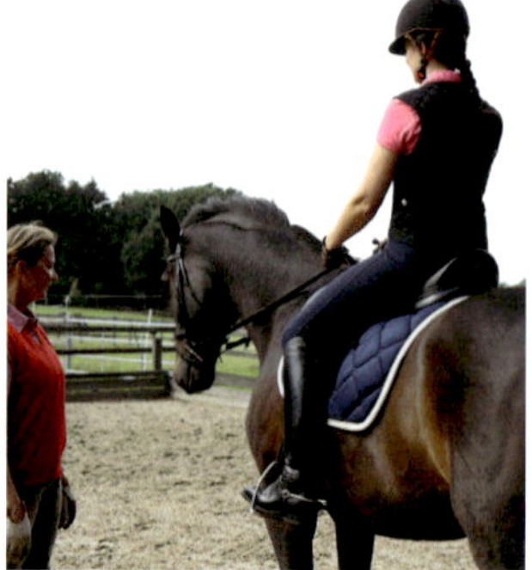

Die Ausbilderin steht zur Hilfestellung bereit.

14 Vgl. Deutsche Reiterliche Vereinigung e.V. (Hrsg.) 2014

2. Übungsvorschlag:

Diese Übung bietet sich auch an, sie im Sinne der erfahrungsorientierten Methode in einer ganz offenen Situation, je nach Schüler/Pferd, zu erlernen:

- Der Schüler erhält den Auftrag, sein Pferd im Halten um die Vorhand zu wenden und es nicht nach vorne treten zu lassen.
- Der Schüler probiert mehrere Lösungswege aus und erarbeitet sich in Rück- und Absprache mit dem Ausbilder ein Grundgerüst zur Ausführung der Lektion (vgl. Kap. 2.4.1).

13. Einführung zum Schenkelweichen

Übungserläuterungen:

Das Schenkelweichen ist aufgrund einer benötigten Koordinationsfähigkeit des Reiters, d.h. für die Abstimmung der Hilfen, ein wichtiges Instrumentarium zum Erlernen der treibenden (seitwärtstreibenden) und verwahrenden Hilfengebung und sollte daher im Unterricht nicht fehlen. Es ist aber darauf zu achten, dass es nicht über zu lange Strecken – höchstens über eine halbe Seite – ausgeführt wird.

Das Wichtigste zur Ausführung:

Beim Schenkelweichen bewegt sich das Pferd mit geringer Stellung (ohne Biegung) in einem 45°-Winkel vorwärts-seitwärts auf maximal zwei Hufschlägen. „Dabei treten die inneren Beine des Pferdes gleichmäßig vor und über die äußeren. Die Stellung erfolgt immer zur Seite des vorwärts-seitwärtstreibenden Schenkels. Er wird somit zum inneren Schenkel" (Deutsche Reiterliche Vereinigung e.V. (Hrsg.) 2014, S. 159).

Übungsvorschlag:

- Demonstration des Schenkelweichens an der langen Seite (linker oder rechter Schenkel)
- Ganz wichtig! Einleitung des Schenkelweichens mit Kopf des Pferdes zur Bande: der Reiter soll die Ecke abrunden, sodass er bereits im richtigen Winkel (etwa 45°) an die lange Seite kommt.
- Geschieht das Schenkelweichen mit dem Kopf ins Innere der Bahn, leitet es der Reiter ein, indem er auf die Diagonale abwendet bis das Pferd auch hier die 45°-Abstellung vom Hufschlag erreicht hat.

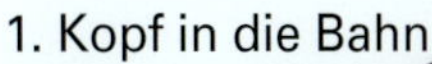

1. Kopf in die Bahn

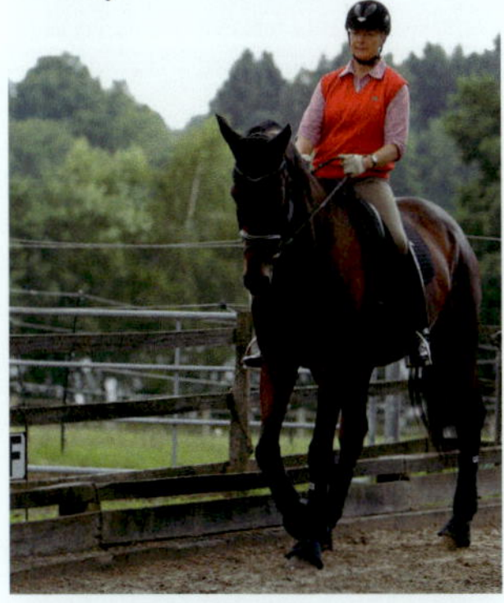

Vorbereitung des Schenkelweichens mit Kopf in die Bahn

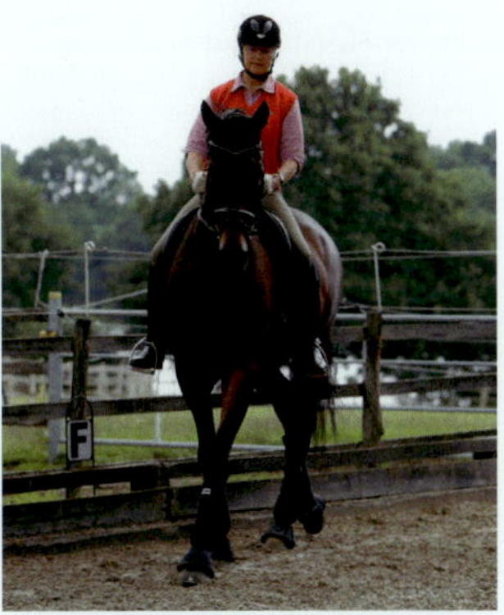

Einleitung wie ein Abwenden auf die Diagonale

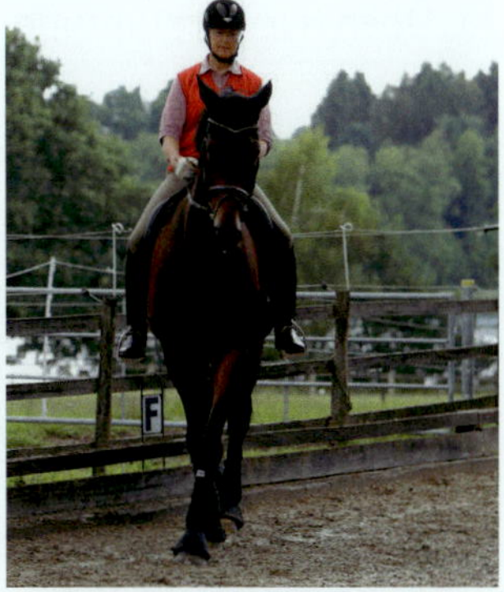

Beginn der Vorwärts-Seitwärts-Bewegung

2. Kopf zur Bande

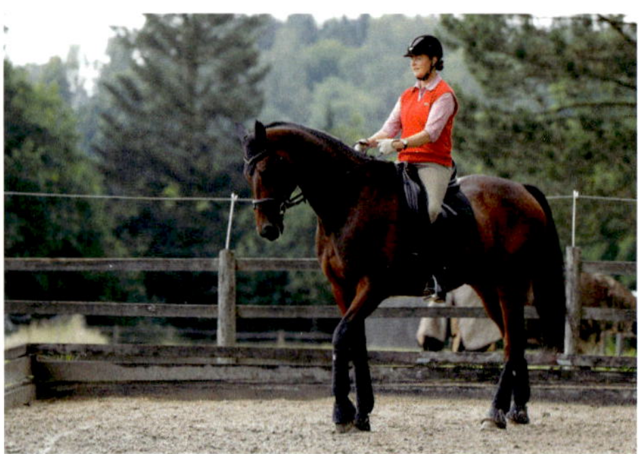

Vorbereitung des Schenkelweichens mit Kopf zur Bande, Abrunden der Ecke

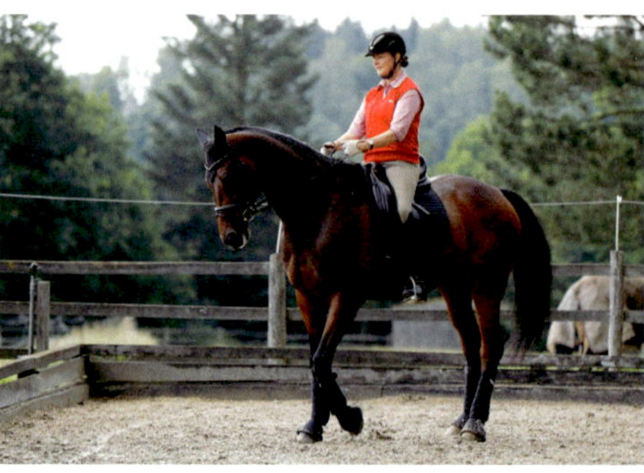

Zur Einleitung wird auf den Wechselpunkt zugeritten.

- Schenkelweichen – der Ausbilder begleitet den Schüler, unterstützt mit der einen Hand am inneren Zügel, mit der anderen Hand den inneren Schenkel des Reiters. Je nach Pferd kann der Einsatz einer Gerte durch den Ausbilder hilfreich sein (ähnlich wie bei Übung 12, Vorhandwendung, S. 70 f.).
- Die Unterstützung am inneren Schenkel erfolgt gleichzeitig mit dem Abfußen des inneren Hinterbeines – so erfährt der Reiter das Gefühl für den richtigen Zeitpunkt des Treibens.
- Wiederholung der Übung, Ausbilder reduziert die taktile Unterstützung.
- Wiederholung der Übung in den nächsten Stunden, Ausbilder zieht sich taktil mehr und mehr zurück, bis der Schüler es alleine beherrscht.

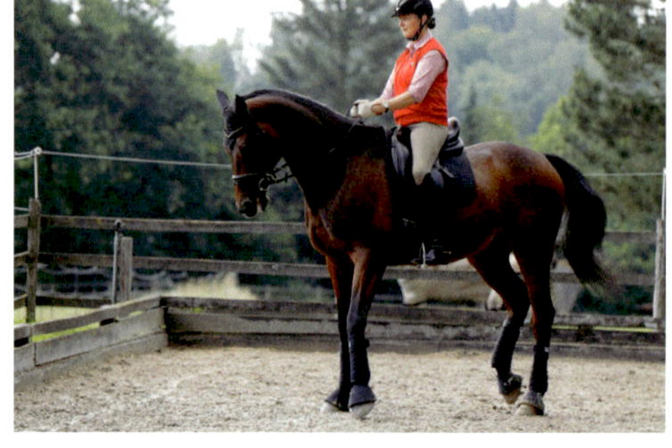

Beginn der Vorwärts-Seitwärts-Bewegung

14. Üben der Rückführung aus dem Schenkelweichen

Übungserläuterungen:

Das Schenkelweichen wird beendet, indem die Vorhand des Pferdes auf die Hinterhand „ausgerichtet" wird. Diese sehr sinnvolle Übung ist gleichzeitig eine gute Vorbereitung für die Rückführung aus dem Schulterherein. Auch dabei wird die Vorhand auf die Hinterhand in selber Stellung wie in der Lektion zurückgeführt.

Übungsvorschlag für Rückführung mit Kopf in die Bahn:

- Gespräch mit dem Schüler, wie diese Lektion sinnvollerweise beendet werden sollte.
- Den Schüler das Pferd mit dem inneren Schenkel zurück zum Hufschlag führen lassen (ohne etwas an der Stellung zu verändern). Ausbilder steht in „taktiler" Bereitschaft dabei.
- Den äußeren Zügel dazunehmen, der leicht annehmend die Vorhand auf die Hinterhand zurückrichtet.

- Hinweis auf den inneren Zügel, der für die gleichmäßige Stellung sorgt.
- Betonung, dass es bis zum Geradeaus auf dem Hufschlag eine Vorwärts-Seitwärts-Bewegung bleibt.

Übungsvorschlag für Rückführung mit Kopf zur Bande:

- Das Schenkelweichen mit Kopf zur Bande wird beendet, indem das Seitwärtstreiben eingestellt, das Pferd umgestellt und wie beim Beenden einer Volte zum Hufschlag in einem flachen Bogen zurückgeführt wird. Diese Übung stellt für den reitenden Anfänger keine große Hürde dar und wird auch so in den Richtlinien gefordert.[15]
- Der fortgeschrittene Reiter sollte lernen, das Schenkelweichen mit Kopf zur Bande wie folgt zu beenden: Der immer geltenden Regel folgend, dass das Pferd mit der Vorhand auf die Hinterhand auszurichten ist, wird es in der Stellung bleibend mit der Vorhand zur Hinterhand zurückgeführt wie beim Beenden mit Kopf in die Bahn; die vorherrschenden Hilfen sind der am Gurt treibende, innere Schenkel und der annehmende, äußere Zügel. Das Pferd befindet sich dann auf dem zweiten Hufschlag; anschließend wird es zurück auf den ersten Hufschlag geritten.[16]

Schenkelweichen mit Kopf in die Bahn. Hier noch in der Vorwärts-Seitwärts-Bewegung.

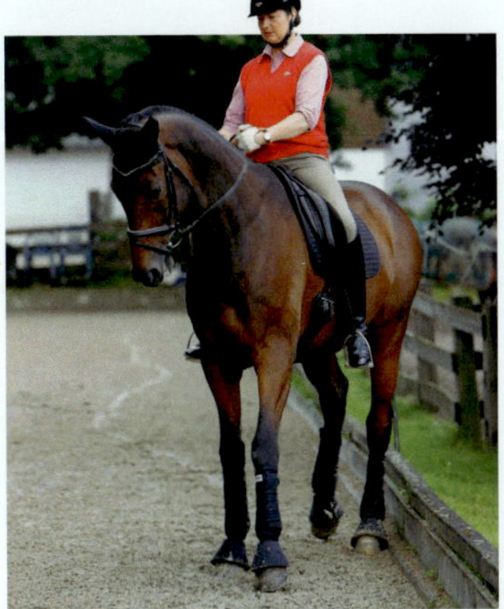

rechts: Beginnende Rückführung zur Bande. Stellung bleibt erhalten.

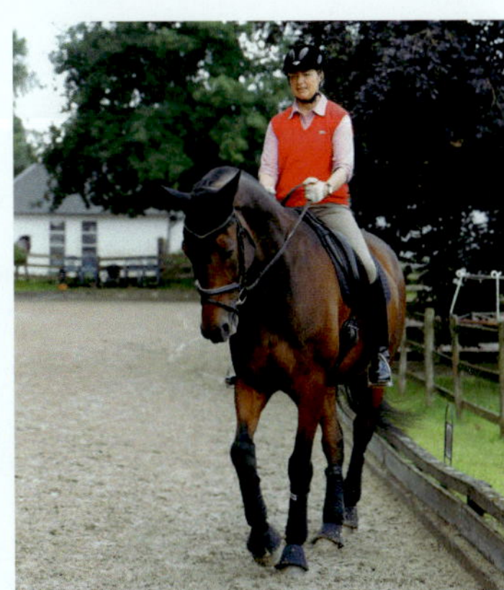

Das Schenkelweichen ist schon fast beendet.

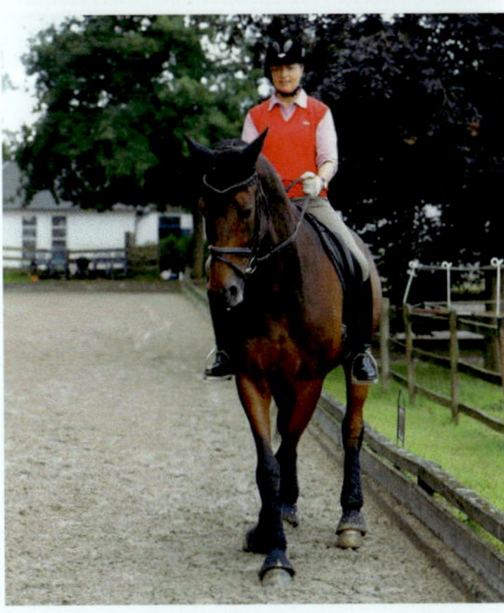

rechts: Das Schenkelweichen ist beendet. Das Pferd ist wieder geradeaus gestellt.

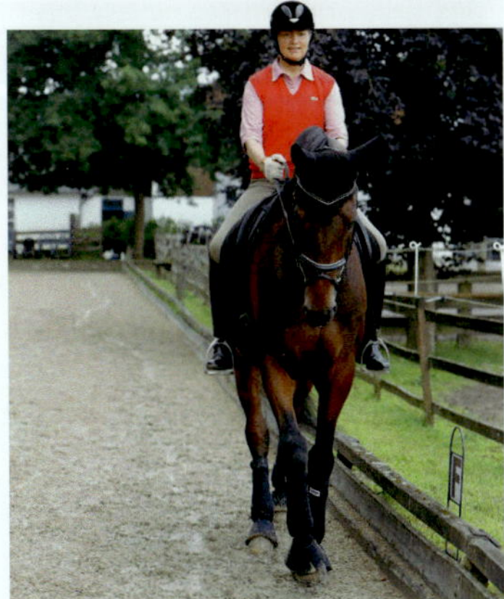

15 Vgl. Deutsche Reiterliche Vereinigung e.V. (Hrsg.) 2014

16 Die oben beschriebene Rückführung steht in dieser Form nicht in den Richtlinien, eignet sich aber hervorragend als Vorbereitung für die Seitengänge und deren Rückführung. In den weiterführenden Seitengängen wird die Vorhand immer auf die Hinterhand ausgerichtet! – vgl. auch Seunig 1961.

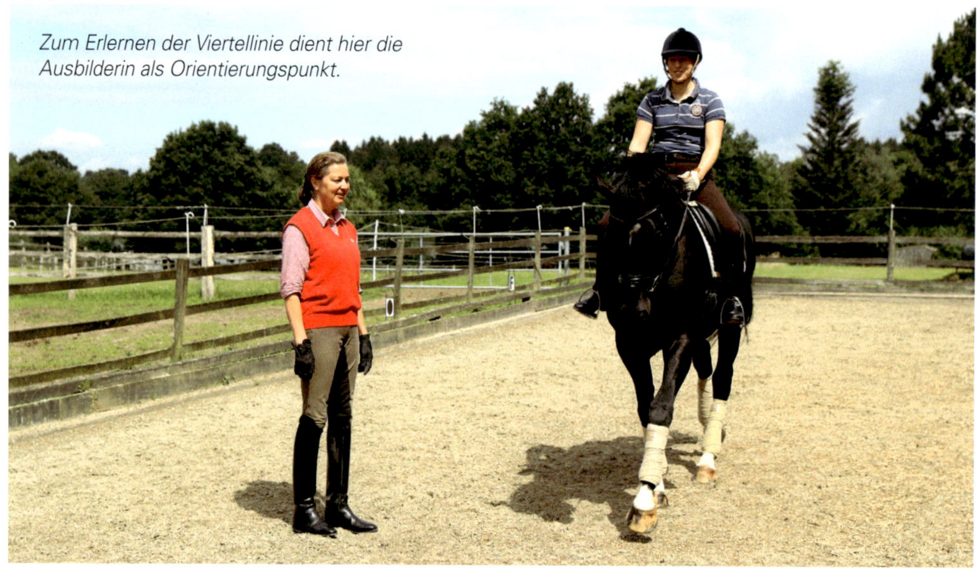
Zum Erlernen der Viertellinie dient hier die Ausbilderin als Orientierungspunkt.

15. Reiten der Viertellinie

Übungserläuterungen:

Seit dem Jahr 2000 wird das Reiten der Viertellinie auch in den Dressuraufgaben verlangt. Diese 5-Meter-Linien wurde bis dato sowohl in der Formulierung als auch in der praktischen Umsetzung wenig genutzt. Schon früh sollte mit der neuen Begrifflichkeit umgegangen werden. Sie kann dann sinnvoll z.B. beim Erlernen des Viereck-Verkleinern und -Vergrößern" eingesetzt werden. (Bekanntermaßen wird diese Lektion immer zu groß, über die Viertellinie hinaus, geritten ...)

Übungsvorschlag:

Zum Erlernen bieten sich auch hier verschiedene Möglichkeiten an:

- das Erarbeiten der Linie über Befragungen: „Wo könnte die Viertellinie sein?"
- das Aufstellen von Hütchen, Kegeln o. Ä.
- die Markierung im Boden mit einer Harke
- der Ausbilder als Orientierungspunkt

16. Viereck-Verkleinern und -Vergrößern

Übungserläuterungen:

Zum Erlernen dieser wichtigen Grundlagenübung gibt es verschiedene Wege.

Voraussetzung: Der Schüler ist mit dem Schenkelweichen an der langen Seite vertraut, kennt aber das Viereck-Verkleinern und -Vergrößern noch nicht. Im ersten Übungsvorschlag geht es um das Erleben und Erfühlen der Lektion, im zweiten Vorschlag werden dann gezielt die Hilfen erlernt.

Methodisch setze ich gern das Schenkelweichen vor das Viereck-Verkleinern und -Vergrößern, damit die Schüler ein sichereres Gefühl für das Seitwärtsgehen und den Einsatz der verwahrenden Hilfen bekommen. Anders herum (erst das Viereck-Verkleinern und dann das Schenkelweichen) weichen die Pferde zu stark aus und die Lektion wird nicht korrekt erlernt und ausgeführt.

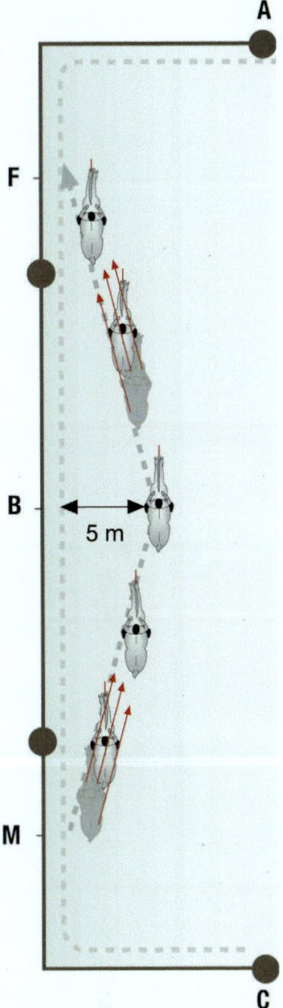

Das Wichtigste zur Ausführung:

Das Viereck-Verkleinern und -Vergrößern entspricht dem Schenkelweichen entlang einer gedachten Linie vom ersten Wechselpunkt der langen Seite ins Innere der Bahn (bis zur Viertellinie – 5 m) und von dort aus wieder zurück zum zweiten Wechselpunkt der langen Seite. Die Übung kann aber auch frei in der Bahn als Schrittverschiebung ausgeführt werden.[17]

1. Übungsvorschlag:

- Zusammen mit dem Ausbilder von der Mittellinie aus nur ein paar Schritte Viereck-Vergrößern; zwei- bis dreimalige Wiederholung zu beiden Seiten (in der Regel ist es einfacher, zu der Seite zu vergrößern, zu der das Pferd die Stellung bereits hat – also von linker Hand kommend, ist das Pferd links gestellt, das Pferd weicht vom linken Schenkel, und es wird nach rechts vergrößert; dieses ist für den Schüler zunächst einfacher, weil das Pferd nicht umgestellt werden muss).

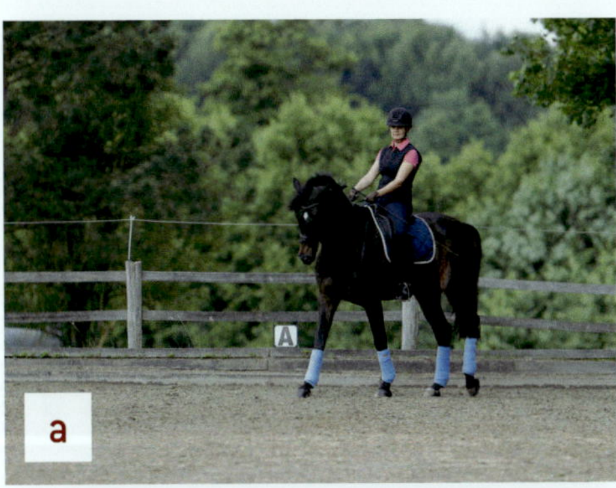

a) Abwenden auf die Mittellinie von der linken Hand kommend, links gestellt.

b) Viereck-Vergrößern nach rechts. Das Pferd muss nicht umgestellt werden.

c) Viereck-Vergrößern. Das Pferd tritt vorwärts-seitwärts.

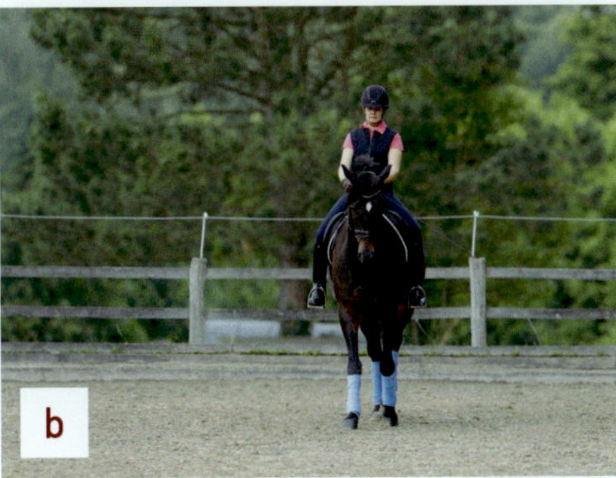

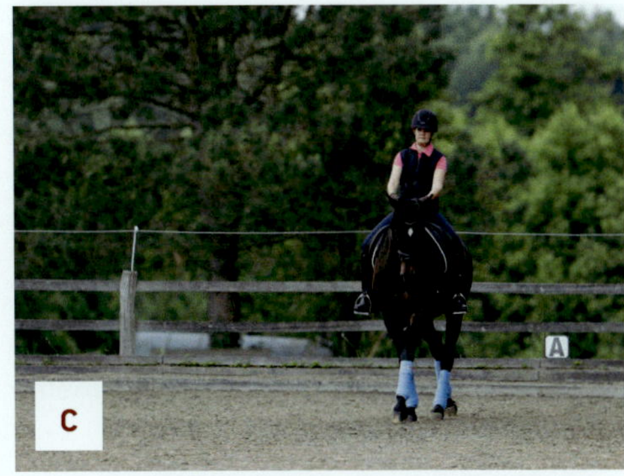

17 Vgl. Deutsche Reiterliche Vereinigung e.V. (Hrsg.) 2014, S. 160

- Wiederholung der Übung ohne Ausbilder
- Von der langen Seite aus nur ein paar Schritte Viereck-Verkleinern, je nach Gelingen noch mit oder gleich ohne Ausbilder, sonst wie oben. Hier muss der Schüler das Umstellen vor dem Verkleinern zusätzlich erlernen.
- Gelingen die Vorübungen, wird von der Mittellinie aus ein paar Schritte vergrößert, dann geradeaus, umstellen und ein paar Schritte verkleinert.
- Übung an der langen Seite ausführen, Ausbilder steht gleich an der Viertellinie, damit dem Schüler das Gefühl für die richtige Größe vermittelt wird (in den Dressurprüfungen wird diese Übung dadurch falsch geritten, dass ein falsches Verständnis von der Größe dieser Übung vorliegt; hier kann von vornherein dieser Problematik entgegengewirkt werden).

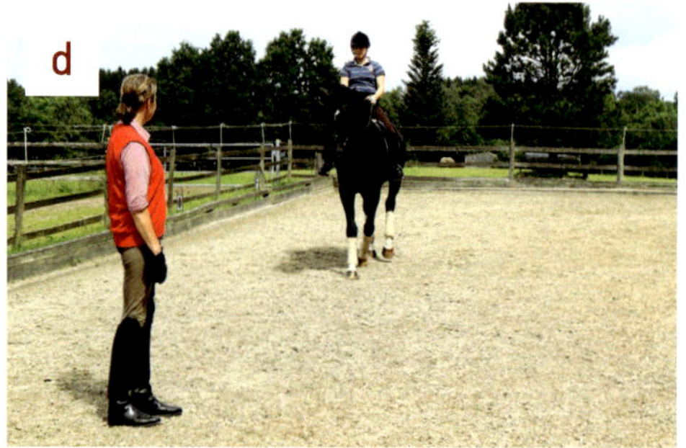

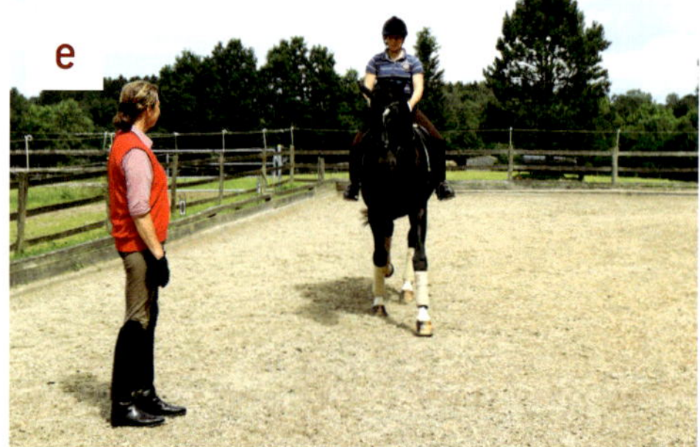

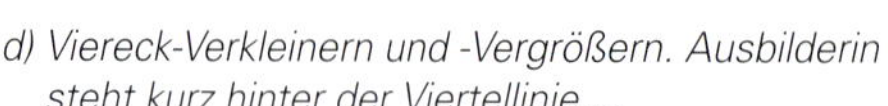

d) Viereck-Verkleinern und -Vergrößern. Ausbilderin steht kurz hinter der Viertellinie ...

e) ... die Schülerin reitet vor ihr vorbei.

f) Die gleiche Übung. Statt der Ausbilderin werden Hütchen eingesetzt. Sie stehen in Form eines Tores, durch das hindurchgeritten werden muss.

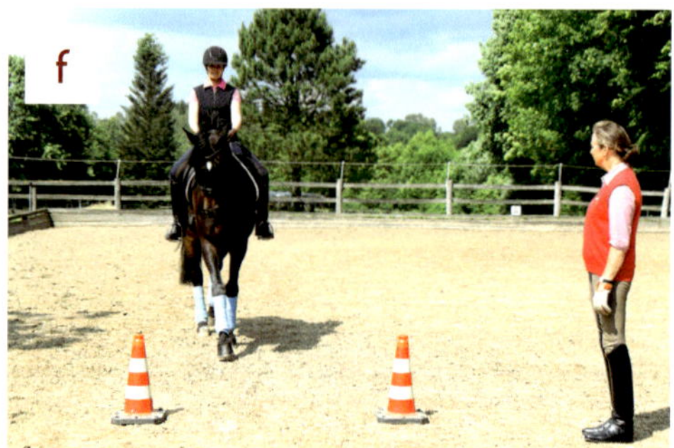

- Zielübung – d.h. die korrekte Lektion des Viereck-Verkleinerns und -Vergrößerns an der langen Seite.

2. Übungsvorschlag:

- Die wichtigste Hilfe ist die Diagonale innerer Schenkel – äußerer Zügel. Deshalb ist diese Übung auch so immens wichtig. Der Schüler wird aufgefordert, von der Mittellinie aus nur zu vergrößern und dabei die „innere" Diagonale einzusetzen.
- Zusätzlich erhält er die Aufgabe, das Pferd optisch gerade wie ein Brett – parallel – zur langen Seite zu reiten. Hierzu muss er seine Hilfengebung koordinieren. Häufig treibt der innere Schenkel zu stark und der äußere Zügel führt zu wenig.
- Mit dieser Aufgabe muss man den Schüler etwas „alleine"lassen, damit er Zeit zum Ausprobieren hat. In Absprache mit dem Ausbilder setzt dann die Feinkorrektur ein.
- Erst danach wird das Verkleinern integriert.

17. Viereck-Verkleinern im Leichttraben

Übungserläuterungen:

Das Viereck-Verkleinern und -Vergrößern ist eine wunderbare Übung zur Schulung der Geschicklichkeit des Reiters und des Einsatzes der diagonalen Hilfen, eine Funktion für das Pferd ist weniger gegeben.

Übungsvorschlag:

- Auf die Mittellinie abwenden und Stellung behaltend zur jeweiligen Seite (links gestellt nach rechts, rechts gestellt nach links) übertreten bzw. Viereck vergrößern lassen in Richtung lange Seite oder beliebig oder an der Viertellinie beenden. Der Vorteil liegt darin, dass der Reiter das Pferd nicht umstellen muss.
- Aufgabe: vom Wechselpunkt aus auf die Diagonale in Richtung Mittellinie abwenden und das Viereck im Leichttraben verkleinern lassen. Die Diagonale soll möglichst flach und lang gezogen geritten werden, damit das Pferd mehr vorwärts- als seitwärtsfußen muss. Bei zu viel Seitwärts besteht leicht die Gefahr, dass die Pferde über die äußere Schulter ausfallen. Dem Schüler bei dieser ersten Übung noch nicht mitteilen, dass er dabei den Fuß wechseln muss. Dies zu erfühlen ist seine Aufgabe.
- Den Schüler die Übung einige Male erproben lassen. Sollte er dann immer noch auf dem falschen Fuß leichttraben, erfolgt der Hinweis, ob er nicht etwas vergessen hat oder ob sich das Pferd gut anfühlt?
- Erst daraufhin wird der Schüler zum Umsetzen aufgefordert, wenn er es nicht selbst gespürt hat.
- Es bietet sich eine Übungsfolge an, indem der Reiter von der linken Hand kommend das Verkleinern nach links mit Rechtsstellung ausführt und anschließend, wegen der Rechtsstellung, auf die rechte Hand geht. Von der wird dann die Übung fortgesetzt und mit dem Verkleinern nach rechts in Linksstellung begonnen. Das ergibt einen harmonischen Bewegungsfluss.

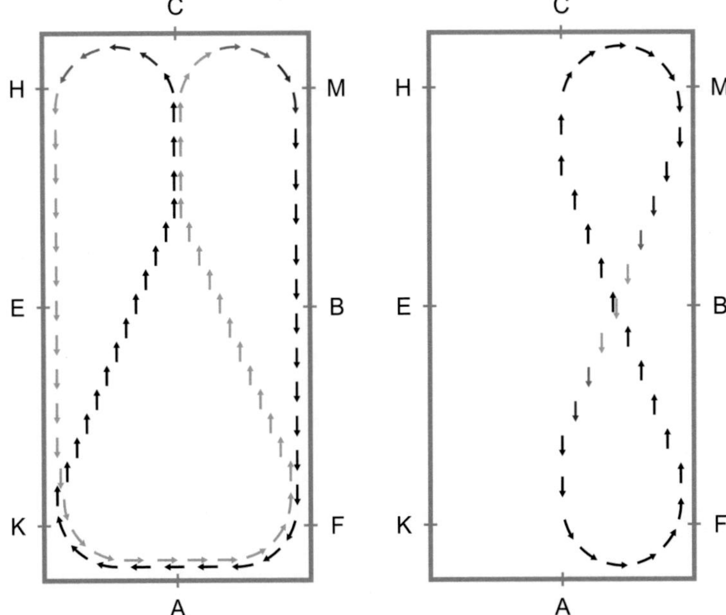

1. Übung – leichtere Version mit einer langen Seite geradeaus (links)

2. Übung – schwierigere Version mit direkter Folge aufeinander (rechts)

18. Durchreiten der Ecken

Übungserläuterungen:

Das korrekte Durchreiten der Ecken wird immer wieder gefordert, um die Durchlässigkeit des Pferdes zu verbessern. Dazu wird das Pferd auf einem Viertelkreisbogen geritten. Der Ausbilder muss sich aber im Klaren sein, dass einerseits das Pferd die nötige Ausbildung erfahren haben sollte, um gebogen durch die Ecke zu kommen. – Haben Sie schon einmal versucht, ein ungymnastiziertes Pferd gebogen durch eine Ecke zu reiten? – Andererseits sollte der Erfahrungsschatz des Schülers so weit vorhanden sein, dass er in der Lage ist, sein Pferd korrekt durch die Ecke reiten zu können (Kenntnis der diagonalen Hilfen und der Gewichtshilfen).
Der Ausbilder hat also abzuwägen, wann der richtige Zeitpunkt gekommen ist, das korrekte Durchreiten der Ecken zu schulen bzw. zu thematisieren.

Das Durchreiten gliedert sich in die Phasen Vorbereitung, Durchreiten, Beenden.

- In der Vorbereitung wird das Pferd mit einer halben Parade aufmerksam gemacht, um dann in Bewegungsrichtung gestellt zu werden.
- Während des Durchreitens der Ecke bewegt sich das Pferd auf dem Bogen einer Viertelvolte, d.h. mit Längsbiegung und geradegerichtet (hufschlagdeckend).
- Zum Beenden der Ecke wird das Pferd wieder geradeaus gestellt, damit es wieder gleichmäßig an beide Zügel herantreten kann.

Im Einzelnen sind für das Durchreiten folgende, insbesondere die diagonalen, Hilfen notwendig:

- leichte Gewichtsverlagerung nach innen,
- innerer Schenkel treibt am Gurt und sorgt für die Längsbiegung,
- äußerer Schenkel verwahrend hinter dem Gurt, um ein Ausweichen der Hinterhand nach außen zu verhindern,
- innerer, weich geführter Zügel sorgt für die Stellung und führt ggf. das Pferd in die Wendung hinein,
- äußerer Zügel begrenzt die Stellung und gibt so viel nach, wie es die Biegung erforderlich macht, und begrenzt die Schulter.

Übungsvorschlag:

Um die Fülle der Hilfengebung sinnvoll schulen zu können, müssen diese auf kleinere Schritte verteilt werden:

- Man legt ein kleines Viereck an, z.B. halbe Bahn, und lässt die Schüler im Schritt auf einer Hand reiten. Die Wendung soll auf dem Bogen einer Viertelvolte erfolgen, zu tiefes Hineinreiten ist nicht erwünscht. Es muss sich eine harmonische Linie ergeben.
- Zunächst wird das Durchreiten geschult. Unter Hinweis auf Übung 5, Diagonale Hilfen, S. 62 soll der Schüler versuchen, das Pferd gebogen auf einer gleichmäßigen Linie durch die Ecken zu reiten.
- Nach erfolgter Eigenrealisation (Ausprobieren) wird die diagonale Hilfengebung besprochen. Der Schüler soll bewusst inneren Schenkel und äußeren Zügel spüren, die für die Längsbiegung sorgen.
- Anschließend wird die Stellung unter Berücksichtigung des verwahrenden, äußeren Schenkels beachtet, d.h., dass der Schüler beim Gebrauch des inneren Zügels, der für

die Stellung sorgt, mit dem äußeren Schenkel verwahrend „aufpasst". Ergebnis dieses und des vorangegangenen Schrittes ist, dass beide Diagonalen (innerer Schenkel/äußerer Zügel bzw. innerer Zügel/äußerer Schenkel) mit einer Funktion versehen sind.

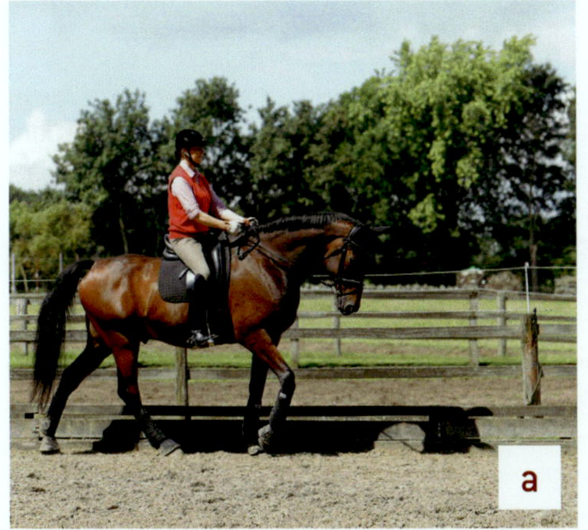

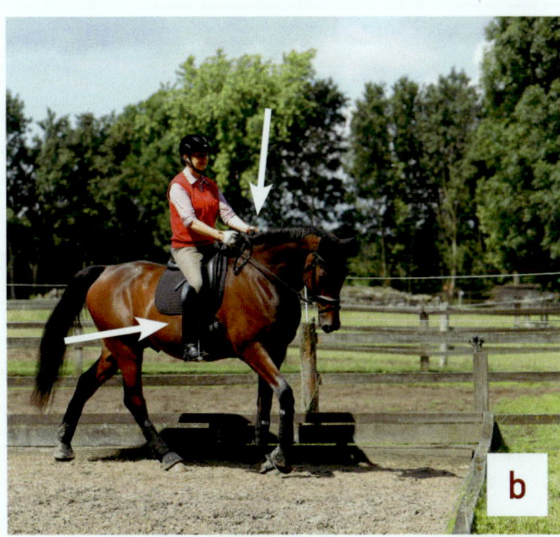

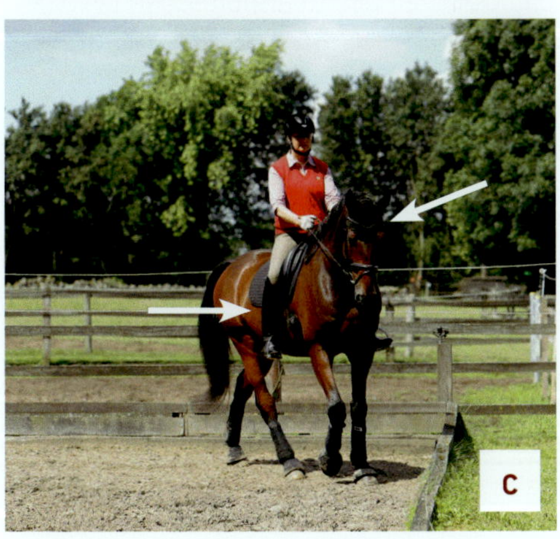

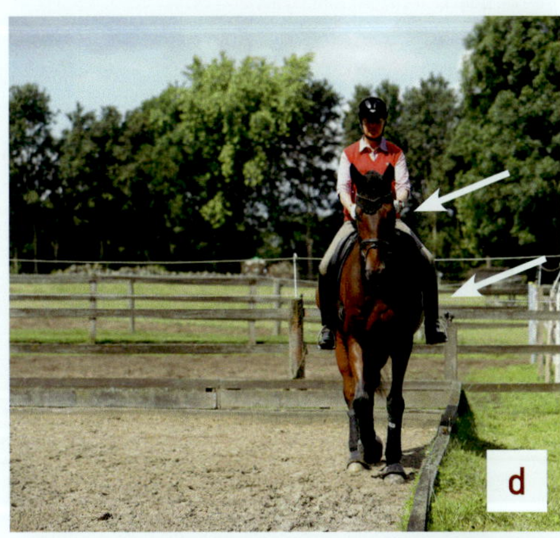

a) Vorbereitung Durchreiten einer Ecke.

b) Das Pferd ist in Bewegungsrichtung gestellt und gebogen.

c) Beim Durchreiten bewegt sich das Pferd auf dem Bogen ...

d) ... einer Viertelvolte.

e) Zum Beenden wird das Pferd wieder geradeaus gestellt.

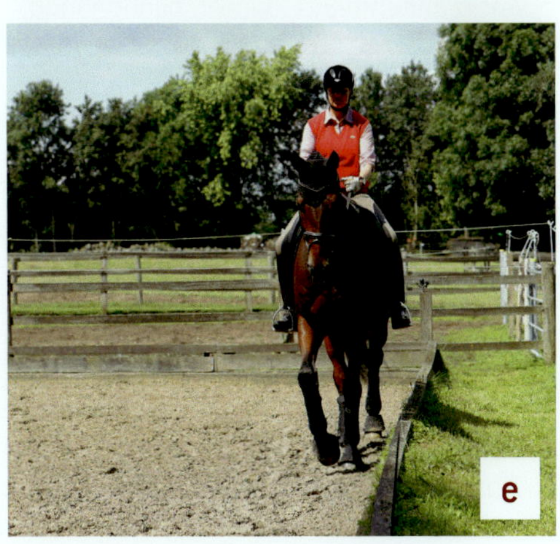

- Zur Schulung der Vorbereitung wird auf das „Stellung-Geben" hingewiesen. In Rücksprache mit dem Schüler wird die Hilfengebung besprochen (innerer Zügel, der für die Stellung nach vorheriger halber Parade sorgt – dies setzt voraus, dass der Schüler über Erfahrungen mit der halben Parade verfügt. Wenn nicht, wird sie an dieser Stelle außen vor gelassen und zu einem späteren Zeitpunkt ergänzt.).
- Das Beenden wird kurz besprochen, indem der Schüler aufgefordert wird, das Pferd wieder geradeaus zu stellen. Er soll versuchen, beide Maulspalten des Pferdes und seine beiden Waden am Pferdeleib zu spüren, sodass er das Pferd wieder „vor seinen treibenden Hilfen hat".
- In den nächsten Stunden kurze Wiederholung (evtl. die noch nicht angesprochene Gewichtshilfe dazunehmen; wenn sie aber von vornherein gelingt, muss sie gar nicht thematisiert werden) und dann Vollzug im Trab.

An dieser Übung ist wieder einmal exemplarisch zu erkennen, dass beim Reitenlernen viele Dinge auf einmal gefordert werden. Der Ausbilder darf zur Schulung nur einzelne Schritte ausführen und nicht die ganze Übung auf einmal schulen wollen. Die Verwirrung des Schülers wäre zu groß, der Lerneffekt gering. Die Aufgabe, das Pferd gebogen durch die Ecke zu bekommen, ist schon schwierig genug. Von daher ist es wichtig, dass zu Beginn nicht das tiefe Durchreiten gefordert wird, sondern erst das Gelingen einer harmonischen Linie. Mit der Zeit wird es dem Schüler gelingen, auf einem kleineren Bogen durch die Ecke zu reiten.

Selbstverständlich muss dem Schüler immer die Möglichkeit zum Erfühlen gegeben werden; es geht nicht um das stereotype Nachahmen der vom Ausbilder geforderten Übung, sondern um das eigene Erleben!

19. Rückwärtsrichten

Übungserläuterungen:

Die Hilfen für das Rückwärtsrichten sehen in Kurzform wie folgt aus:

- beidseitig belastende Gewichtshilfe und vortreibende Schenkelhilfe wie zum Anreiten,
- Unterschenkel verwahrend am Pferdeleib liegend verhindern ein seitliches Ausweichen der Hinterhand
- im Moment, in dem das Pferd antreten will, wirken beide Zügel kurz aushaltend und leicht annehmend, danach nachgebend,
- geht das Pferd zurück, wird die Hand leicht.[18]

Für das Erlernen der Hilfen zum Rückwärtsrichten muss diese komplexe Übung in kleinere Schritte unterteilt werden. Dazu müssen die Hilfen auch mal isoliert geschult werden. Aber nur so ist es möglich, die Gesamtbewegung zu schulen.
Die Übungsfolge für den unerfahrenen Reiter sieht wie folgt aus:

Übungsvorschlag:

- Mit aktivem Ausbilder, um Gefühl zu erlernen. Der Ausbilder steht am Pferd und lässt das Pferd mit Gertenhilfe (touchieren an den Vorderbeinen oder nur in Richtung der Vorderbeine halten) rückwärtsrichten. Eine Hand kann auch den Trensenring fassen. Hier erhält der unerfahrene Reiter Gelegenheit, ein erstes Bewegungsgefühl zu erhalten.

18 Vgl. Deutsche Reiterliche Vereinigung e.V. (Hrsg.) 2014, S. 161 ff.

- Mit passivem, aber bereitem Ausbilder. Erläuterung und Anwendung der Schenkelhilfe (verwahrend, eine Handbreit hinter dem Gurt, wenig Druck). Der Ausbilder begleitet das Rückwärtsrichten neben dem Pferd stehend.
- Mit passivem, aber bereitem Ausbilder. Erläuterung und Anwendung der Zügelhilfe (leichtes Annehmen und im Moment des Rückwärtstretens das Nachgeben). Der Ausbilder begleitet das Rückwärtsrichten neben dem Pferd stehend.
- Mit passivem, aber bereitem Ausbilder. Erläuterung und Anwendung der Gewichtshilfe (beidseitig entlastend). Der Ausbilder begleitet das Rückwärtsrichten neben dem Pferd stehend.
- Ohne Ausbilder. Pferd erziehen, dass die beidseitig verwahrende Schenkelhilfe, vor allem in Verbindung mit den Zügelhilfen, Rückwärtsrichten bedeutet.
- Mehrmaliges Wiederholen innerhalb von ein paar Tagen, Zügelhilfen so fein es geht einsetzen.

Wenn das Pferd das Rückwärtsrichten erlernen soll, bieten sich auch o.a. Schritte an. Der Schüler muss dann die Hilfen bereits beherrschen und ergänzt sie nach und nach mithilfe des Ausbilders, der am Pferd steht. Es hat aber gewährleistet zu sein, dass der Ausbilder sofort eingreift, wenn das Pferd die Hilfen nicht versteht, damit das Rückwärtsrichten nicht durch Ziehen am Zügel vollzogen wird. Führt man diese Schritte durch, lernt das Pferd das Rückwärtsrichten innerhalb weniger Tage.

20. Galopp – Schritt – Übergänge

Übungserläuterungen aus Reitersicht:
Die halbe Parade vom Galopp zum Schritt stellt eine erhöhte Anforderung an die Koordination des Reiters. Das richtige Verhältnis von Treiben und Annehmen muss stimmen, um einen weichen Übergang zu reiten.

Übungsvorschlag: Folgende Methodik bietet sich an:
- Versuche, irgendwo auf einer gebogenen Linie vom Galopp zum Schritt durchzuparieren, ohne dass du die Zügel mehr benutzt/anlehnst als vorher. Trabtritte bzw. eine auslaufende Parade sind erlaubt.
- Wiederholen und Hinweis geben, dass die halbe Parade so lange dosiert wiederholt wird, bis das Pferd pariert ist.
- Es ist immer wieder zu beobachten, dass die Schüler im letzten Moment mit zu starkem Zügeleinsatz reiten, weil sie unbedingt zum Schritt parieren wollen. Es ist positiver, einen weichen auslaufenden Übergang zu reiten als einen harten abrupten, korrekt erscheinenden. Diese Erkenntnis muss der Ausbilder dem Schüler regelrecht „verkaufen". Der Schüler muss erkennen, dass seine Leistung nicht im Reiten des Übergangs liegt, sondern in der sanften Ausführung, die mit unsichtbaren Zügelhilfen gelingt.

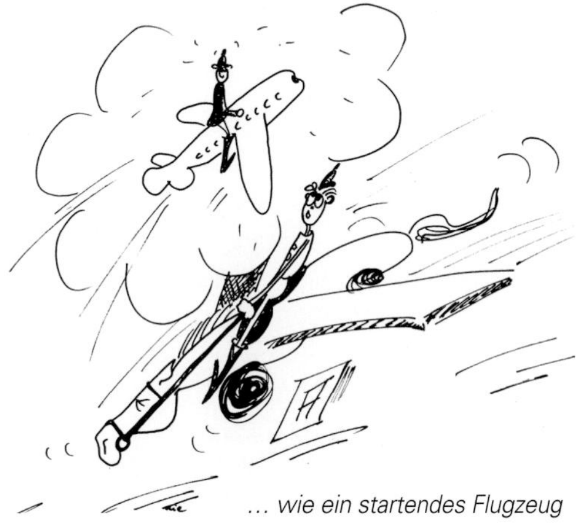
... wie ein startendes Flugzeug

- Es ist wichtig, dass für diese Übung die Frequenz (Übungsdichte) erhöht wird, also viele Übergänge nacheinander nach sehr kurzen Galoppreprisen.
- Ist die Hand des Reiters weich genug, wird die Konzentration auf die treibende Schenkelhilfe gerichtet: „Versuche im Übergang dein Pferd vermehrt mit der Wade zu spüren. Diese Hilfe muss für dein Pferd wie eine Vokabel sein, die immer bedeutet, dass du zum Schritt parieren willst."
- Hilfreich ist auch die Vorstellung, dass das Pferd wie ein startendes oder landendes Flugzeug aussehen soll, mit den Hinterrädern (Hinterhand) zuerst (Bergauftendenz).
  Siehe Abbildung S. 81
- Wenn der Übergang auf gebogener Linie gelingt, kann auf einer Geraden geritten werden, als Vorbereitung für den einfachen Galoppwechsel durch die ganze Bahn.

Übungsvorschlag aus Pferdesicht:
- Wenn das junge Pferd den Übergang vom Galopp zum Schritt erlernen soll, muss es bereits halbe Paraden vom Galopp zum Trab bzw. vom Trab zum Schritt beherrschen. Sie sind Voraussetzung für das Gelingen von Übergängen vom Galopp zum Schritt.
- Auch hier beginnt man mit Übergängen vom Galopp zum Schritt auf gebogener Linie, Trabtritte sind unbedingt erlaubt. Zur Erleichterung des Überganges wählt man einen Punkt, an dem das Pferd eine leichte, räumliche Anlehnung erfährt: In der Halle zur Bande hin z.B. zur geschlossenen Seite auf dem Zirkel; auf dem Springplatz auf gebogener Linie an einem Hindernis anlehnend.
- Die Übung wird häufig wiederholt, wie oben.
- Dem Pferd müssen von Beginn an die korrekten Hilfen mit geringster Zügelhilfe gegeben werden. Immer wieder ist zu beobachten, dass die Pferde ausschließlich mit Zügelhilfen pariert werden und daher auf die Hand bzw. auf die Vorhand kommen.
- Nach und nach wird die Anzahl der Trabtritte reduziert, immer unter der Prämisse, die Zügelhilfe weich zu führen.
- Das Pferd kann diesen Übergang nicht in einer Stunde erlernen, es sind mehrere Übungseinheiten notwendig. Der Erfolg ist abhängig von dem Gerittensein des Pferdes, von der Akzeptanz der halben Parade und dem Grad der Versammlung.

21. Einfacher Galoppwechsel auf der Diagonalen

Übungserläuterungen:
Voraussetzung für diese Übung: Pferd/Reiter beherrschen den Übergang vom Galopp zum Schritt.

Übungsvorschlag:
- Reiten von Galopp-Schritt-Übergängen zur Bande hin bzw. Ecke; dem Pferd soll eine Anlehnung mit der Schulter gegeben werden.
- Galopp-Schritt-Übergänge auf gebogener Linie – dies ist leichter als das Parieren auf einer Geraden bzw. auf der Diagonalen.
- Galopp-Schritt-Übergang und kurz nach dem Abwenden auf der Diagonalen durchparieren, längere Schrittphase, angaloppieren zur neuen Hand hin.
- Galopp-Schritt-Übergang mit Abwenden auf die Diagonale mit späterem Durchparieren
- Schrittphase verkürzen
- Zielübung: einfacher Galoppwechsel mit nur einer Pferdelänge Schritt

22. Gefühl für die Fußfolge des Pferdes erwerben

Übungserläuterungen:

Die Schrittpausen in Reitstunden eignen sich besonders gut, theoretisches Wissen in der Praxis zu erläutern und anzuwenden, so auch das Erfühlen der Fußfolge des Pferdes unter dem Sattel (1) und beobachtend bei einem anderen Pferd (2).

Übungsvorschlag:

Zum Erfühlen und Beobachten der Fußfolge werden die Beine des Pferdes „nummeriert". Hinten links ist 1, vorne links 2, hinten rechts 3 und vorne rechts 4. Eine komplette Fußfolge im Schritt ist demnach 1, 2, 3, 4 oder hinten links; vorne links; hinten rechts; vorne rechts;[19]

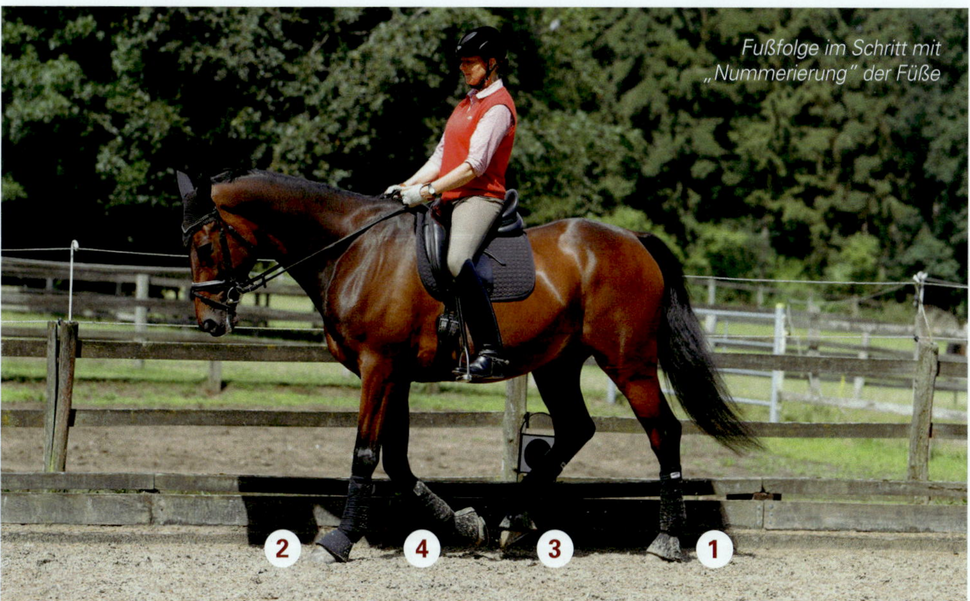

Fußfolge im Schritt mit „Nummerierung" der Füße

(1) Erfühlen

- Im Schritt, nach Kurzbeschreibung der Fußfolge, den Reiter zunächst vorne links und rechts laut zählen lassen: 2 – 4; 2 – 4 usw. (Ausbilder zählt vor oder mit je nach Notwendigkeit – das gilt grundsätzlich auch für die nächsten Schritte).
- Das linke Hinterbein und das linke Vorderbein zählen lassen: 1 – 2; 1 – 2 usw.
- Das rechte Hinterbein und das rechte Vorderbein zählen lassen: 3 – 4; 3 – 4 usw.
- Die gesamte Fußfolge zählen lassen (schwierig).
- Die Steigerung ist, nur die Hinterbeine zählen zu lassen (sehr schwer!).

(2) Beobachten

- Diese Übung erfolgt in den gleichen Schritten wie beim „Erfühlen". Der Schüler soll lernen, die Fußfolge an einem anderen Pferd zu erkennen, damit später eine Beurteilung erfolgen kann. Alles geschieht in ständigem Dialog von Schüler und Ausbilder.

19 Die Richtlinien für Reiten und Fahren, Band 1 (2014, S. 122 f.) beginnen die Fußfolge im Schritt mit dem Vorderbein; ich bevorzuge die Nummerierung wie oben, um das Gleichseitige, aber nicht Gleichzeitige hervorzuheben und um den „Motor" des Pferdes zu betonen.

23. Erfühlen des korrekt und geschlossen stehenden Pferdes

Übungserläuterungen:

Der Reiter soll geschult werden, das korrekt oder unkorrekt (nicht auf allen vier Füßen gleichmäßig) stehende Pferd zu fühlen. In der Grundausbildung (etwa A-Niveau) ist es noch nicht notwendig, dass das Pferd geschlossen im Rechteck steht. Das geschlossene, vermehrt unter dem Schwerpunkt stehende Pferd ist das Ergebnis der Ausbildung bis zur Versammlung.

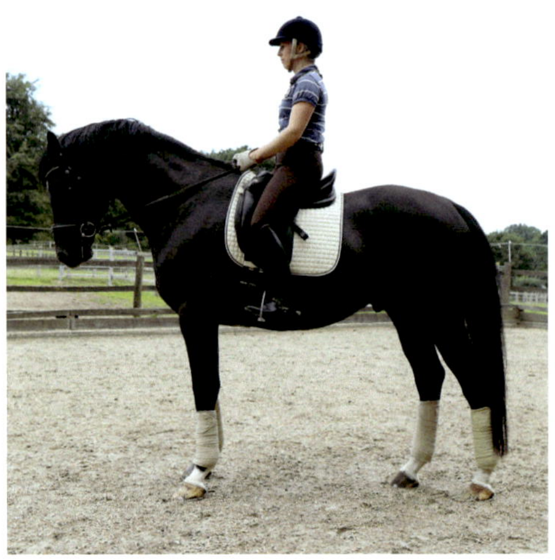

Offen stehendes Pferd

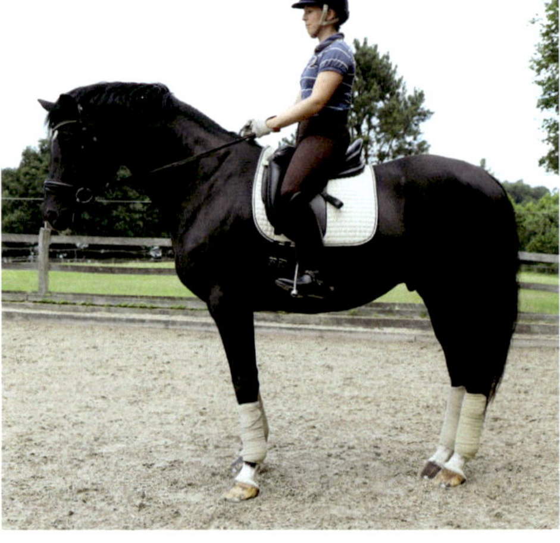

Geschlossen und unter dem Schwerpunkt stehendes Pferd

Übungsvorschlag:

- Der Reiter hält an einer beliebigen Stelle an (aus dem Schritt) und beschreibt, ohne hinzusehen, ob das Pferd vorne korrekt steht oder nicht. Korrekturhilfe sind der Ausbilder oder ein Spiegel – diese Übung ist relativ einfach, aber als Einstieg gut geeignet.
- Erneutes Halten und Beschreibung der Stellung der Hinterbeine durch den Reiter mithilfe des Ausbilders – (den Ausbilder kann in diesem Fall auch ein Spiegel ersetzen, allerdings muss der Schüler erst fühlen und dann in den Spiegel schauen, sonst ist diese Übung nicht von Erfolg gekrönt). Für ein deutlicheres Gefühl ist es hilfreich, wenn das Pferd möglichst mit einem Bein weit hinten heraussteht. Das Pferd so stehen lassen und dem Reiter Zeit lassen zu fühlen, mit ständiger Rückmeldung durch den Ausbilder.
- Hinterbein heranstellen (mithilfe des Ausbilders) und erneut fühlen lassen, um den Unterschied herauszuarbeiten.

Für diesen Lernprozess ist es enorm wichtig, dass der Ausbilder im ständigen Austausch mit dem Schüler steht und ihn bei der Ausprägung seines Gefühls positiv unterstützt und ihn nicht etwa vor den Kopf stößt, wenn er es noch falsch erfühlt. Die Möglichkeit, sich zu blamieren, ist sehr groß; der Schüler bedarf des unbedingten Vertrauens durch den Ausbilder.
In den nächsten Stunden muss diese Übungsfolge immer wiederholt werden, bis sich der Schüler selbst korrigieren kann.

24. Schulung der Hilfengebung, die Hinterbeine im Halten heranzustellen

Übungserläuterungen:
Voraussetzung ist das richtige Gefühl für das korrekt oder nicht korrekt stehende Pferd (siehe Übung 23, S. 84). Der Reiter soll mit dieser Übung die Fähigkeit (Hilfengebung) erwerben, das nicht geschlossen stehende Pferd zur geschlossenen Stellung zu korrigieren.

Übungsvorschlag:
- Im Halten fühlt der Reiter zunächst, welches Hinterbein mehr herangeholt werden muss (das Pferd hat bereits gelernt, mit den Vorderbeinen nebeneinanderzustehen).
- Er erhält die Aufforderung zu versuchen, das Hinterbein mit seiner Schenkelhilfe zu bewegen.
- Über mehrere Versuche soll er herausfinden, wie leicht/stark er mit dem gleichseitigen Schenkel treiben muss bzw. dass er gleichzeitig mit dem Zügel begrenzen muss.
- Der Ausbilder steht begleitend am Pferd und korrigiert/verhindert die evtl. zu starke Vorwärtstendenz des Pferdes.
- Die Übung eignet sich sehr gut, um das Verhältnis vom treibenden Schenkel und gleichzeitiger Zügelverbindung zu erarbeiten.

25. Das vermehrt unter den Schwerpunkt tretende Pferd

Übungserläuterungen:
Als Reiter erhält man immer wieder die Aufforderung, sein Pferd mehr „von hinten" zu reiten, es mehr „vor" sich zu haben, mehr von hinten heranzuholen bzw. mehr aufzurichten. Doch wie erreiche ich dies?
Gemeint ist ein vermehrt unter den Schwerpunkt tretendes Pferd[20], das mehr Last aufnimmt, versammelt geht, sich aufrichtet mit dem Genick als höchstem Punkt. Vorausgesetzt ist ein fortgeschrittener Reiter, der sich im Rahmen der Klasse L und höher bewegt.

Übungsvorschlag:
- Erfühlen, ob das Pferd herangeschlossen und mit den Hinterbeinen vermehrt in Richtung unter den Schwerpunkt tritt.
- Als Vorübung eignet sich die Übung 23 (das korrekt und geschlossen stehende Pferd). Hat der Reiter ein Gefühl im Schritt dafür entwickelt, gilt es, dies auch in der Bewegung zu erarbeiten.
- Voraussetzung ist, dass der Reiter mit den Schenkelhilfen die Hinterbeine vermehrt in Richtung Schwerpunkt heranholen kann.
- Die Übung wird zunächst im Trab ausgeführt. Im Trab erhält der Reiter die Aufforderung, seinem Pferd beidseitig treibende Schenkelhilfen (Impulse aus der Wade) zu geben, bei gleichzeitiger weicher Verbindung zum Pferdemaul. Mit dieser Übung soll erreicht werden, dass das Pferd den Rücken aufwölbt, umso mehr „Platz" für die durchfußenden Hinterbeine zu schaffen. Ist das Pferd beweglicher, kann es die Hinterbeine mehr in Richtung unter den Schwerpunkt nehmen.
- Der Reiter soll zusätzlich dabei versuchen, dass das Tempo des Pferdes durch den treibenden Impuls des Reiters nicht schneller wird. Man stelle sich vor, man beschleunigt

20 Das heißt, ein Pferd, das aufgrund seines aufgewölbten Rückens in der Lage ist, die Hinterbeine vermehrt in Richtung unter den Schwerpunkt zu bewegen. Der aufgewölbte Rücken schafft mehr „Platz" für die durchfußenden Hinterbeine.

die Hinterbeine und verlangsamt die Vorhand. Dies klingt widersprüchlich, hilft aber bei der praktischen Umsetzung.
- Sollte das Pferd die Schenkelhilfe nicht sensibel genug annehmen, hilft auch eine touchierende Gertenunterstützung.
  Zur weiteren Festigung wird diese Übung im Galopp und auch im Schritt trainiert.

26. Einführung zur Hinterhandwendung/Kurzkehrtwendung

Übungserläuterungen:

Diese Übung für den lernenden Reiter setzt voraus, dass das Pferd die Übung beherrscht. Die Hilfengebung in Kurzform:
- innerer Gesäßknochen vermehrt belastend
- Stellung des Pferdes in Bewegungsrichtung
- innerer Schenkel vortreibend am Gurt; sorgt gemeinsam mit dem äußeren Schenkel für die leichte Längsbiegung und die aktiv tretenden Hinterbeine
- innerer Zügel leitet die Wendung ein
- äußerer Zügel begrenzt die Biegung
- Die Beschreibung einer Hinterhandwendung/Kurzkehrtwendung lautet, in Kurzform, wie folgt:
  Es ist eine versammelnde Übung, bei der die Vorhand einen Halbkreis um die Hinterhand beschreibt (die Hinterhandwendung wird aus dem Halten, die Kurzkehrtwendung immer aus der Bewegung geritten), das Pferd behält Innenstellung und ist längs gebogen. Das äußere Hinterbein beschreibt einen kleinen Halbkreis um das innere, Kreuzen der Hinterbeine ist nicht erlaubt. Der Viertakt des Schritts muss erhalten bleiben.
  Ziel ist es, dass der Wendepunkt möglichst nah am inneren Hinterbein liegt.[21]

Übungsvorschlag:

Die Schwierigkeit für den lernenden Reiter besteht darin, eine unbekannte Bewegung vor sich zu haben. Schwerpunkt der Übung ist der Erhalt der Vorwärtstendenz (zu Beginn werden immer große Wendungen geritten) sowie die Biegung, mit der der Reiter in der Regel größere Schwierigkeiten hat. Die MÜR wendet sich deshalb dem Erhalt der Biegung im besonderen Maße zu:

Es empfiehlt sich, die MÜR nicht im Verlauf einer Stunde durchzuführen, sondern je nach Gelingen aufzuteilen.
- Reiten von 90°-Wendungen, dabei die Hinterhand geringfügig vorausnehmen.[22] Diese Wendungen können beliebig in der Bahn geritten werden.[23]
- Anlegen eines Karrees, in den Ecken jeweils 90°-Wendung um die Hinterhand.
- Versuch, in der Bahn Viertel- bis halbe Volten um die Hinterhand herum zu reiten, auf denen die Hinterhand vorausgeht.
- Auf die Mittellinie gehen und auf der Mittellinie 180°-Wendungen auf dem Bogen einer kleinen, halben Volte versuchen, die erst einmal immer auf derselben Hand (in derselben Biegung) geritten werden sollen. Damit wird gewährleistet, dass der Schüler die Übung

21 Vgl. Deutsche Reiterliche Vereinigung e.V. (Hrsg.) 2014, S. 170

22 Für die spätere Hinterhandwendung wird das nicht erwünscht, ist aber zur Erlangung von erster Bewegungserfahrung sehr nutzbringend.

23 Es empfiehlt sich, diese Übung zunächst auf der Zwangseite des Pferdes durchzuführen, d.h., die Seite, auf der das Pferd gegen den Zügel drückt, als innere Seite zu nehmen. Vgl. Übung 97, S. 152 f.

auch in derselben Biegung zu beenden versucht und mehrmals hintereinander auf einer Hand reiten kann.

- Von der Mittellinie wird die Hinterhandwendung dann auf den Hufschlag verlagert.
- Nach ersten Bewegungserfahrungen wird die Übung dann prüfungsgerechter, d.h. kleiner und auch aus dem Halten heraus, geübt. Diese weiteren Aspekte finden im nächsten Abschnitt Berücksichtigung (Kap. 6.3.1 Übung 62, Seite 122 ff.). In dieser Reihe geht es nur um das Sammeln erster Erfahrungen.

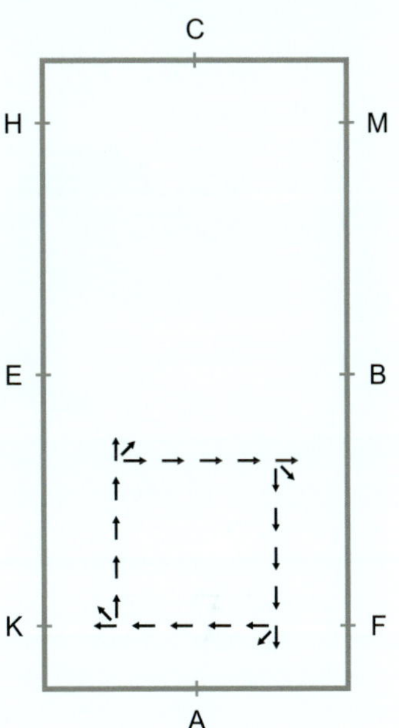

Anlegen eines Karrees an beliebiger Stelle in der Bahn, jeweils eine 90°-Wendung um die Hinterhand

27. Der tief sitzende und korrekt einwirkende Reiter

Übungserläuterungen:

Wir alle kennen die positive Formulierung „der Reiter sitzt im Pferd und nicht auf dem Pferd". Sie meint, dass der Reiter in der Lage sein soll, im tiefsten Punkt des Pferdes zu sitzen und sich mit den Bewegungen des Pferdes im Einklang zu befinden. Der Reiter sitzt „tief" im Pferd. Dies ist der Fall, wenn der Reiter eine Körperspannung aufweist, die von Losgelassenheit geprägt ist.

Synonym dazu steht der das Pferd betreffende Ausbildungsbegriff der „Versammlung", der übersetzt bedeutet: „Gelöste Spannung"! Diese gelöste Spannung benötigt auch der Reiter, um „tief" sitzen und korrekt einwirken zu können. Er muss lernen, sich einerseits gelöst den Bewegungen des Pferdes anzupassen und andererseits dem Pferd den nötigen, muskulären Impuls mit seinen Hilfen aus seinem Sitz heraus zu geben.

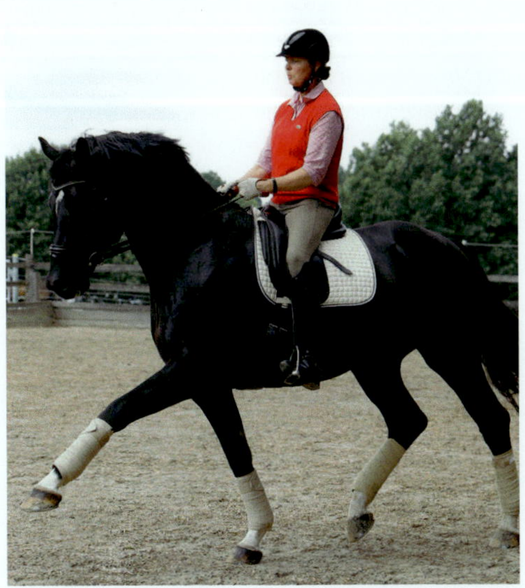

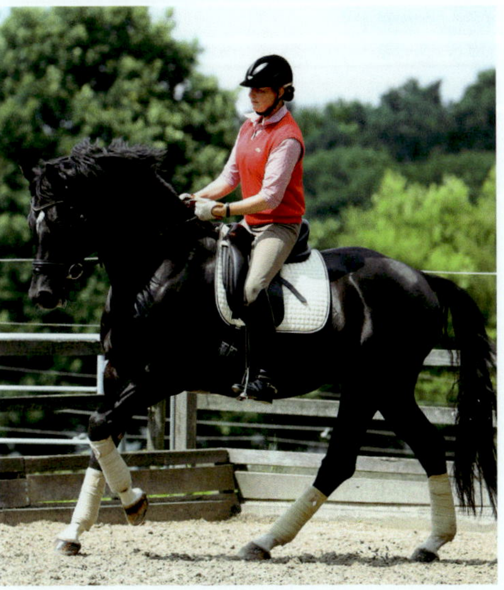

Tief sitzende Reiterin, die das Pferd umschließt.

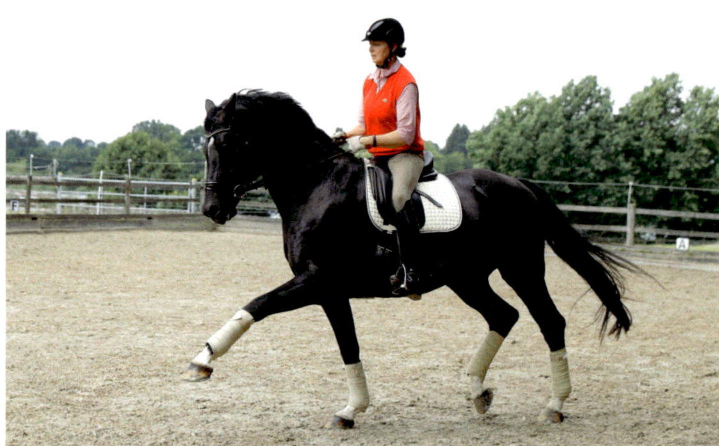

Reiterin sitzt über dem Pferd. Das Pferd zeigt flache Bewegungen, die Bügel der Reiterin sind zu lang. Reiterin macht sich steif und Absatz wird runtergedrückt.

Die Übung setzt voraus, dass der Reiter die Grundlagen der Einwirkungen beherrscht. Da dies sehr schwer ist, steht die Übung bewusst am Ende dieses Abschnittes.

Übungsvorschlag:
Als methodische Umsetzung bietet sich an:

- Erklärung des Begriffs „gelöste Spannung" bzw. „positive Spannung".
- Im Halten Wechsel von Körper-Anspannung und -Entspannung (häufig kooperierend mit einatmen – innehalten – ausatmen), Herausarbeiten der Gegensätze von Verspannung und gelöster Anspannung (Kontrasterfahrung). Der Schüler soll erfühlen, dass er im entspannten Zustand „dichter" am Pferd sitzt.
- Eine gute Übung zum tieferen Sitzen: Im Halten Oberschenkel klemmen lassen und wieder abspannen/entspannen. Das mehrmals im Wechsel und dabei herausarbeiten, dass beim Entspannen Tiefersitzen möglich ist. Durch die Kontrasterfahrung wird die Wahrnehmung auf das „Loslassen" geschult.
- Dasselbe im Schritt. Den Schüler erfühlen lassen, welche Auswirkungen Verspannungen schon beim Reiten im Schritt haben können.
- Versuchen, auch im Trab gelöste Spannung und Verspannung herauszuarbeiten.
- Wenn diese Anregungen nicht helfen, können Zusatzübungen aus der Kinesiologie helfen, z.B. mit dem „Franklin-Ball" oder einem „Balimo".

6.3 MÜR bei Problemen und Lösungsvorschläge

„Grobe Hilfengebung ist die Bankrotterklärung des Reiters an sein Pferd!" – Wem das bewusst ist, der wird bemüht sein, sein Pferd auf feinfühligere Art und Weise auszubilden und zu trainieren. Viele Schwierigkeiten zwischen Reiter und Pferd sind darauf zurückzuführen, dass der Reiter eine zu grobe Hilfengebung erlernt hat und sie tagtäglich praktiziert. Missverständnisse im Dialog zwischen Reiter und Pferd sind vorprogrammiert.

Haben sich diese Schwierigkeiten verfestigt, ist es für den Reiter und den Ausbilder umso schwieriger, aus diesem falschen Strickmuster herauszufinden. Im Folgenden werden Problembereiche angesprochen, deren Ursachen zum einen bei den Reitern liegen (Hilfengebung und Einwirkung – Kap. 6.3.1) und zum anderen bei den Pferden (Ausbildung, Interieur, Rittigkeit etc. – Kap. 6.3.2). Es wird anhand methodischer Schritte versucht, die Fehler, die sich Reiter oder Pferd angeeignet haben, zu korrigieren. Liegen von Reiterseite muskuläre Defizite vor, die zur fehlerhaften Einwirkung führen, können diese nicht durchs Reiten korrigiert werden. Hier bedarf es spezieller Zusatzübungen.

Apropos Zusatzübungen: Bevor man aufsitzt, sollte sich jeder Reiter aufwärmen. In anderen Sportarten ist dies seit Jahrzehnten selbstverständlich und wird praktiziert; das Wissen um die notwendige Erwärmung des Organismus (Herz, Kreislauf, Muskulatur) ist schon lange vorhanden. Das Reiten wird in jeder Stunde mit einer Lösungsphase für das Pferd begonnen, nur der Reiter wird davon ausgeklammert. Mittlerweile gibt es verschiedene Autoren, die sich mit diesem Thema befassen.[24] Ich selbst erwärme mich täglich neben dem Pferd joggend, vorwärts-, seitwärts-, rückwärtshüpfend, armkreisend, kniehochziehend etc. – kurzum: diverse Übungen, die Herz-Kreislauf anregen und zusätzlich koordinative Reize setzen.

Auch im nun folgenden Abschnitt gibt es, wie in Kap. 6.2, zu jeder angeführten Übung eine kurze Beschreibung (Problembeschreibung), die die Ursache der Problematik darlegt, sowie einen (oder mehrere) Lösungsvorschlag (-vorschläge). Auch hier gelten generell die Kriterien aus den Richtlinien für Reiten und Fahren, Band 1 inkl. der Ausbildungsskala des Pferdes und des Ausbildungswegs des Reiters (Kap. 3) als Voraussetzung!

6.3.1 Probleme, die durch fehlerhafte Hilfengebung und Einwirkung verursacht werden

28. Reiter schwingt nicht in der Mittelpositur

Problembeschreibung:
Viele Probleme des Reiters sind auf das fehlende Mitschwingen in der Mittelpositur zurückzuführen. Wenn falsch geschult wurde, ist die Ursache für viele Fehleinwirkungen auf dem Pferderücken gelegt.
Der Ausbilder muss als Erstes versuchen, die Ursache des Fehlverhaltens festzustellen. Der Sattel (vgl. Kap. 5), die Losgelassenheit des Pferdes (auf einem undurchlässigen, nicht schwingenden Pferderücken ist ein harmonisches Mitschwingen unmöglich) und schließlich die Einwirkungen des Reiters müssen überprüft werden.

Lösungsvorschlag:
Hat der Reiter nicht gelernt, die Mittelpositur losgelassen zu bewegen, bieten sich folgende Schritte an:
- Demonstration der aufrechten, natürlichen Haltung des Beckens mit der Wirbelsäule als doppelt geschwungene S-Form.
- Trockenübung auf einem Stuhl (Balimo) o.Ä. und Auf- und Abwärtsbewegung des Beckens üben, in Richtung Hohlkreuz bzw. Rundrücken.

24 Meyners 2015; Deutsche Reiterliche Vereinigung e.V. (Hrsg.) 2016

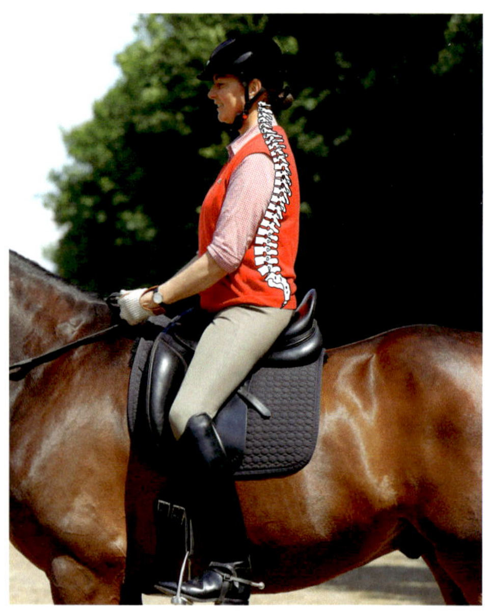

Becken der Reiterin in Normalstellung.
Zur Demonstration ist die Wirbelsäule eingezeichnet.

- Schritt reiten lassen mit geschlossenen Augen (führen oder longieren). Versuchen, sich vom Pferd bewegen zu lassen (passiv anstatt aktiv). Oder mit beiden Händen hinter den Oberschenkeln hängend Schritt reiten lassen.
- Schritt reiten lassen und Kontrasterfahrung anwenden, indem die Mittelpositur übertrieben aktiv und im Wechsel dazu passiv bewegt wird.
- Übungen im Trab mit der Aufgabe, sich vom Pferd bewegen zu lassen. Ausschließliche Bewusstseinslenkung auf die Mittelpositur.
- Häufiges Wiederholen in kleinen Einheiten, um die Bewegung zu verinnerlichen. Zu lange Übungsphasen ermüden den Reiter und mindern seine Konzentration. Auch in den weiteren Stunden diese Übung in kurzen Reprisen wiederholen, bis sich das Reitergefühl verbessert hat.

29. Reiter treibt mit dem Oberkörper

Problembeschreibung:

Über die falsche Anweisung „Kreuz ran" bzw. „Kreuz anspannen" hat der Schüler ein falsches Bild vom Treiben vermittelt bekommen. Um dem Ausbilder zu „gefallen", bemüht er sich besonders und bewegt sich übertrieben mit einem festen Oberkörper.

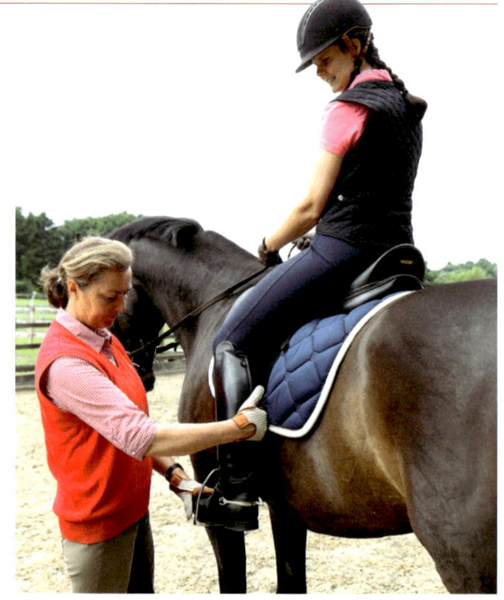

Demonstration der Unterschenkelhilfe

Lösungsvorschlag:

- Korrektur des falschen Verständnisses. Erläutern, dass die Kreuzhilfe keine mit Kraft erzeugte, sondern eine Hilfe aus rhythmischen, der Bewegung des Pferdes angepassten an- und entspannenden Mittelpositurbewegungen ist. Das sind Bewegungen der Bauchmuskulatur und der tiefen, unteren Rückenmuskulatur, die das Becken zum Kippen bringen. Diese Hilfen dürfen nicht dauerhaft eingesetzt werden, weil sie sonst zu Verkrampfungen beim Reiter und zum Abstumpfen des Pferdes führen.[25] Alle beteiligten Muskelgruppen müssen in Kraft und Spannungsgrad ausgewogen sein.

25 Vgl. Deutsche Reiterliche Vereinigung e.V. (Hrsg.) 2014

- Dem Schüler die treibenden Hilfen aus dem Schenkel heraus erklären (bzw. aus der hinteren Oberschenkelmuskulatur, vgl. Übung 2) und kleine Übergänge reiten lassen. Z.B.: Schritt reiten und antraben lassen mit der Aufgabe, nur aus der Schenkelhilfe heraus die treibende Hilfe zu geben. Der Unterschenkeleinsatz kann in Form eines Pendels erfolgen, um die Losgelassenheit der Übung zu erreichen.
- Das „Bein" gibt den lockeren Impuls, der Oberkörper bleibt unabhängig davon. Dies bedeutet, dass der Schüler lernen muss, die Schenkelhilfe unabhängig vom Rest des Körpers zu geben, quasi zu isolieren. Nur so kann unnötige Verspannung vermieden werden.
- Ihn auffordern, mit einem schlaffen Oberkörper zu reiten, um die übertriebene Oberkörperhilfe ganz auszuschalten (Kontrasterfahrung).
- Dabei das Pferd umerziehen. In der Regel haben sich die Pferde derart an die treibende Oberkörperhilfe gewöhnt, dass sie beim Ausbleiben der Hilfe gleich stehen bleiben. Das Pferd muss das „Richtig-getrieben-Werden" neu lernen.
- Übungen zum Mitschwingenlernen der Mittelpositur ergänzen (siehe Übung 28, S. 89 f.).

30. Reiter nimmt äußere Schulter, vor allem in den Wendungen, zu weit vor

Problembeschreibung:

Hier muss ich etwas weiter ausholen, denn hier liegt meines Erachtens ein Fehlverständnis der Ausbilder vor.

Wenn man die Schüler lehrt, die äußere Schulter in den Wendungen nach vorne zu nehmen, übertreiben die Schüler in der Regel diese Anweisung. Sie nehmen die Schulter dann so weit vor, dass sie sich entweder überdrehen und/ oder aber das Gewicht fälschlicherweise nach außen verlagern. Dies geht zusätzlich mit einem Ausweichen der Hinterhand des Pferdes einher, da die verwahrende Schenkelhilfe durch die Körperverdrehung ausbleibt.

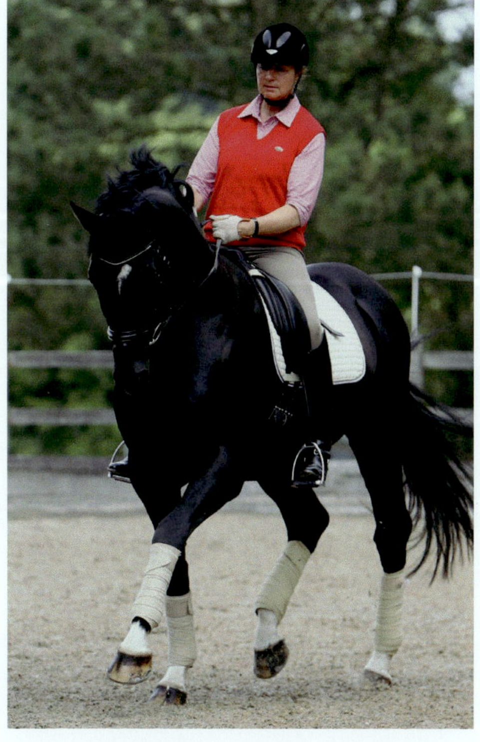

Korrekte Schulterstellung der Reiterin

Lösungsvorschlag:

- Demonstration und Erklärung der korrekten Schulterachse.
- Arbeit an der Longe: Der Reiter fasst mit der inneren Hand in den Halteriemen und lässt die äußere Hand hinter dem Oberschenkel hängen. Dadurch wird eine leichte Gewichtsverlagerung zur gewünschten, inneren Seite mit einer leichten Rollbewegung des Beckens in Richtung inneres Knie vollzogen. Zunächst im Schritt, dann auch im Trab und Galopp.
- Wechsel der Hand des Reiters – auch zum Vergleich die innere Hand hinter dem Oberschenkel hängen lassen und die äußere den Riemen fassen lassen – Herausarbeiten des Unterschiedes, auch mit geschlossenen Augen fühlen lassen.

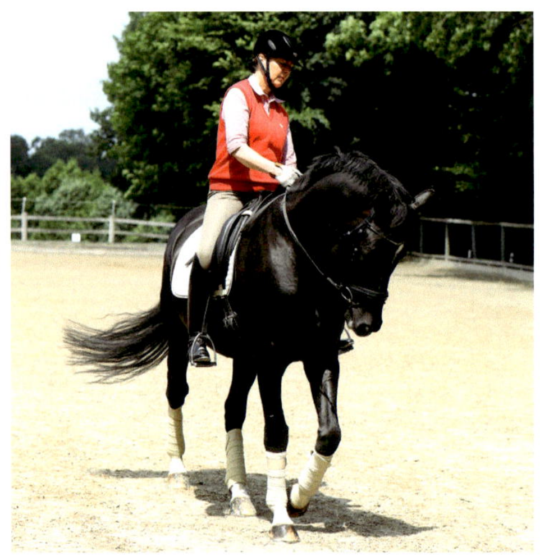

Fehlerhafte Stellung
Äußere Schulter zu weit vor

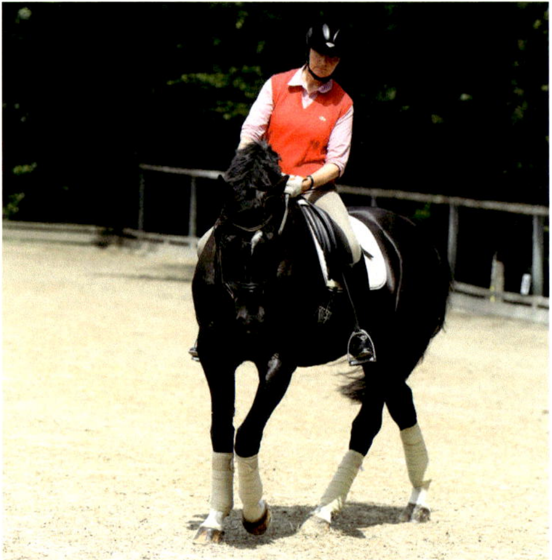

Innere Schulter zu weit zurück
und in der Hüfte eingeknickt

- Wahrnehmung schulen für die verschiedenen Auswirkungen von Schulter zu weit vor und Schulter angemessen, natürlich haltend.
- Freies Reiten: Wendungen mit übertriebener Schulterrotation in beide Richtungen reiten lassen, Herausstellen von Falsch und Richtig.
- Fortsetzung des freien Reitens von Wendungen mit Betonung der Vornahme der inneren Schulter.
- Wiederholung in den nächsten Stunden.

Erfahrungsgemäß dauert die Korrektur dieser Schulterfehlhaltung eine längere Zeit; meist ist der Fehler auf einer Seite stärker ausgeprägt (natürliche Schiefe auch des Reiters).
Die o.a. Übungen müssen häufig in den Unterricht integriert werden, sollten aber nur für kurze Zeit thematisiert werden, um den Reiter nicht verkrampfen zu lassen.

31. Reiter sitzt vor der Senkrechten

Problembeschreibung:

Der Reiter sitzt vor der Bewegung des Pferdes, zeigt Tendenz zum Spaltsitz und hat das Gefühl für seine Mitte verloren. Der Schüler sitzt nicht mehr mit dem Gesäß im Sattel, sondern auf dem Spalt. Das Gefühl für das Sitzen auf dem Gesäß muss herausgearbeitet werden. Vorausgesetzt, das fehlerhafte Sitzen kommt nicht durch einen falschen Sattel oder zu lange Bügel zustande. Wenn ja, siehe Kap. 5.

Lösungsvorschlag:

- Im Halten ohne Bügel die Knie ein paarmal hintereinander nach oben anziehen und fallen lassen. Der Reiter soll die Belastung auf dem Gesäß wieder spüren.
- Anleiten, das Gesäß bewusst im Sattel zu spüren, Augen schließen. Dabei auch ein Gefühl für eine übertriebene Rücklage erarbeiten, um den Schüler den Unterschied spüren zu lassen, wann er auf dem Gesäß und wann er auf dem Spalt sitzt.

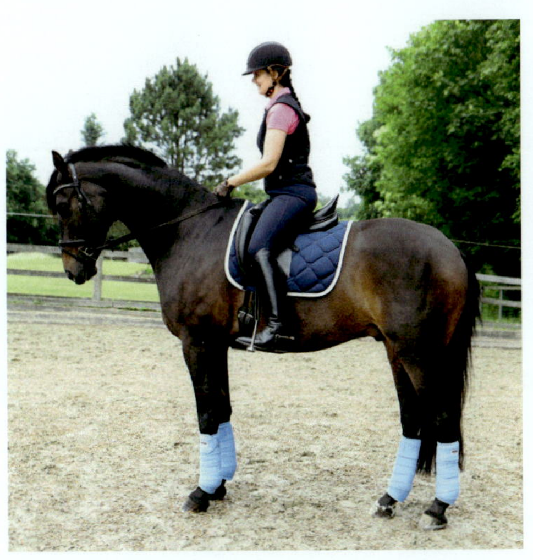

Reiterin sitzt vor der Senkrechten und damit auf den Oberschenkeln.

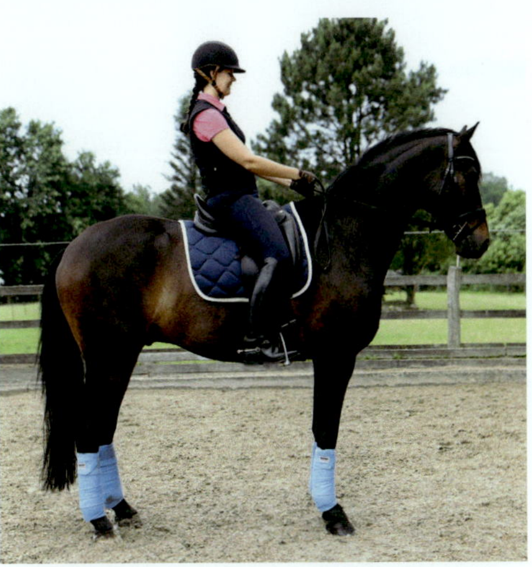

Reiterin kommt mit dem Oberkörper zu weit nach hinten und damit in den Stuhlsitz.

- Im Halten vor dem Spiegel (oder kurze Videoaufnahme) Oberkörper zu weit nach vorne und zu weit nach hinten neigen, dabei im Wechsel fühlen und beobachten lassen.
- Übung im Schritt durchführen und mit Hilfestellungen wie „Versuch dein Gewicht im Sattel zu spüren" oder „Versuche dich in der Mitte zu entspannen, bewusst fallen zu lassen", und „den Druck aus deinen Oberschenkeln zu nehmen" o.Ä., den Schüler zum losgelasseneren Sitz auf dem Gesäß anleiten. Auch hier die Bewegung durch häufiges Üben verinnerlichen lassen.

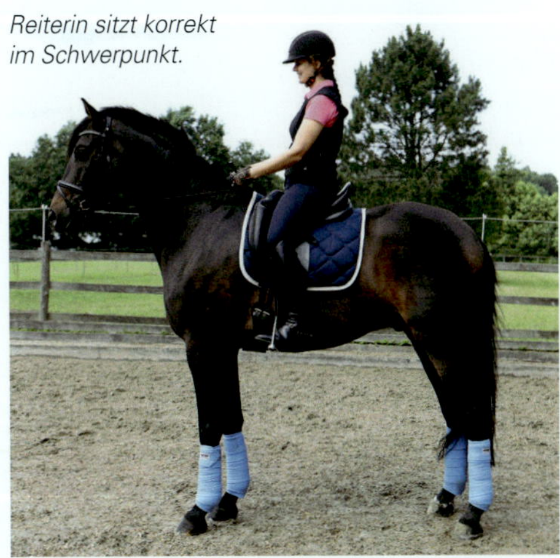

Reiterin sitzt korrekt im Schwerpunkt.

32. Reiter hat klopfenden Unterschenkel

Problembeschreibung:

Der Unterschenkel schlägt und kann nicht ruhig am Pferdeleib gehalten werden. Die Ursachen dieser Angewohnheit können vielschichtig sein:

1. Sitzt der Reiter aus technischen Gründen im Spalt, müssen der Sattel (Pauschen falsch postiert), die Bügellänge (zu lang) und/oder die Position des Oberschenkels überprüft werden. Die Hüfte wird festgestellt, das Mitschwingen wird unmöglich gemacht. Die Kontrolle über die Unterschenkel ist nicht mehr gegeben (vgl. Kap. 5).
2. Sitzt der Reiter aus Angewohnheit mit einem zu steilen Oberschenkel, führt auch dies dazu, dass er mit selbigem klemmt. Durch den festen Oberschenkel kann der Schwung des Pferdes nicht weiter durch den Reiter fließen; die Bewegung wird unterbrochen, eckig und behindert das Pferd.

Lösungsvorschlag:

- Die technischen Defizite korrigieren und den Oberschenkel mit taktilen Hilfen in seine natürliche Haltung bringen. Dem Unterschenkel wieder eine Funktion geben, z.B.: „Versuche mit deiner Wade dein Pferd zu erfühlen, damit du eine Kontrolle über den Unterschenkel hast.
- Für einen Moment mit deutlich kürzeren Bügeln reiten lassen, um die Gegensätze deutlich werden zu lassen.
- Per Videoaufnahmen dem Schüler die Defizite aufzeigen, Problematik herausarbeiten und gemeinsam Lösungswege erarbeiten.[26]

33. Reiter hat unruhigen Unterschenkel beim Leichttraben

Problembeschreibung:

Der Reiter ist „erzogen" worden, den Absatz tief zu nehmen bzw. tief zu halten. Aus diesem Bemühen heraus, drückt er den Absatz konstant tief und versteift sich im gesamten Körper, weil die Muskulatur ständig überdehnt wird. Beim Aufstehen, bei der Aufwärtsbewegung zum Leichttraben, hält er den Absatz derart tief heruntergedrückt, dass der Unterschenkel aus biomechanischen[27] Gründen nach vorne gehen bzw. unruhig werden muss. Der gesamte Körper wird durch dieses Fehlverständnis in Unruhe gebracht.

Lösungsvorschlag:

- Bewusstmachung der ständigen, muskulären Überdehnung (Waden-, hintere Oberschenkelmuskulatur).
- Übung im Halten – Wechsel zwischen zu tiefem und zu hohem Absatz, wodurch Beweglichkeit im Fußgelenk abgefragt wird.
- Gefühlsschulung für den Reiter: Die richtige Haltung des Absatzes herausarbeiten, und zwar so, dass Absatz sowohl nach unten als auch nach oben federn kann, sodass die Sohle quasi parallel zum Boden ist.
- Aufforderung, beim Leichttraben den Ballen im Bügel vermehrt zu belasten, so als ob man für einen Moment auf Zehenspitzen stehen würde und das Gefühl hat, der Absatz ist zu hoch und die Fußspitze zu tief (Kontrasterfahrung).
- Zusätzlich kann noch helfen, den Schüler zum atmenden Schenkel während des Leichttrabens aufzufordern, sodass der Schüler einen Kontakt an der Wade spürt.

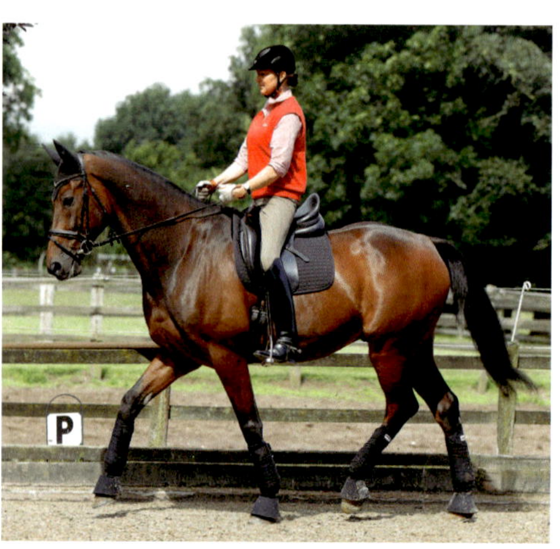

Balanciertes Leichttraben mit paralleler Fußsohle

26 Siehe Übung 28, S. 89 f.
27 Die Biomechanik im Sport hat den menschlichen Körper und die sportliche Bewegung zum Gegenstand. Ihre Aufgaben sind die objektive und quantitative Beschreibung und Erklärung der Erscheinungen (Bewegungen) unter weitgehender Verwendung der Sprache der Mathematik. Die Beschreibung von Körper und Bewegung erfolgt ausschließlich mit mechanischen Größen als messbare Eigenschaften (vgl. Röthig 2004).

34. Reiter hat zu hohe Hand

Problembeschreibung:

Wird mit zu hoher Hand geritten, muss zunächst geklärt werden, ob die Anatomie des Reiters dafür ursächlich ist oder ob eine falsche Angewohnheit vorliegt.
Reiter mit kürzeren Armen oder mit einer „erhöhten" Taille, einem höheren Körperschwerpunkt, tendieren zu einer höheren Handhaltung als „normal" konstruierte.

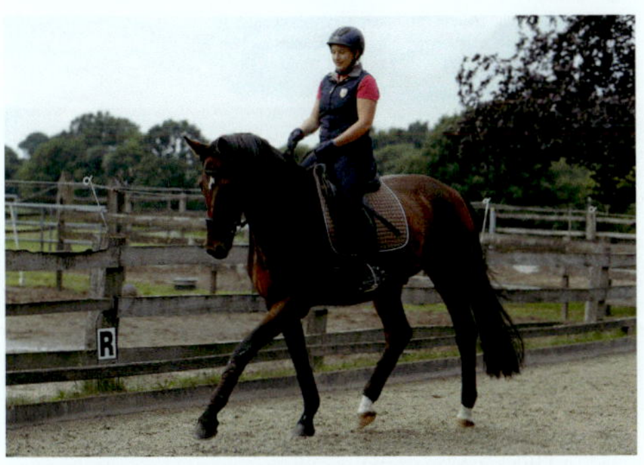

Reiterin mit höherem Körperschwerpunkt

Bei dieser Gruppe würde eine eigentlich korrekte Handhaltung (eine Handbreit über dem Widerrist) bewirken, dass sie keine Winkelung mehr im Ellenbogengelenk haben können. Die Arme werden steifer, die Einwirkung zum Maul des Pferdes ist weniger federnd.
Es ist sinnvoller, diesen so gebauten Reiter mit einer etwas zu hohen, aber weichen Hand reiten zu lassen als die optisch besser positionierte tiefe Hand, die Tendenz zur steiferen Einwirkung hat. Besonders an dieser Stelle kommt das Vermittlungsprinzip zur Geltung, das nicht die Form entscheidend ist, sondern die Funktion (vgl. Kap. 4.6). Die ist am besten gewahrt, wenn die Linie Unterarm – Hand – Pferdemaul eingehalten wird.

Lösungsvorschlag:

Liegt eine falsche Angewohnheit in der Handhaltung vor, die zu einer fehlerhaften Einwirkung führt, verfährt man folgendermaßen, vorausgesetzt der Reiter schwingt in der Mittelpositur mit:

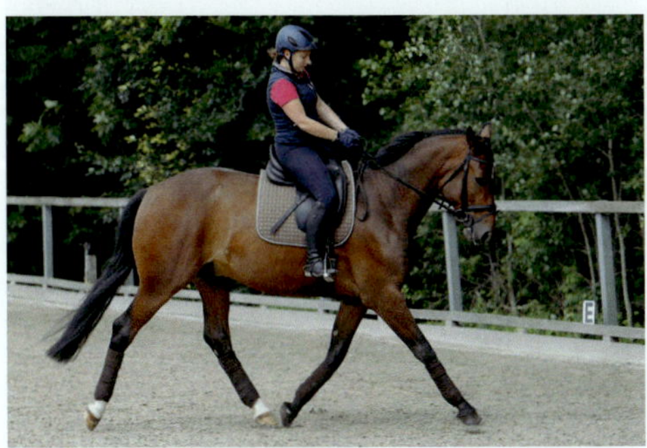

Reiterin mit zu hoher Hand. Ellenbogen – Hand – Pferdemaul bilden keine gerade Linie. Die Reiterin „trägt" das Pferd mit den Händen.

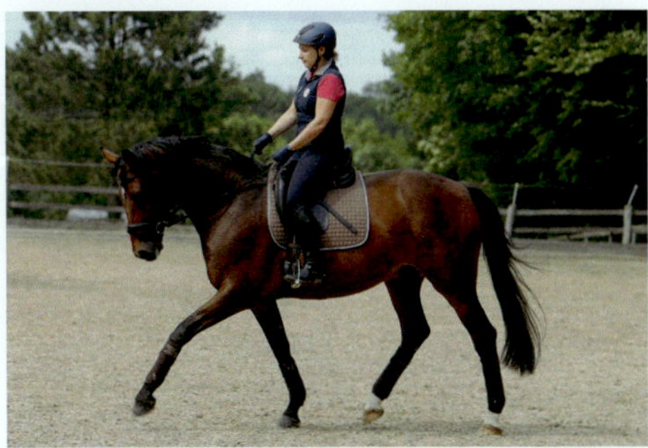

Manchmal genügt eine verbale Korrektur. Hier hat die Reiterin die Hände wieder heruntergenommen, Ellenbogen – Hand – Pferdemaul bilden wieder eine Linie. Der Blick könnte entspannter nach schräg vorne unten gerichtet sein.

- Demonstration mit der korrekten Höhe der Handhaltung.
- Schritt reiten mit korrekter Handhaltung zunächst ohne, dann mit Verbindung zum Pferdemaul.

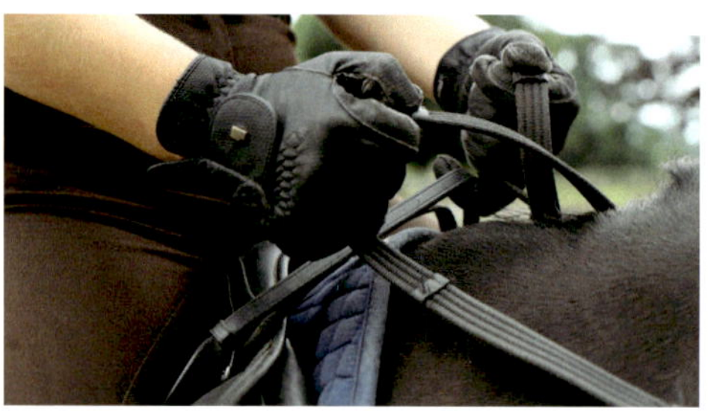

Kleiner Finger hält das Riemchen am Sattel.

- Halten eines eingeschnallten „Maria-Hilf"-Riemens mit den kleinen Fingern im Schritt – es hilft auch ein kleines Bändchen, das vorne an der Sattelkammer angebracht wird. Die Hand wird in einer Höhe gehalten und kann nicht nach oben ausweichen.
- Oder: Aufforderung, mit den Fingern den Widerrist/die Mähne/das Fell des Pferdes zu berühren und diese Berührung auch in der Bewegung beizubehalten.
- Üben im Trab und/oder Galopp, dabei kann immer die eine oder andere Hand losgelassen werden.
- Wiederholung in den nächsten Stunden.

35. Reiter hält die Hände nicht aufrecht

Problembeschreibung:

Eine lästige Angewohnheit ist das Reiten mit einer „verdeckten" Hand. Die Einwirkung der Reiterhand ist in diesem Fall nur annehmend und nicht nachgebend, denn nur die aufrecht getragene Hand kann mit dem Ringfinger spüren, das Handgelenk bewegen und aus diesem heraus sowohl annehmen als auch nachgeben.

Lösungsvorschlag:

- Fordern Sie den Schüler auf, die Hand so zu halten, dass er mit seinem Ringfinger das Pferdemaul spürt. Häufig korrigiert der Schüler seine Handeinwirkung schon mit dieser Aufforderung.

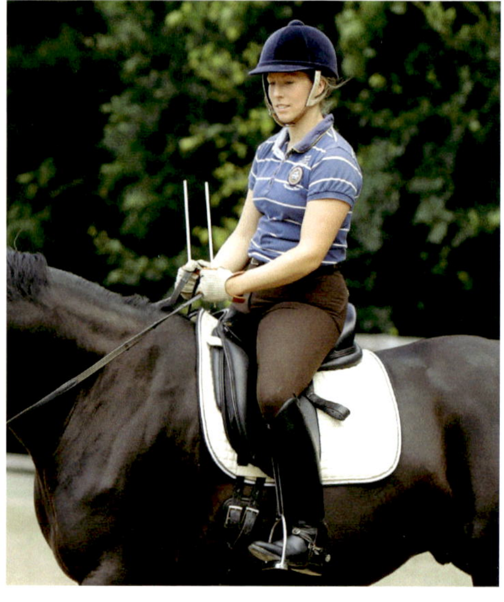

Reiterin mit aufrecht getragenen Händen; die Stäbe sind senkrecht.

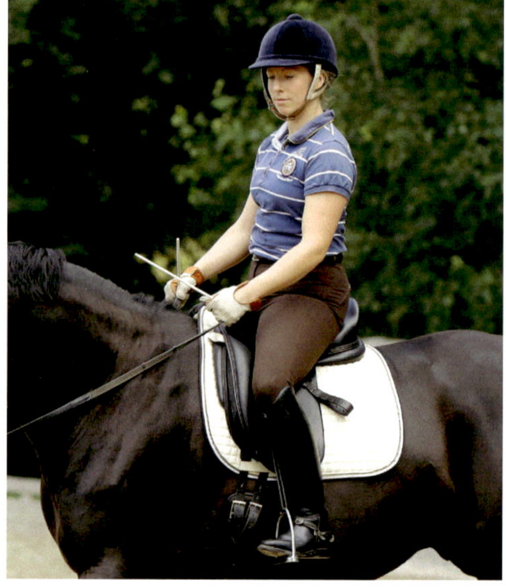

Flach getragene Hände, die Stäbe kreuzen sich zwangsläufig.

- Wenn das nichts nützt und die Angewohnheit sehr gefestigt ist, hilft ein weiterer Trick: Lassen Sie Ihren Schüler mit einer Gerte (oder mit zweien)/mit Stäben reiten, die senkrecht nach oben getragen werden müssen. Kürzere Gerten/Stäbe eignen sich besser als lange. Der Schüler ist dann „gezwungen", die kleinen Finger nach unten zu tragen und die Faust aufrecht zu halten. Die Übung macht aber nur Sinn, wenn Sie den Schüler zum Fühlen auffordern. Er muss an sich selbst arbeiten und das unterschiedliche Gefühl erkennen.
- Auch dies führen Sie zunächst im Schritt, später auch im Trab und Galopp durch.
- Abschließend wird die Handhaltung ohne Gerte/ohne Stäbe geprobt.

36. Reiter hat unruhige Hände

Problembeschreibung:

Besonders im Aussitzen fällt es vielen Reitern schwer, die Hände ruhig zu tragen. Die Hände machen die Bewegung des Pferdes mit, können nicht unabhängig und nicht elastisch getragen werden.

Lösungsvorschlag:

1. Wenn die Ursache im mangelnden Mitschwingen der Mittelpositur begründet ist, siehe Übung in Fußnote 28.
2. Wenn der Schüler sich nicht traut, seinen Körper zu bewegen, bieten sich folgende Schritte an:

- Demonstration der korrekten Handhaltung.
- An der Longe Schritt reiten, am besten mit einem Wasserglas (Plastikbecher tut es auch) in einer Hand, beide Zügel in der anderen Hand und versuchen, dass das Wasser nicht überschwappt.[28] **Ganz wichtig:** Dem Schüler verdeutlichen, dass er sich im Körper unbedingt bewegen muss/darf. Dies ist die Voraussetzung für ruhige Hände. Viele Schüler denken, dass ruhige Hände nur aus einem stillen (unbeweglichen) Sitz möglich sind. Sie

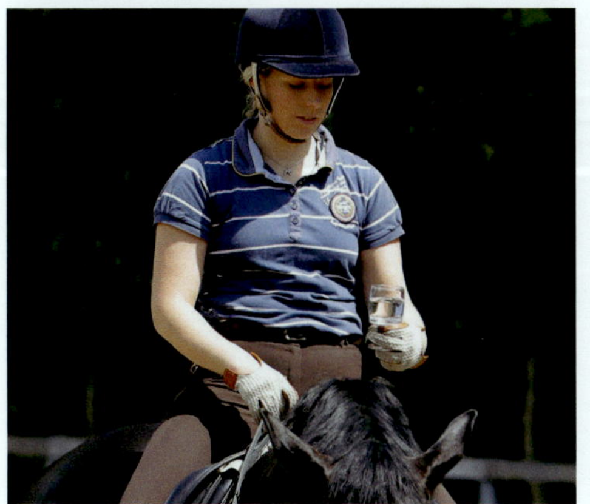

Reiterin mit einem Glas Wasser in der einen und den Zügeln in der anderen Hand. Versuchen, dass möglichst kein Wasser überschwappt.

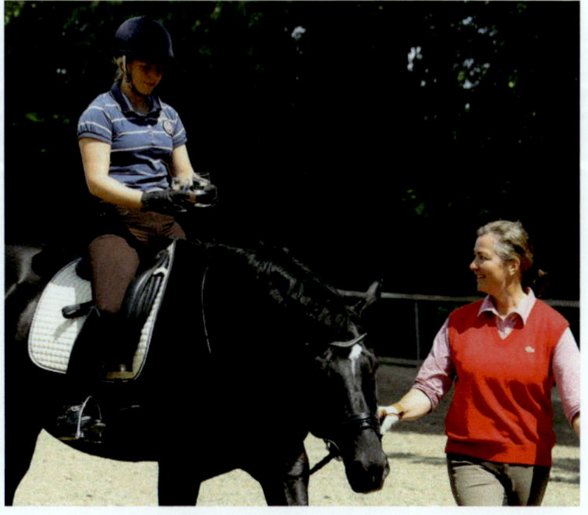

Mit zwei Gläsern ist es ebenfalls eine gute Übung.

28 Dieses Bild ist vergleichbar mit einem Läufer oder jemandem, der auf der Stelle läuft und dabei ein Glas Wasser o.Ä. (der Fantasie sind keine Grenzen gesetzt) zu halten versucht. Auch hier ist der Körper in Bewegung, und die Hand der Person muss ruhig bleibend die Bewegungen des Laufens abfangen.

trauen sich nicht, ihren Körper zu bewegen, machen sich steif und haben deshalb keine Kontrolle über ihre Hände.

- Das Pferd etwas langsamer trabend aussitzen lassen und den Reiter mit getragenen Händen auffordern, im Wechsel übertrieben viel und wenig im Körper zu „wackeln".
- Die gleiche Übung im Galopp, evtl. den Galopp dem Trab vorschalten, je nach Galopp des Pferdes und Erfahrung des Reiters.
  Wenn kein Becher zur Hand ist, hilft auch die alleinige Vorstellung, ein Glas Wasser o.Ä. zu tragen.

3. Wenn die Ursache in der mangelnden „Federung" in den Armen liegt, kann folgende Übung (meine Lieblingsübung!) helfen:

- Mit einer Longe oder Zügeln oder zwei Stricken ausgestattet, stellt sich der Ausbilder neben das Pferd und lässt den Schüler die „Demonstrationszügel" halten.

Ziel ist es, dass es dem Reiter gelingt, eine konstante, weich-federnde Verbindung zur Ausbilderhand beizubehalten.

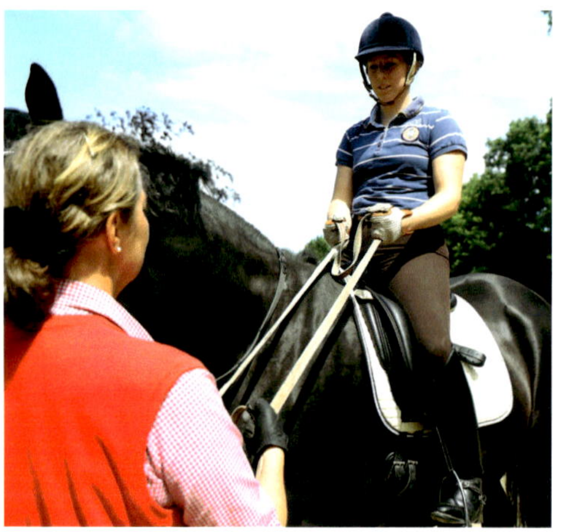

Meine Lieblingsübung: Hier dient eine Longe als Demonstrationszügel. Einmal „spielt" die Ausbilderin das Pferdemaul, einmal die Reiterin. Die Reiterin ist bemüht, die Zügel anstehen zu lassen.

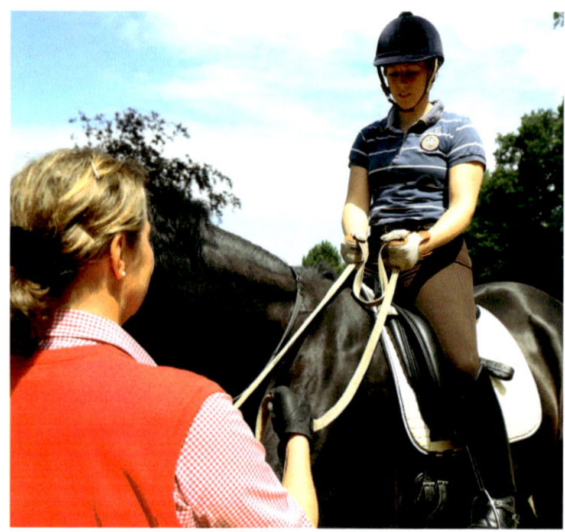

Hier hat die Reiterin falsch oder nicht schnell genug auf das „Pferdemaul" reagiert. Die Zügel hängen durch.

- Ausbilder und Schüler „stellen" nun wechselseitig Pferdemaul und Reiterhand dar. Zunächst ist der Ausbilder die „Reiterhand", und der Reiter erzeugt „Maultätigkeit" in verschiedenen Variationen. Der Schüler wird erfühlen, dass der Ausbilder, die „Reiterhand", in der Lage ist, jede Bewegung des Pferdemauls elastisch federnd mitzumachen.
- Nun werden die Rollen vertauscht: Der Schüler bildet die Reiterhand, der Ausbilder imitiert das Pferdemaul. Der Schüler muss nun versuchen, den Bewegungen des „Mauls" die ganze Zeit elastisch zu folgen. Dabei soll er immer das gleiche Gewicht in der Hand behalten (z.B. das Gewicht eines halben Pfundes Butter). Das ist nur möglich, wenn Ellenbogen, Arm- und Handgelenk des Reiters der Bewegung folgen können und elastisch sind!

Diese Übung klingt etwas holprig und kompliziert; in der Praxis ist sie jedoch sehr einfach und erzeugt eine hohe Effektivität. Probieren Sie es einmal!

37. Handhaltung und Zügelführung (um die Vertikale herum) – Handgelenksbeweglichkeit

Problembeschreibung:

Erfahrungsgemäß fällt es den Schülern schwer, die Zügelhilfe aus dem Handgelenk herauszugeben. Sie sind einerseits nicht in der Lage, die korrekte Bewegung des Handgelenks (leichtes Eindrehen der Zügelfaust zum Annehmen und Aufdrehen zum Nachgeben) durchzuführen und andererseits die Handgelenkstätigkeit unabhängig vom Arm durchzuführen.

Lösungsvorschlag:

- Demonstration der korrekten Handhaltung
- Vorstellung, das Eindrehen um eine Achse (Gerte) herum auszuführen
- Trockenübung ohne Zügel
- Trockenübung mit Extra-Zügeln, die der Ausbilder von unten hält – eine Longe tut es auch (siehe vorangegangene Übung 36 und die dazugehörigen Fotos).
- Der Ausbilder „spielt" das Maul des Pferdes und lässt den Schüler Annehmen und Nachgeben demonstrieren (oder umgekehrt: Der Schüler spielt das Maul und erfühlt die zu demonstrierende weiche oder harte Hand des Ausbilders.).
- Übung im Schritt
- Übung im Trab und Galopp
- Wiederholung in den nächsten Stunden

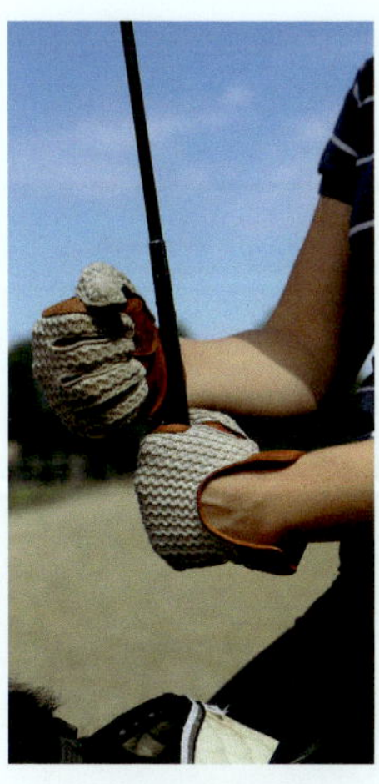

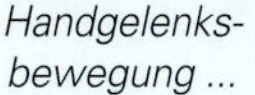

Handgelenks-bewegung ...

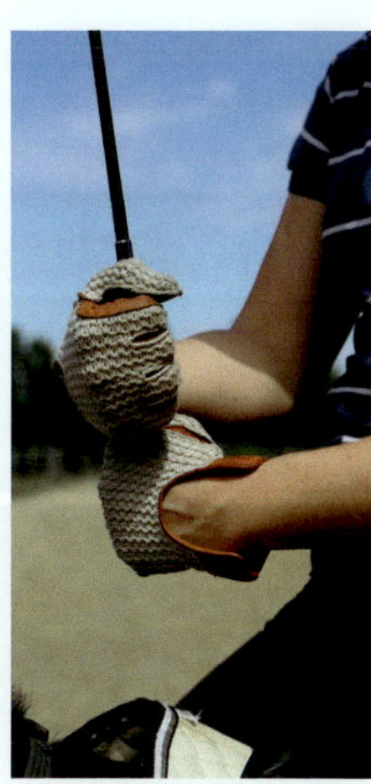

... um eine Gerte herum

38. Sitzprobleme beim Aussitzen

Problembeschreibung:

Die Ursachen können viererlei Gründe haben:

1. Mit dem Versuch, sich an die Bewegung des Pferdes anzupassen, entsteht eine Verkrampfung des Körpers. Der Reiter ist noch nicht in der Lage, mit den Bewegungen des Pferdes mitzuschwingen. Bei Pferden, die einen hohen Schwingungsgrad haben oder die eine viel größere Übersetzung haben, als es die Statur des Reiters zulässt, potenziert sich diese Problematik.

Lösungsvorschlag:

- Schritt, daraus für eine so kurze Strecke antraben, dass es dem Schüler noch angenehm ist und er sich nicht verkrampft. Das Pferd sollte im Trab für diese Übung „unter" Tempo gehen, einen schwungloseren Rhythmus zeigen.
  Der Schüler soll Vertrauen im Aussitzen bekommen.
  Die Gedanken des Schülers sollten nicht sein: „Oh, ich kann nicht sitzen", sondern „Wie schaffe ich es, dem Pferd im Trab einen Vorwärtsimpuls zu geben, wie erreiche ich einen ausdrucksstärkeren Trab". Hinter diesen Überlegungen steht, dass ein treibender, aktiver Reiter besser sitzen kann als einer, der aus Angst verkrampft sitzt und das Pferd dadurch am Bewegen hindert.

- Der Schüler soll sich darauf einlassen, dass das Pferd ihn, den Schüler, in seiner Mitte bewegt. Nicht der Schüler bewegt das Pferd (aktiv), sondern der Schüler wird vom Pferd bewegt (passiv). Dann ist es möglich, dass der Schüler dem Bewegungsablauf des Pferdes folgen kann. Das Bild einer Federung im Lendenbereich oder eines weichen Rückens, der sich gerne zeitweise viel bewegen darf, unterstützt die Losgelassenheit bei einer zunächst kleinen Strecke des Aussitzens. Außerdem muss man dem Reiter zu verstehen geben, dass eine kleine Auf- und Abwärtsbewegung des Reiters wünschenswert ist, weil es dem Bewegungsablauf des Pferdes entspricht (ebenso eine leichte Links-/Rechts-Bewegung).

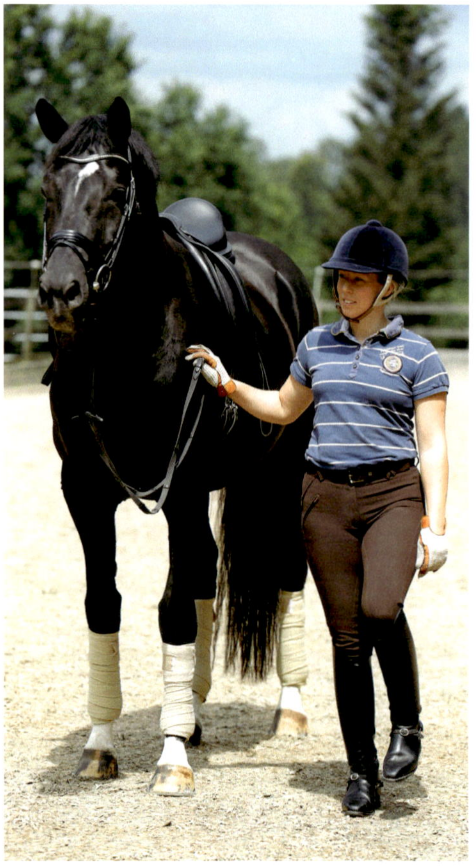

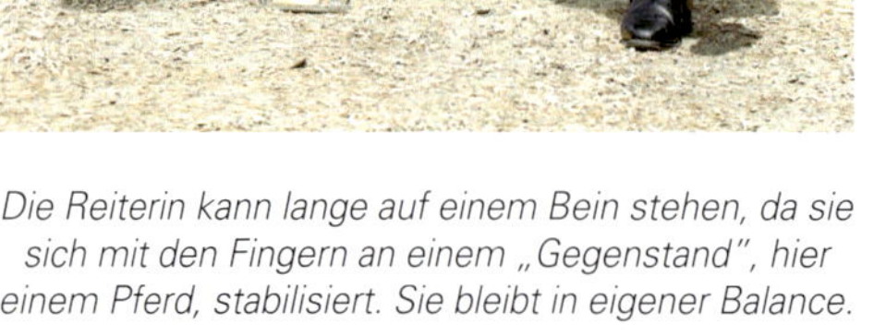

Die Reiterin kann lange auf einem Bein stehen, da sie sich mit den Fingern an einem „Gegenstand", hier einem Pferd, stabilisiert. Sie bleibt in eigener Balance.

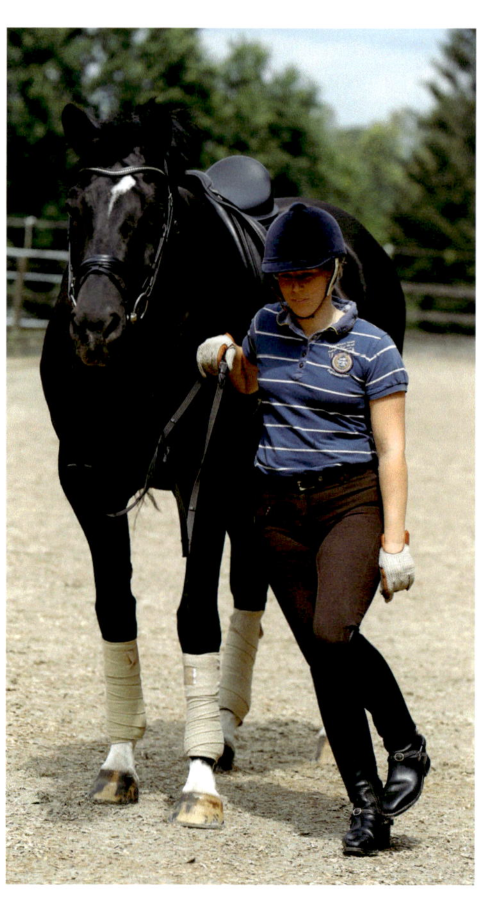

Die Reiterin stützt sich am Pferd, balanciert sich nicht mehr selbst. Sie würde ohne die Stütze umfallen.

- Die Trabstrecke wird nach und nach verlängert. Es eignet sich das Reiten von einfachen Hufschlagfiguren, um die Aufmerksamkeit vom „Nicht-sitzen-Können" abzulenken.
  Die Zügel können als Balancierpunkt benutzt werden. Nicht um sich daran festzuhalten, sondern um das eigene Gleichgewicht zu stabilisieren. Dies ist mit der auf einem Bein stehenden Übung zu vergleichen, bei der man durch leichtes Stabilisieren z.B. an einer Wand das Gleichgewicht besser und länger halten kann (siehe Fotos).

Problembeschreibung:

2. Das Pferd geht „ohne Rücken", d.h. es schwingt nicht, geht nicht durch das Genick und kann dem Reiter kein angenehmes Gefühl vermitteln.

Lösungsvorschlag:

- Wenn der Reiter noch nicht in der Lage ist, sein Pferd an die Hilfen zu stellen, sollten sinnvollerweise Hilfszügel eingesetzt werden. Es empfehlen sich Hilfszügel wie Dreieckszügel, Stoßzügel oder Ausbinder[29], um dem Schüler ein angenehmes Sitzgefühl zu vermitteln.
- Ich habe häufig die Beobachtung gemacht, dass die Schüler sehr ungern mit Hilfszügeln reiten. Sie fühlen sich dann als schlechtere Reiter. Der Ausbilder sollte an dieser Stelle im Lernprozess andere Prioritäten setzen. Das Ziel für die Schüler sollte nicht sein, das Pferd durchs Genick zu reiten, sondern zunächst die Balance und die Losgelassenheit des Sitzes zu erarbeiten (vgl. Ausbildungsweg des Reiters – Kap. 3). Daran anknüpfend werden die Einwirkungen geschult, mit denen die Pferde an die Hilfen gestellt werden (vgl. Ausbildungsweg des Reiters Kap. 3.1.2).

Problembeschreibung:

3. Der Reiter sitzt noch nicht balanciert.

Lösungsvorschlag:

- Gute Übungen zur Balance des Reiters zeigen die Lehrvideos von S. v. Dietze[30], die an der Longe Rhythmusübungen in Form von Bälle-Werfen durchführt. Sie eignen sich sehr gut für Gruppenunterricht, weil sie sehr viel Freude beim Erleben bereiten.
- Eine weitere Übung, die die Schüler gerne ausführen: „Give me five!" Auf dem Zirkel reitend sollen die Zirkelpunkte berührt/abgeklatscht werden. Den Punkt bei X bildet der Ausbilder selbst (an den übrigen Punkten kann auch ein fleißiger Helfer stehen).
- Reiten in hügeligem Gelände, bergauf – bergab, also Situationen, in denen der Reiter zur Balance aufgefordert wird.
- Armkreisen im Takt des Pferdes schult ebenfalls die Balance; es wird zunächst einseitig, später beidseitig durchgeführt. Dies kann gleichzeitig geschehen (beide Arme parallel nach vorne), versetzt oder auch ein Arm rückwärts drehend, der andere vorwärts. Der Schüler lernt, mit dem Rhythmus zu spielen.
- Es bieten sich alle Übungen an, bei denen der Reiter eine Balanceübung mit einem Spielgedanken durchführt. Den eigentlichen Lerneffekt realisiert er gar nicht.

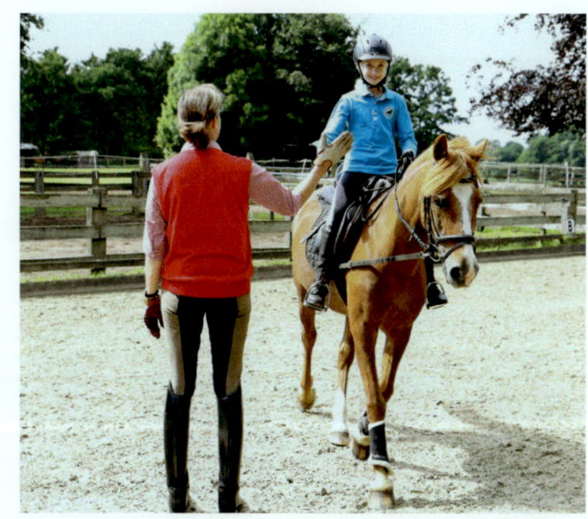

„Give me five". Mit einer Hand beim Ausbilder „abklatschen". Schult die Unabhängigkeit des Sitzes.

29 Der so oft eingesetzte Halsverlängerer ist kritisch zu beleuchten. Das stark nachgebende Gummimaterial ermöglicht einerseits dem Pferd, sich zu befreien, weil es nicht begrenzend wirkt. Die Pferde lernen nicht, ans Gebiss heranzutreten. Andererseits bilden die Pferde verstärkt Unterhalsmuskulatur, weil das Gummi einen ständigen Widerstand bietet. Er ist aus diesen genannten Gründen zur Ausbildung zu verneinen!

30 von Dietze/von Neumann-Cosel: Balance in der Bewegung, 1 + 2, DVD-Videos. Warendorf

Problembeschreibung:

4. Der Sattel ist der „Bewegungsverhinderer" – wie im Kap. 5 beschrieben –, häufig ist die Pausche des Sattels an der falschen Stelle oder die Bügellänge nicht angepasst; der Reiter ist überstreckt und dadurch komplett unbeweglich in der Hüfte, ein Mitschwingen ist nicht mehr möglich!

39. Sitzprobleme beim Mitteltrab

Problembeschreibung:

Viele Reiter scheuen den Mitteltrab, weil sie ihn schlecht sitzen können. Es sind immer wieder Bilder zu sehen, bei denen der Reiter im Mitteltrab in eine extreme Rücklage (Schiebesitz) geht, in der Annahme, so besser sitzen zu können.

Im Mitteltrab darf der Reiter seine Sitzposition aus dem Arbeits- bzw. versammelten Trab nicht verändern. Die Schenkel bleiben fühlend am Gurt und der Oberkörper bleibt in der Senkrechten über dem Pferd. Die aufrechte Mittelpositur wird nicht aufgegeben.

Lösungsvorschlag:

- Dem Schüler sollte deutlich gemacht werden, dass eine übertriebene Rücklage das Pferd aus der Balance bringt, es irritiert und stört. Zusätzlich wirken die Hände rückwärts und damit negativ ein.
- Zur Vorübung lässt man den Schüler den Oberkörper etwas übertrieben nach vorne nehmen, um die Senkrechte wieder herauszuarbeiten. Man fordert ihn auf, die Brust etwas mehr nach vorne zu nehmen; so erhält der gesamte Sitz einen Impuls, und die Balance von Reiter/Pferd stimmt wieder.

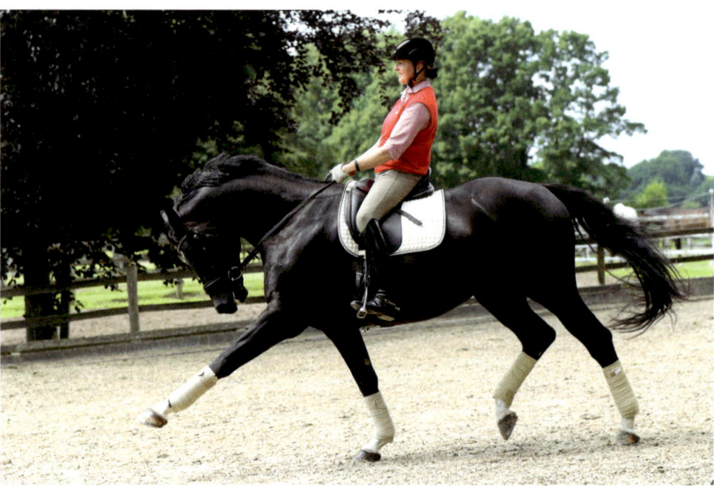

Eine übertriebene Rücklage blockiert das Pferd im Rücken. Hier gut zu sehen, dass das Pferd zwar aus der Schulter kommt, die Hinterbeine aber nicht unter den Schwerpunkt treten. Die Reiterin hat durch die falsche Sitzposition eine feste Hand, an der sich das Pferd stützt.

- Es ist sehr sinnvoll, zunächst nur kurze Linien Verstärkung (ein paar Pferdelängen genügen) zu reiten. Besser mehrfache, kurze Reprisen als längere, die zu Verkrampfungen führen.
- Wichtig ist, dass das Pferd auf die treibenden Hilfen des Reiters reagiert. Sollte dies nicht der Fall sein, muss es erst wieder auf die treibenden Impulse des Reiters sensibilisiert werden (vgl. Übung 70, Pferd reagiert nicht auf die Hilfen, S. 129 f.).

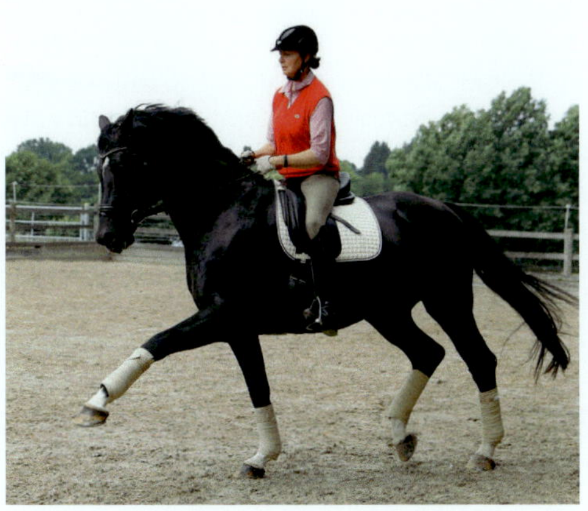

Mitteltrab mit leichter Tendenz des Oberkörpers in Bewegungsrichtung. Bügel der Reiterin hier etwas zu lang.

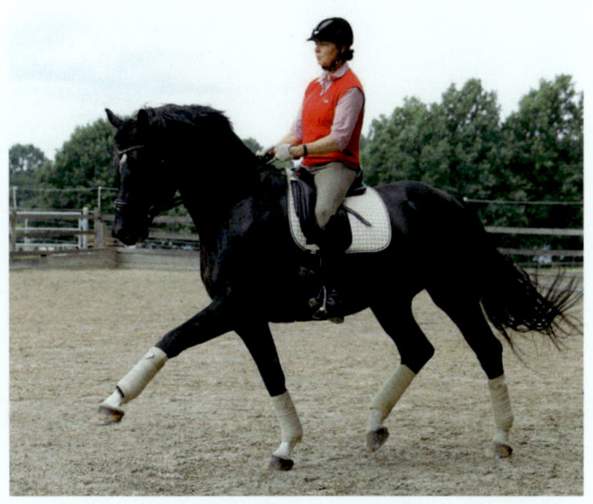

Fast korrekter Sitz im Mitteltrab. Allerdings müsste der Unterschenkel ein klein bisschen weiter hinten liegen, damit Schulter, Hüfte und Absatz eine Linie bilden.

40. Reiter klemmt mit den Knien

Problembeschreibung:

Der Schüler hat gelernt, die Knie zumachen zu müssen, anstatt sie flach am Sattel anzulegen.[31] Die „Sprache" des Ausbilders muss deutlich machen, dass der Sitz des Reiters aus der Balance entsteht und nicht mit einem zugeklemmten Knie. Die übliche Formulierung „Knie zu" ist fachlich falsch. Dadurch klemmt der Schüler auch mit den Oberschenkeln und kann seine Waden nicht korrekt gebrauchen.

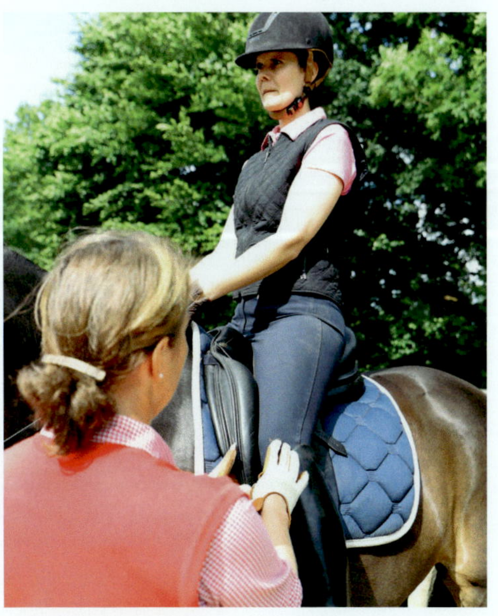

Kurzes Klemmen des Knies – hier auch im Gesicht der Reiterin ablesbar

Lösungsvorschlag:

- Dem Schüler erlauben, mit offenem Knie zu reiten, um die Balance im Sitz ohne Kniedruck zu finden.
- Im Halten den Schüler abwechselnd Knie und Oberschenkel zuklemmen und wieder entspannen lassen, dies mehrmals hintereinander, um den losgelassenen Sitz herauszuarbeiten. Dann die Übung im Schritt, Trab und Galopp weiterführen: kurz klemmen lassen, dann lange entspannen – so bekommt der Reiter ein neues Gefühl für das losgelassene, sich bewegende Knie und den Balancesitz (vgl. Übung 27, S. 87 f.).

31 Vgl. Deutsche Reiterliche Vereinigung e.V. (Hrsg.) 2000, S. 59

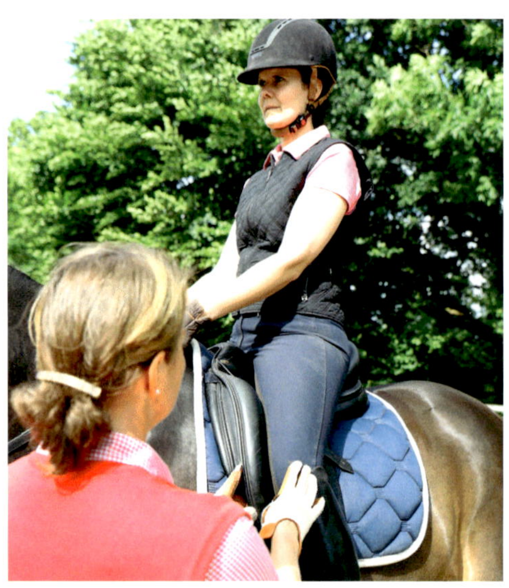

- Dem Schüler erlauben, auf dem Pferd unruhiger als gewöhnlich zu sitzen. Er darf gerne wackeln. Die Vorstellung eines ruhigen Sitzes geht oft einher mit einem festgehaltenen Sitz.
- Versuchen lassen, den Körperschwerpunkt und das Gewicht bewusst im Sattel bzw. im Gesäß zu fühlen.

Entspannen des Knies

41. Reiter ist fest

Problembeschreibung:

Es gibt Reiter, die durch jahrelange falsche Angewohnheit und ausbleibende Korrektur derart fest geworden sind, dass sie ab Hüfte aufwärts „ohne Gelenk" reiten. Anstelle einer mitschwingenden Bewegung aus der Mittelpositur heraus wird eine hackende Bewegung aus dem gesamten Oberkörper vollzogen.

Lösungsvorschlag:

Für die angesprochene Problematik werden drei Lösungsvorschläge angeboten:

1. Den Reiter mit anderen Dingen vom Pferd „wegkonzentrieren", d.h. ihm Aufgaben stellen, die ihn vom eigentlichen Reiten ablenken, z.B. mit dem Ausbilder ein Gespräch führen, der Reiter soll den Ausbilder ansehen. Plötzlich beginnt sich der Reiter aus seiner verkrampften Haltung zu lösen und mitzuschwingen. Er lässt quasi „den Blick schweifen", hat einen „sanften Blick"[32], in dem nichts fixiert ist.
2. Ein weiterer Weg besteht in der „Bewusstmachung" der Fehlbewegung mithilfe von Videoaufnahmen, gymnastischen Übungen usw.
3. Durch die unglückliche Formulierung des Ausbilders „Pack ihn an" oder „Treib ihn mit dem Kreuz" haben sich die Reiter angewöhnt, mit viel Aufwand und festem Oberkörper zu agieren. Die Arme werden steif an den Körper angelegt, die Schulterpartie ist vom starken Treiben bis zum Nacken/Kopf festgestellt.
   Auch hier eignet sich die Kontrasterfahrung, indem der Reiter aufgefordert wird, abwechselnd mit viel Druck und dann mit „schlaffer" Körperhaltung einzuwirken. In diesem Zusammenhang ist auch das Üben der Atmung ganz wichtig – rhythmisches Ein- und Ausatmen erzeugen rhythmisches An- und Abspannen!

32 Vgl. Sally Swift 2006

42. Kopfhaltung ist verkrampft

Problembeschreibung:

Der Reiter verkrampft im Hals-Nacken-Bereich mit einem zu tief blickenden oder einem zu hochgetragenen Kopf. Letzteres ist häufiger der Fall.

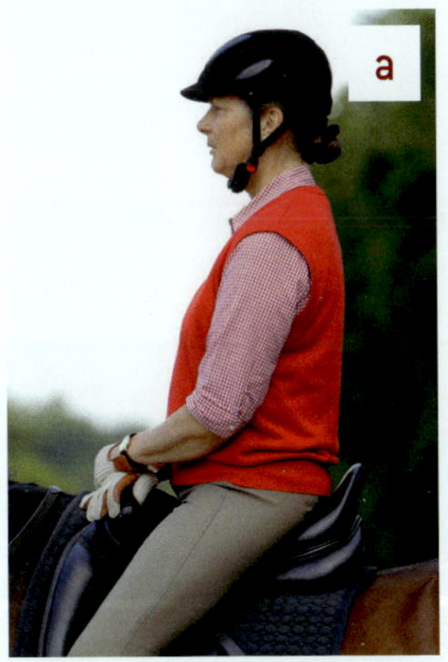

Korrekte Kopfhaltung nach schräg, vorne, unten. Das Okzipitalgelenk ist frei.

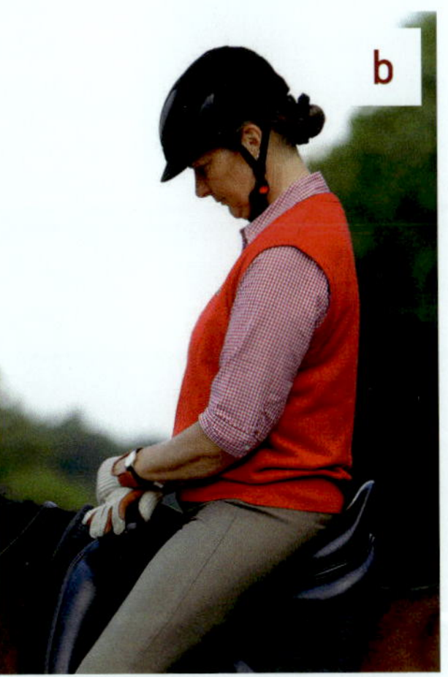

Fehlerhafte Kopfhaltung. Reiterin schaut zu weit nach unten.

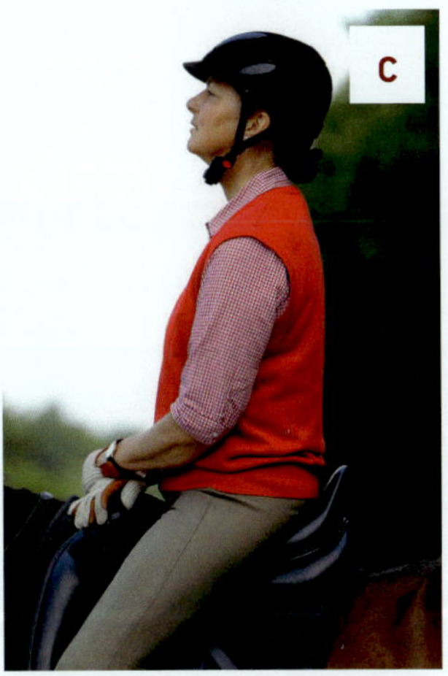

Fehlerhafte Kopfhaltung. Reiterin schaut zu weit nach oben. In beiden Fällen (b und c) wird das Okzipitalgelenk blockiert.

Lösungsvorschlag:

- Die Kopfhaltung muss derart sein, dass das sogenannte „Okzipitalgelenk"[33] frei ist. Ist es frei, können auch die anderen Gelenke im Körper frei sein und die Schwingungen können durch den gesamten Körper gehen. Dazu muss der Reiter seinen Blick nach schräg vorne unten richten, leicht unter die Waagerechte; der Reiter spürt dann eine Leichtigkeit im Hals-Nacken-Bereich. Es kann auch helfen, den Blick nach links und rechts „schweifen" zu lassen.
- Tipp für die routinierten Abteilungsreiter: Durch die Pferdeohren hindurch zum Sprunggelenk des Vorderpferdes schauen – eine natürliche Haltung annehmen. Aber auch für die, die keine Erfahrung im Abteilungsreiten haben, gilt, den Kopf in einer entspannten Haltung mit Blick nach vorne schräg unten zu tragen und dabei die Augen wandern zu lassen. Das ist ganz wichtig!

43. Reiter sitzt schief

Problembeschreibung:

Der Reiter sitzt nicht in der Balance und „fällt" zu einer Seite herunter. Er hat das Gefühl für seine Balance, seine Mitte, verloren. Ursache kann eine falsche Angewohnheit sein oder auch eine angeborene Fehlhaltung. Ist Letzteres der Fall, muss ein Orthopäde herangezogen werden, um die Fehlhaltung zu analysieren.

33 Das Okzipitalgelenk befindet sich am Hinterkopf, am Übergang vom Schädel zum ersten Nackenwirbel, dem Atlas; es ist Teil des Kopfgelenks. Man kann die Stelle am Hinterkopf finden, weil dort ein kleiner Knubbel zu ertasten ist (vgl. Meyners 2003).

Lösungsvorschlag:

- Liegt eine falsche Angewohnheit vor, muss der erste Schritt dahin gehen, dem Schüler seine Fehlbalance bewusst zu machen. Man lässt ihn sich auf seine Hände setzen, damit er erfühlt, wo die Belastung der Gesäßhälften gestört bzw. unterschiedlich ist.

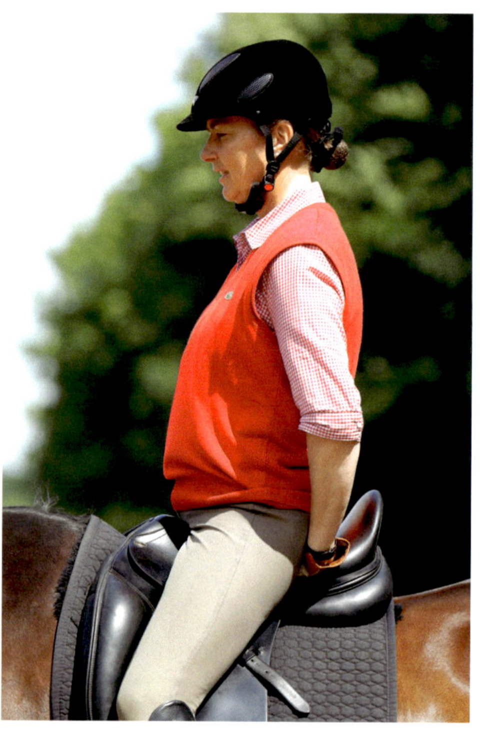

Sitzen auf den Handrücken. Leichte Gewichtsverlagerungen ausführen lassen, damit der Schüler spürt, welche Auswirkungen schon kleinste Veränderungen haben.

- Oder man lässt ihn im Halten bewusst eine Gewichtsverlagerung nach links und rechts ausführen, mit der Aufforderung, daraus seine Mitte, den Punkt, zu finden, wo beide Seiten des Gesäßes gleichmäßig belastet sind (evtl. Augen schließen lassen).

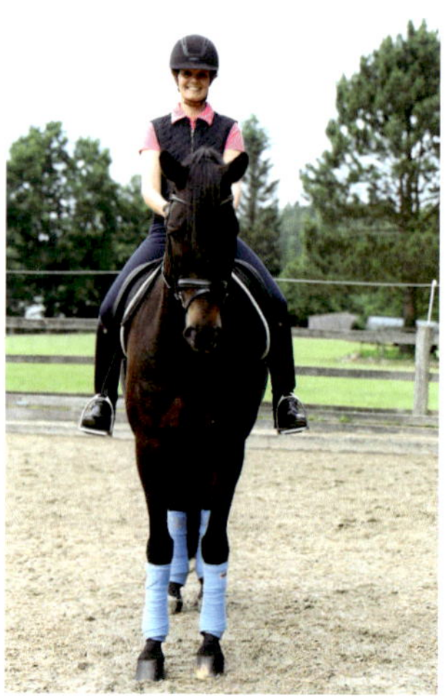

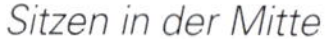

Sitzen in der Mitte

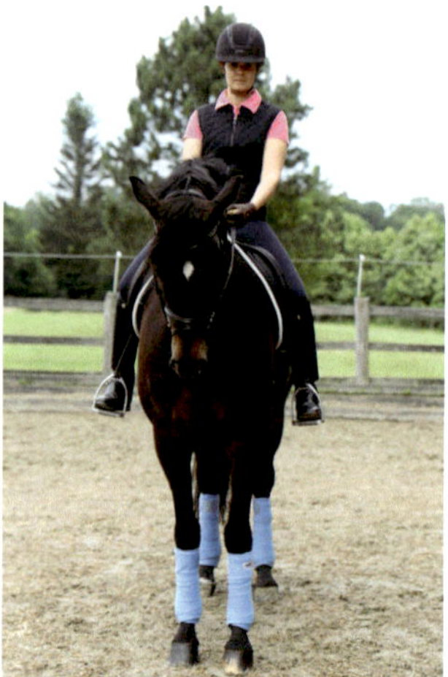

Leichte Gewichtsverlagerung nach links und dabei die Veränderung in der Balance fühlen lassen.

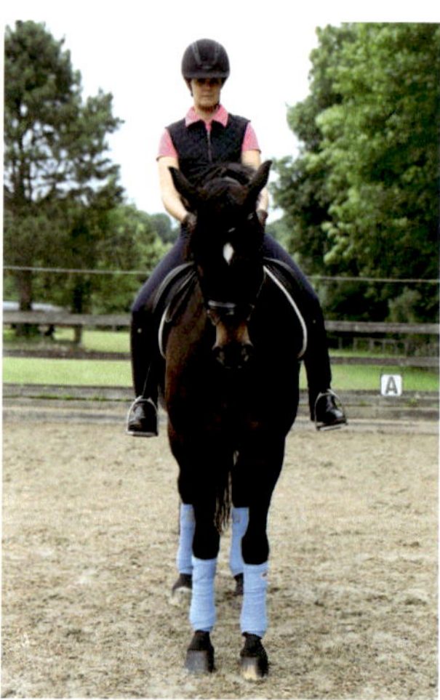

Leichte Gewichtsverlagerung nach rechts und dabei die Veränderung in der Balance fühlen lassen.

- Helfen kann auch die Kontrasterfahrung, indem man sich nicht zur eigentlich schiefen, sondern zur anderen Seite „schief" setzt. Auch hier ist das Ziel, die Schiefe bewusst werden zu lassen und daraus zu korrigieren. Das eigene Gefühl des Reiters ist immer wieder ausschlaggebend für die Korrektur der Fehlbewegung.

44. Falscher Einsatz des verwahrenden Schenkels

Problembeschreibung:

Immer wieder ist zu beobachten, dass die Schüler den äußeren Schenkel fehlerhaft bzw. gar nicht einsetzen. Die Ursachen können verschiedener Art sein:[34]

- Es kann eine fehlerhafte Gewichtsverlagerung (der Reiter sitzt nach außen) vorliegen, das Reitergewicht liegt dann überwiegend auf der äußeren Seite.
- Es kann sein, dass der Reiter auf den Oberschenkeln sitzt und dadurch sein Körperschwerpunkt falsch positioniert ist. In beiden Fällen liegt das Lot nicht genügend im Bewegungszentrum.[35] Der äußere Schenkel kann dann nicht unabhängig zurückgelegt werden. Es gilt, die Bügellänge zu überprüfen, die Hüfte könnte durch zu lange Bügel festgestellt sein (vgl. Kap. 5.4).
- Es kann ein grundsätzliches Unwissen vorliegen, dass der Schenkel immer einsatzbereit hinter dem Gurt liegen muss.

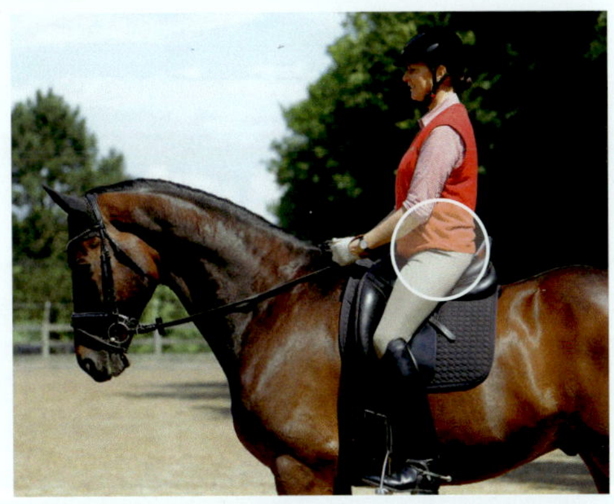

Lot (Körperschwerpunkt) an der richtigen Position

Lösungsvorschlag:

- Taktile Hilfe – der Ausbilder legt den Schenkel des Schülers an die richtige Position, beobachtet den Schenkel des Schülers im Schritt (von außen betrachten) auf Wendungen und mit Handwechseln. Dabei wird die „Schrittstellung" in der Schenkellage beachtet und gemeinsam mit den Schülern herausgearbeitet. Später wird die gleiche Übung im Trab und im Galopp geritten.

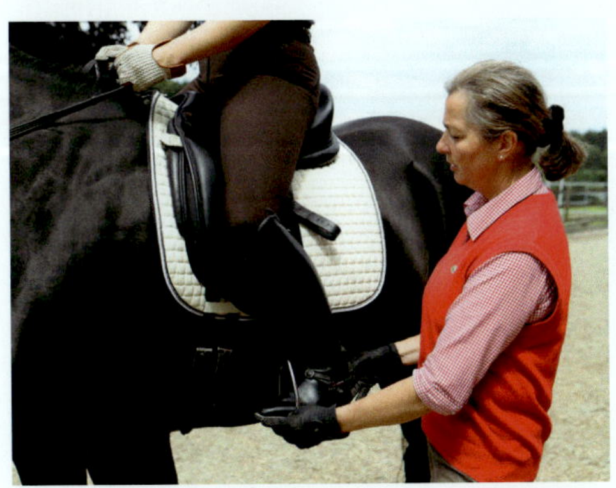

Die Ausbilderin legt den verwahrenden Schenkel der Reiterin in Position und fordert zum Fühlen des Unterschiedes auf.

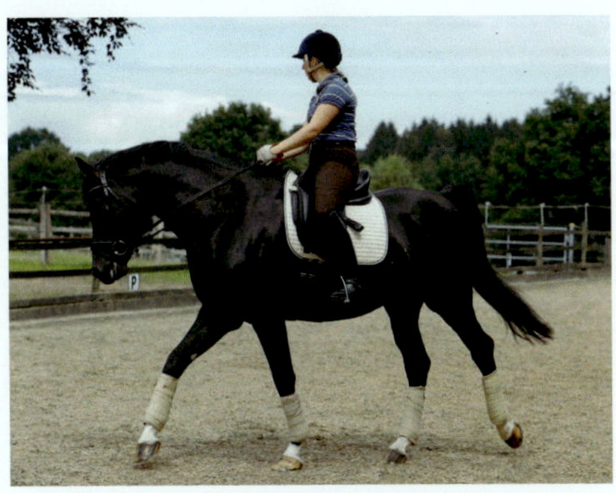

Verwahrender Schenkel im Einsatz in der Bewegung

34 Vgl. hierzu Übung 4, Gebrauch des verwahrenden Schenkels, S. 61 f.

35 Bei aufrechter Haltung liegt das Lot etwa in der Mitte der dritten Lendenwirbelsäulenbandscheibe. Verschiebt sich das Lot, steigen die Haltearbeit der Muskulatur und die Druckbelastung auf die Bandscheiben überproportional. Der Reiter verliert seine Balance und muss enorm viel Kraft aufwenden, um sich zu stabilisieren (Reichel 1988).

- Verbale Hilfe: Bewusst machen, dass der äußere Schenkel stets eine verwahrende Aufgabe zu erfüllen hat und diese nur in der Position hinter dem Gurt liegend ausfüllen kann. Zum Beispiel muss der äußere Schenkel, der zum Angaloppieren zurückgelegt wird, auch danach in verwahrender Position bleiben. Liegt ein Fehlverständnis für den äußeren Schenkel vor, führt dies häufig dazu, dass die Schüler mit dem Gewicht nach außen rutschen und sich steif machen.
- Auch hier steht die Ausprägung des eigenen Gefühls immer im Mittelpunkt des Lernprozesses. Der Reiter muss – mit Unterstützung des Ausbilders – ein Gefühl für die richtige Position des Schenkels entwickeln.

45. Einsatz des äußeren, verwahrenden Zügels bereitet Schwierigkeiten

Problembeschreibung:

Es ist immer wieder zu beobachten, dass den Schülern der Einsatz des verwahrenden Zügels nicht klar ist. Sie haben Probleme, die richtige Stärke herauszufinden. Zu erkennen ist dies auf gebogenen Linien, bei denen die Pferde über die äußere Schulter ausfallen. In Wendungen, z.B. beim Abwenden auf die Diagonale oder beim Links- oder Rechtsum an der langen Seite, driften die Pferde über die äußere Schulter weg. Nach der Aufforderung durch den Ausbilder, die Zügelhilfe außen zu verstärken (verwahrende Hilfen einzusetzen), halten die Schüler zu stark gegen und bringen den Zügel in eine Rückwärtsbewegung. Das Pferd kommt auf die Hand, kommt in Außenstellung, und das Wendeproblem besteht nach wie vor.

Typisch ist das Ausfallen der äußeren Schulter beim Übertreten-Lassen an der offenen Zirkelseite.

Lösungsvorschlag:

- Als Lösung bietet sich wieder einmal die Kontrasterfahrung an: Man lässt den Schüler z.B. beim Übertreten-Lassen an der offenen Zirkelseite die äußere Zügelhilfe im Wechsel zu stark und zu schwach einsetzen. Der Schüler soll den Unterschied herausarbeiten bzw. fühlen.
- In der Regel wird die äußere Hilfe zu kräftig eingesetzt, weshalb sich das Pferd nach außen verwirft. Hier gilt wieder die Devise, mit möglichst leichten Hilfen zu beginnen und nur dann, wenn das Pferd ohne Reaktion bleibt, die Hilfen kurzfristig zu verstärken.
- Dabei soll auf eine möglichst an beiden Zügeln gleichmäßige Verbindung hingearbeitet werden. Die verwahrende Hilfe wird häufig als eine einseitige fehlinterpretiert. Mit dem Hinweis, dass beide Zügel eine „Aufgabe" zu erfüllen haben (der innere annehmend oder nachgebend, der äußere verwahrend), kann der einseitigen (Zügel-)Hilfengebung entgegengewirkt werden.
- Zur Überprüfung sollte der Ausbilder selbst den verwahrenden Zügel erfühlen, indem er z.B. im Schritt mit dem Schüler mitgeht.

46. Gleichgewichtsprobleme des Reiters

Problembeschreibung:
Die Gleichgewichtsproblematik zeigt sich besonders im Reiten von Wendungen. Der Reiter hält sich fest, sitzt nicht in der Balance und bringt dadurch das Pferd aus dem Takt (für den Laien nicht leicht zu erkennen, das geschulte Auge erkennt aber einige kürzere Schritte, Tritte bzw. Sprünge beim Pferd).

1. Lösungsvorschlag:
Ist der Reiter zu fest, kann Übung 41 (S. 104) helfen. Dem Reiter muss seine fehlerhafte, feste Haltung ins Bewusstsein gerufen werden.

2. Lösungsvorschlag:
Das Bild eines Fahrradfahrers, der eine Kurve fährt, soll die Vorstellung unterstützen, dass der Reiter sich immer der Bewegung des Pferdes anzupassen hat. Schon leichte Fehlverlagerungen des Gewichts können das Pferd aus dem „Tritt" bringen. Zum Thema Gleichgewicht vgl. Kap.3.2.

3. Lösungsvorschlag:
Die Gleichgewichtsproblematik kann auch folgende Ursache haben: Hat der Reiter sein Hauptgewicht nicht im Sattel, in seinem Bewegungszentrum, sondern in den Bügeln oder Oberschenkeln, muss zunächst dies korrigiert werden. Hilfreich sind Pendeln-Lassen der Unterschenkel im Schritt mit dem Ziel, den Reiterschwerpunkt weg von Bügeln und Oberschenkeln wieder in den Sattel zu bringen.

4. Lösungsvorschlag:
Zur Gleichgewichtsschulung bietet sich das Bild eines freihändig fahrenden Fahrradfahrers an. Dies erzeugt eine Unabhängigkeit von Körper und Armen/Händen und zwingt den Reiter zur eigenen Balance.
Das gleiche Ziel verfolgen die Übungen von Susanne von Dietze[36], die den Reiter an der Longe „Bälle" werfen lässt und damit die Unabhängigkeit des Reitersitzes schult (vgl. Übung 38 zu 3., S. 101).

5. Lösungsvorschlag:
Ein weiterer Vorschlag zur Balanceschulung ist das Reiten im leichten Sitz; entweder mit Zügelkontakt, ohne sich mit den Händen abzustützen, oder in freihändiger Form.

6. Lösungsvorschlag:
Die Vorstellung, ein Tablett vor dem Körper und nicht am Körper zu tragen und selbiges in Richtung Pferdekopf zu halten, verbessert ebenfalls die Balance des Reiters.

Bei allen Lösungsvorschlägen ist zu beachten, dass der Reiter sich muskulär loslässt – er muss aber dennoch eine positive Körperspannung haben, um auf dem Pferd eine aufrechte Haltung einzunehmen. Ein Indiz für die Losgelassenheit ist die ruhige, gleichmäßige Atmung.

36 von Dietze/von Neumann-Cosel: Balance in der Bewegung, 1 + 2, DVD-Videos. Warendorf

47. Reiter kann (diagonale) Linie nicht einhalten

Problembeschreibung:

Der Reiter hat Schwierigkeiten, die Diagonale als gerade Linie zu reiten. Er reitet stattdessen einen Bogen.

Lösungsvorschlag:

- Die Korrektur sieht folgendermaßen aus: Der Schüler wird aufgefordert, zum Wechselpunkt zu blicken; er muss lernen, sich „zwischen den Linien" zu fühlen.
- Ist die Fehlbalance des Reiters Auslöser des Schwankens, muss die Balance wieder hergestellt werden. Dem Reiter muss klargemacht werden, dass das Pferd dem Reitergewicht folgt, egal ob er falsch oder richtig sitzt. Das Pferd verlässt dann die ursprüngliche Linie, um unter das Reitergewicht zu kommen. Hilfreich kann eine leichte Gewichtsverlagerung zur entgegengesetzten Seite sein; in erster Linie sind aber Übungen sinnvoll, die die Balance des Reiters wieder herstellen (s. vorangegangene Übungen).
- Der Ausbilder harkt eine Linie in den Boden, der der Schüler folgen muss. Tore aus Hütchen eignen sich auch, Linien sind aber in diesem Fall effektiver.

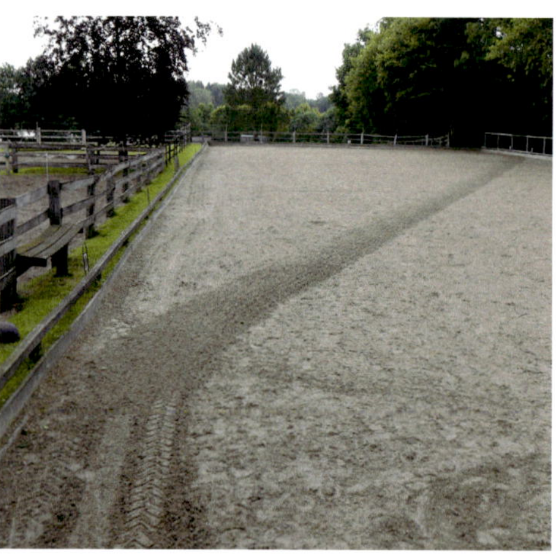

Linie harken für die Diagonale

48. Der Reiter trifft die Mittellinie zum Einreiten nicht

Problembeschreibung:

Für den dressurreitenden Anfänger oder für den Profi gilt dasselbe: Das Einreiten auf die Mittellinie ist die Visitenkarte des Reiters. Sie ist aber schwierig einzuhalten, wenn dem Reiter das Gefühl für die Mittellinie fehlt.

Lösungsvorschlag:

- Im Gespräch wird die Theorie geklärt: Die Mittellinie ist die Linie zwischen den beiden Punkten A und C. Diese ist einmalig! Das heißt, es gibt nur eine Mittellinie, die durch die beiden Punkte bestimmt wird.[37]
- Man harkt, walzt oder zieht eine Linie zur Demonstration (auch Hütchen dienen als Markierung oder parallel hingelegte Stangen) und lässt den Schüler mehrmals entlangreiten, damit er ein Gefühl dafür entwickelt.

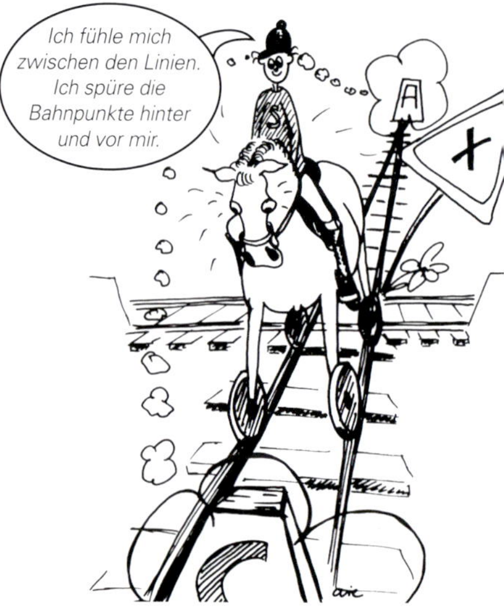

37 Mathematisch ist eine Gerade eine Linie zwischen zwei Punkten!

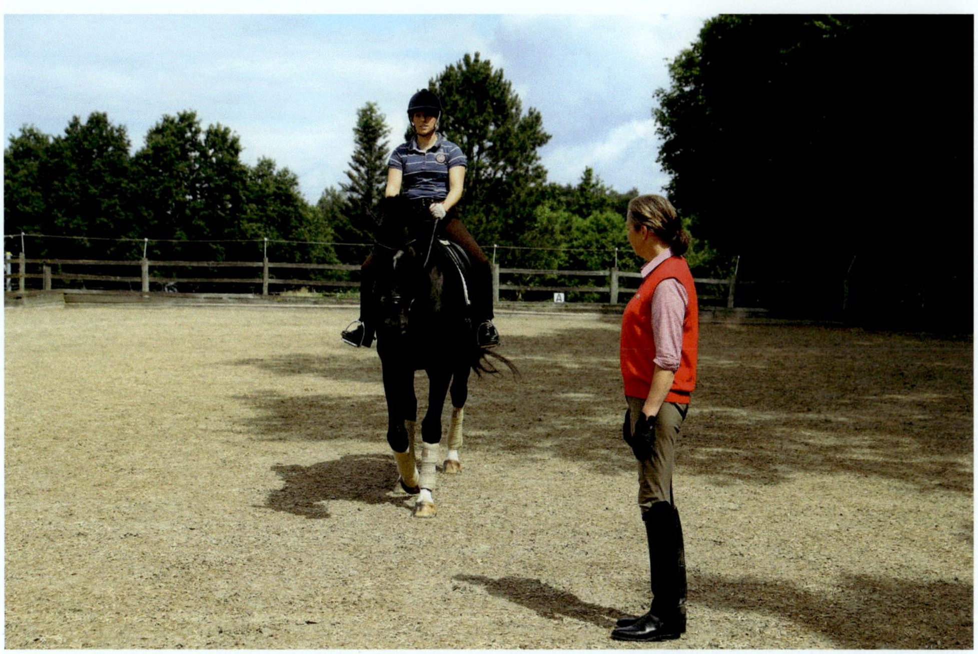

Ausbilder neben der Mittellinie für die Mittellinie als O-Punkt

- Er muss sich zwischen den Linien fühlen, d.h., er muss auch mit dem Auge die beiden Punkte „ansteuern" und Punkt „A" in seinem Rücken spüren bzw. sich diese Linie optisch vorstellen.
- Der Ausbilder stellt sich zusätzlich entweder auf die Linie (z.B. zwischen X und I oder zwischen X und G) oder er stellt sich seitlich neben die Linie als „Anlehnung", um den Schüler knapp an sich vorbeireiten zu lassen.

49. Nicht runde Volten bzw. unausbalancierte Volten

Problembeschreibung:

a) Häufig haben die Schüler Schwierigkeiten, die Volten rund – in Form eines Kreises – zu reiten.

Lösungsvorschlag:

- Den Schülern das Gefühl für den Kreis einer Volte über „materiale Hilfen" (vgl. Kap. 2.3.3) vermitteln, z.B. Hütchen, die umrundet werden müssen oder als Tor aufgebaut werden oder das Harken des Hufschlages der Volte o.Ä.
- Zunächst werden 10-m-Volten, dann je nach Ausbildungsstand auch 8-m-Volten geritten, wobei die materialen Hilfen nach und nach reduziert werden.

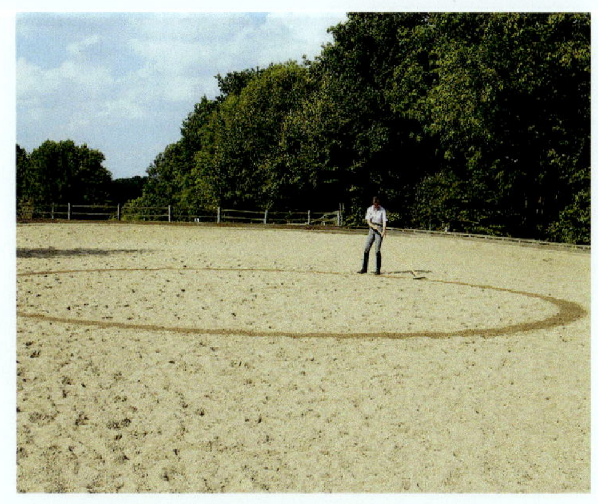

Hier wird der Hufschlag der Volte geharkt. Der geharkte Kreis ist für den Schüler leicht nachzureiten.

Problembeschreibung:

b) Sind die Volten nicht ausbalanciert, kippt das Pferd über die innere Schulter (meist auf der festen Seite = Zwangseite[38], weil der Reiter die Gewichtshilfe nach innen übertreibt; oder der Reiter reitet die Wendung mit zu starkem, innerem Zügel und/oder rutscht im Sattel nach außen, wodurch das Pferd über die äußere Schulter (meist auf der hohlen Seite) ausfällt.[39]

Lösungsvorschlag:

- Ganz gleich, ob der Reiter zu weit nach innen oder nach außen sitzt, muss ihm verdeutlicht werden, dass er die Balance des Pferdes nicht stören darf. Er muss das Pferd in der Anlehnung gleichmäßig vor sich haben, darf es weder zu stark am inneren noch zu stark am äußeren Zügel halten bzw. sein Gewicht nur geringfügig nach innen verlagern.
- Ist die fehlende Balance die Ursache, bieten sich o.a. Übungen an.

50. Ausfallen der Schulter beim Schenkelweichen

Problembeschreibung:

Die wichtigsten Grundregeln für das Schenkelweichen[40] lauten:
Das Pferd bewegt sich mit geringer Stellung, aber ohne Rippenbiegung, vorwärts-seitwärts auf zwei Hufschlägen. Der Hals des Pferdes ist nur geringfügig gebogen.[41] Der Takt des Mittelschritts bleibt erhalten.
Der Hals des Pferdes wird durch den Reiter häufig überstellt, wodurch das Pferd über die Schulter ausfällt.

Lösungsvorschlag:

- Ist die Problematik erkannt, ergibt sich die Lösung fast von selbst. Der Schüler muss die Zügelhilfen reduzieren, insbesondere am inneren Zügel, und muss lernen, das Schenkelweichen überwiegend über den Schenkel zu erreichen. Hilfreicher Hinweis: „Versuch so wenig Gewicht wie möglich in den Händen zu spüren!"
- Das Schenkelweichen sollte zunächst mit dem Kopf zur Bande geritten werden, damit das Pferd eine Begrenzung erhält und der Schüler sich mehr auf die seitwärtstreibenden Hilfen konzentrieren kann. Mit der Formulierung: „Lass den Hals deines Pferdes ganz gerade!" soll erreicht werden, dass die Zügelhilfen minimiert werden.
- Der Ausbilder geht als Hilfestellung mit und kann die Zügelhilfen von unten übernehmen, um dem Schüler die korrekte Halsstellung zu demonstrieren.
- Der Schüler übt selbstständig weiter in kleinen Intervallen und korrigiert sich in Absprache mit dem Ausbilder. Dabei wird die Stärke der Anlehnung, das Gewicht der Zügelhilfen, vom Ausbilder ständig kontrolliert.

38 Vgl. Übung 97, S. 152 f.
39 Vgl. Übung 97, S. 152 f.
40 Ausführliche Beschreibung der Lektion siehe Deutsche Reiterliche Vereinigung e.V. (Hrsg.) 2014 bzw. Übung 13, S. 71 f.
41 Vielen ist hoffentlich der bekannte Satz im Ohr, dass man „Auge und Nase schimmern sehen muss"!

51. Richtige Größe des Viereck-Verkleinerns und -Vergrößerns bereitet Probleme

Problembeschreibung:

Die Schüler haben in der Regel Probleme, das Viereck-Verkleinern und -Vergrößern auf vorgeschriebener Linie (bis zur Viertellinie = 5 m) zu reiten. Bei dieser Übung bietet sich an, die neue Begrifflichkeit der „Viertellinie"[42] einzuführen.

Lösungsvorschlag:

Ausschließlich verbale Hinweise sind wenig ergiebig, andere Hilfen sind sofort von Erfolg gekrönt:

- Der Ausbilder stellt sich selbst als Begrenzung (personale Hilfe – vgl. Kap. 2.3.3) bei etwa 5,50 m (4,50 m) hin; die Schüler sollen vor (hinter) ihm vorbeireiten;
- Anstelle des Ausbilders kann ein Hütchen o.Ä. als optische Hilfe genommen werden.
- Die zu reitende Linie kann in den Boden geharkt werden.

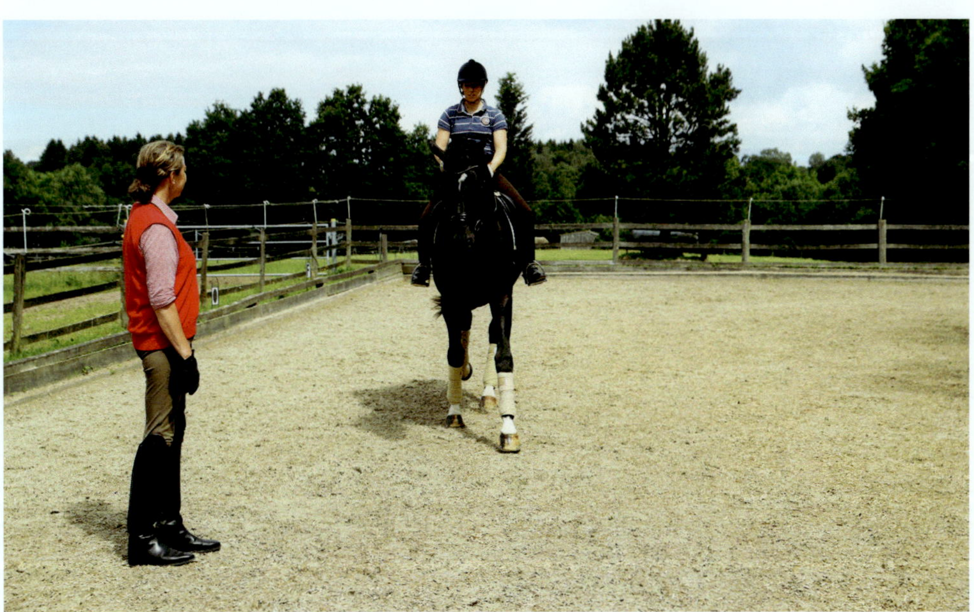

*Die Ausbilderin als optische Hilfe für das Viereck-Verkleinern und -Vergrößern.
Hier steht sie bei etwa 4,50 m. Die Schülerin soll die 5-m-Linie (Viertellinie) treffen.*

52. Reiter hat Wendeprobleme aufgrund eines Hüftknicks

Problembeschreibung:

Der Reiter hat Schwierigkeiten, das Pferd abzuwenden, sei es beispielsweise auf den Zirkel oder auf die Diagonale. Ursache ist ein Hüftknick an der inneren Seite des Reiters, er sitzt dadurch vermehrt nach außen. Das Pferd versteht die Reiterhilfe als Wendung nach außen, weil der Reiter außen sitzt. In Wirklichkeit will der Reiter aber eine Wendung nach innen bestreiten. Der Dialog Reiter/Pferd ist unterbrochen.

42 Zum Thema Viertellinie vgl. Übung 15, S. 74

Lösungsvorschlag:

- Da die Hauptursache der Hüftknick des Reiters ist, muss diese Problematik beseitigt werden. Im ersten Schritt geht es um die Bewusstmachung der reiterlichen Fehlbewegung bzw. des Fehlverhaltens in Form eines Gesprächs mithilfe eines Spiegels oder einer Videokamera.
- Wichtig ist auch der Hinweis, dass beim Wenden die innere Gesäßhälfte mehr belastet wird und dass das Becken in Richtung inneres Knie rollt.
- Auch die korrekte Zurücknahme (evtl. durch taktile Unterstützung des Ausbilders) des äußeren, verwahrenden Schenkels erzielt einen vermehrten Druck auf den inneren Gesäßknochen.
- Es empfehlen sich Wendungen im Schritt auf beiden Händen, die mit einer rollenden Beckenbewegung zum rechten Knie erfolgen.[43]
- Hilfreich kann auch das Erleben des Kontrastes sein, d.h. durch Erzeugung eines Hüftknicks zur entgegengesetzten Seite.

Der Hüftknick ist häufig ein Gewohnheitsproblem, das man nur in einem längeren Prozess abstellen kann. Es muss immer wieder mit kleinen Übungen, wie oben dargestellt, ausgetestet werden, welche Hilfestellung eine Besserung gibt. Sehr nutzbringend ist die Trockenübung aus Übung 6, Schulung der Gewichtshilfen, S. 63 f.

Ist der Hüftknick ein rein muskuläres Problem, empfiehlt sich bei diesen „schweren" Fällen die Zusammenarbeit mit einem/r Physiotherapeut(in), um individueller Muskelschwäche entgegenzuwirken.

53. Reiter sitzt nicht in der Biegung des Pferdes, sondern entgegengesetzt – Erlernen des Drehsitzes

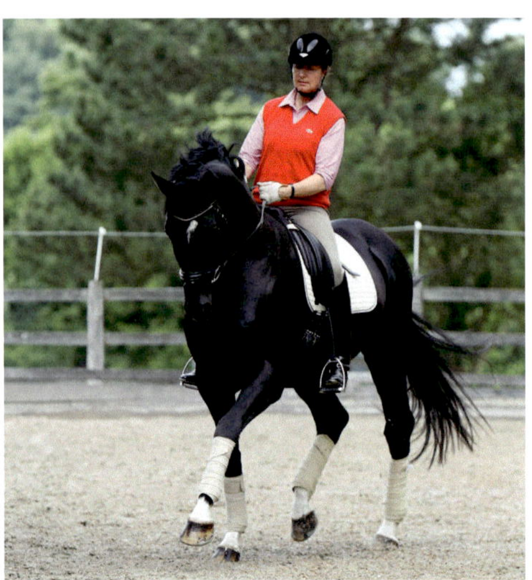

Reiterin sitzt korrekt in der Biegung des Pferdes.

Problembeschreibung:

Es kommt vor, dass ein Schüler auf einem rechts gebogenen Pferd links gebogen sitzt. Folglich geht das Pferd rechte Hand, der Reiter sitzt aber für linke Hand; er gibt dem Pferd ständige Falschmeldungen, was die Biegung des Pferdes anbelangt. Das Ergebnis ist ein im Zwiespalt befindliches Pferd, da es vom Reiter dysbalanciert wird.

Lösungsvorschlag:

- Bewusstmachung der Fehlstellung des Reiters über Gespräch, visuelle (Spiegel) oder audio-visuelle (Videokamera) Medien.
- Kontrasterfahrung: Den Schüler in die entgegengesetzte Richtung bzw. Stellung setzen lassen.
- Wendungen über Drehen der Schulterachse reiten lassen, um neues Gefühl auszuprägen.

43 Siehe Übung 6, S. 63 f.

- Üben der korrekten Belastung auf dem inneren Gesäßknochen mit der Rollbewegung des Beckens, wie in obiger Übung beschrieben.
- In dieser Phase eignet sich der Hinweis auf das Erlernen des Drehsitzes: Auf dem gebogenen Pferd sitzt der Reiter mit der inneren Hüfte und der äußeren Schulter leicht vor. Der Schwerpunkt liegt aber auf der Betonung der inneren Hüfte, weil die Korrektur immer vom Zentrum auszugehen hat – in diesem Fall von der Mittelpositur. Erst wenn die stimmt, kann die Schulterkorrektur folgen.

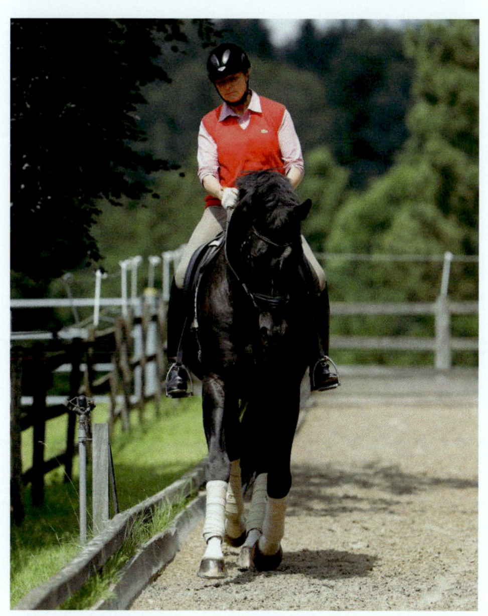

Ausgeprägte Fehlbiegung der Reiterin. Das Pferd ist links gestellt, die Reiterin sitzt nach rechts verdreht. Diese Ausprägung und weniger „falsche" Versionen können häufiger bei Reitern/Schülern beobachtet werden.

54. Leichttraben auf dem falschen Fuß

Problembeschreibung:

Viele Schüler haben nicht gelernt, den richtigen Fuß beim Leichttraben zu sehen bzw. zu erfühlen. Es ist aber möglich, die Korrektur nur über das Gefühl zu erwerben.

Lösungsvorschlag:

Für die Schüler, die den richtigen Fuß zum Leichttraben nicht erkennen (visuell oder taktil), gibt es folgende Schritte:

- Den Schüler an die Longe nehmen (das Gehen des Pferdes ist momentan irrelevant) und den Schüler zum Leichttraben auffordern. Das Pferd hat auf einer gebogenen Linie Längsbiegung, das richtige bzw. falsche Leichttraben lässt sich wesentlich leichter erfühlen.
- Ist der Schüler nicht in der Lage, das Vorfußen der äußeren Schulter zu erkennen (visuell), kann der Ausbilder ihm mit akustischer Unterstützung helfen. Geht das äußere Vorderbein nach vorne, gibt der Ausbilder dem Schüler die Ansage „jetzt!"; dies erfolgt so lange, bis der Schüler es selbst erkennen kann.
- Kann der Schüler nicht das richtige Leichttraben erfühlen (taktil), bietet sich folgender Weg an: Den Schüler (an der Longe, wie oben) abwechselnd falsch und richtig leichttraben lassen, ihn ab und zu mit geschlossenen Augen reiten lassen und ihm den Auftrag geben, sein Gefühl zu beschreiben, ohne auf die Schulter zu blicken.
- Je nach Ausbildungsstand und Gefühl des Reiters ist es sinnvoll, den Schüler zu informieren, wann er auf dem falschen oder wann er auf dem richtigen Fuß trabt.
- Es ist wichtig, dass an dieser Stelle der Schüler lernt, sich ausschließlich taktil, mit Unterstützung des Ausbilders, zu korrigieren. Wenn er sich nur visuell korrigiert, entwickelt er kein Gefühl. (Weitere Schulungsmöglichkeiten siehe Übung 10 zum Erlernen des Leichttrabens in Kap. 6.2, S. 68 f.)

55. Schief gehendes Pferd durch zu starken Einsatz des inneren Zügels – Hinführung zum Schultervor

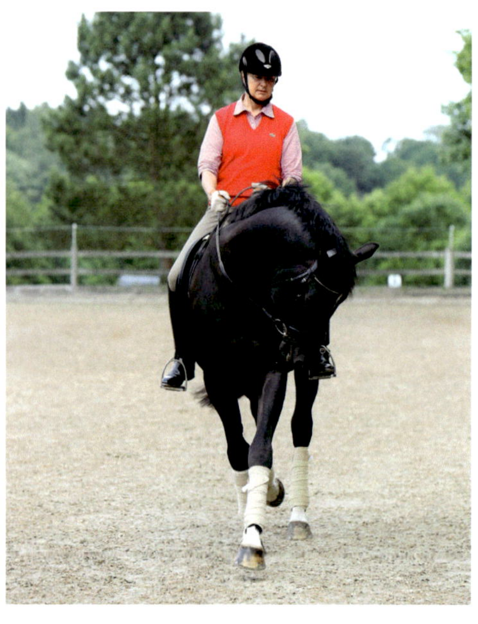

Problembeschreibung:

Das Pferd bewegt sich unter dem Reiter nicht geradegerichtet, d.h., die Spur der Hinterbeine verläuft nicht in die Spur der Vorderbeine. In den meisten Fällen weicht das Pferd mit der Hinterhand der Geraderichtung nach innen aus und geht so, von vorne oder hinten betrachtet, auf zwei Hufschlägen.

Die Korrektur des Reiters sieht vielfach so aus, dass er das Pferd vermehrt am inneren Zügel reitet, in der Annahme, dass damit die Geraderichtung verbessert wird. Doch leider wird das Gegenteil bewirkt, das Pferd nimmt die Hinterhand noch mehr herein.

Die Reiterin zieht am inneren Zügel, das Pferd kommt „auf den Kopf". Die Hinterhand weicht nach innen aus, das Pferd wird schief.

Lösungsvorschlag:

Nach der Ursachenanalyse durch den Ausbilder bespricht dieser mit dem Schüler die Hilfengebung. In diesem Fall muss der Reiter, anstelle der annehmenden Zügelhilfe am inneren Zügel, der Diagonalen mehr Beachtung schenken. Gemeint sind innerer Schenkel und äußerer Zügel, die gleichzeitig in Verbindung stehen bzw. treiben. Diese beiden Hilfen richten das Pferd in sich gerade. Hilfreich ist auch der Hinweis auf die 3:1 Hilfe – siehe Übung 79, Pferd liegt auf der inneren Hand, S. 138.

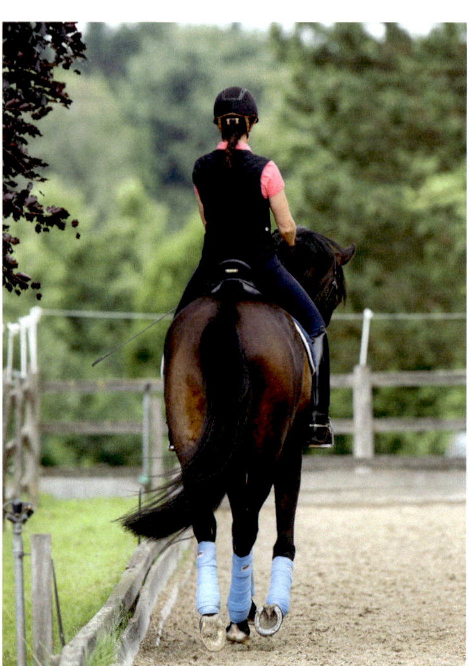

Der Schüler soll Schultervor reiten, d.h. Reiten in 1. Stellung; Schultervor bedeutet, dass das Pferd mit dem inneren Hinterbein in Richtung zwischen die Vorderbeine tritt. Die äußeren Beinpaare bleiben auf der gleichen Linie. Dadurch erhält das Pferd eine Längsbiegung mit entsprechender Stellung; das Pferd spurt schmaler. Die Vorhand wird nicht in die Bahn geführt, wie fälschlicherweise gedacht und geritten wird.

Schultervor: Das innere Hinterbein fußt in Richtung zwischen die Vorderbeine.

- Zur praktischen Umsetzung wird der Schüler aufgefordert, den Hals des Pferdes vom Widerrist aus optisch gerade zu lassen. Damit wird bezweckt, dass der Schüler den inneren Zügel weniger vorherrschen lässt.
- Der Ausbilder lässt den Schüler die Übung zunächst im Schritt ausführen, um die Technik begreiflich zu machen. Also Schultervor im Schritt an der langen Seite. Auch Kontrasterfahrungen durch Wechsel von der „alten, falschen" (mit starkem Einsatz des inneren Zügels) zur „neuen" Hilfengebung lassen den Reiter erfühlen, was er mit seinen korrekten Hilfen bewirkt.
- In Rücksprache mit dem Ausbilder wird die richtige Dosierung der Hilfen erarbeitet. Ist der Hals des Pferdes immer noch zu stark eingestellt, lässt man den Schüler das Pferd in „Außenstellung" reiten, bis er das Prinzip des „geraden Halses" gefühlt hat. Damit geht einher, dass beide Zügel in gleichmäßiger Verbindung stehen – was vorher nicht der Fall war.
- Die Übung wird dann auch im Trab und im Galopp durchgeführt.
- Eine weitere Möglichkeit zur Korrektur ist die folgende: Der Schüler soll für einen Moment beide Hände seitwärts nach innen führen (die sogenannte seitwärtsweisende Zügelhilfe), d.h. über den Mähnenkamm des Pferdes hinaus. Sind beide Zügel in gleichmäßiger Verbindung, wird das Pferd die äußere Schulter vermehrt in die Bahn nehmen, sie vor die innere Hüfte richten und somit die Geraderichtung verbessern.
- Bei dieser Übung wird die Koordination der Zügel- und Schenkelhilfen besonders deutlich: Jede Extremität des Schülers (jede/r Arm/Hand und jeder Schenkel) hat eine Funktion, die ständig zu erfüllen ist. Der innere Zügel sorgt für die Stellung, der äußere Zügel verwahrt und begrenzt die Stellung, der innere Schenkel liegt treibend am Gurt, der äußere Schenkel ist verwahrend.[44] Diese Art der Aufgabenverteilung der Reiterhilfen, dieses Prinzip, wiederholt sich permanent, weshalb das Reiten von „Schultervor", „Reiten in Stellung" und „Schulterherein" grundlegende[45] und rechtzeitig zu erlernende Lektionen sind.

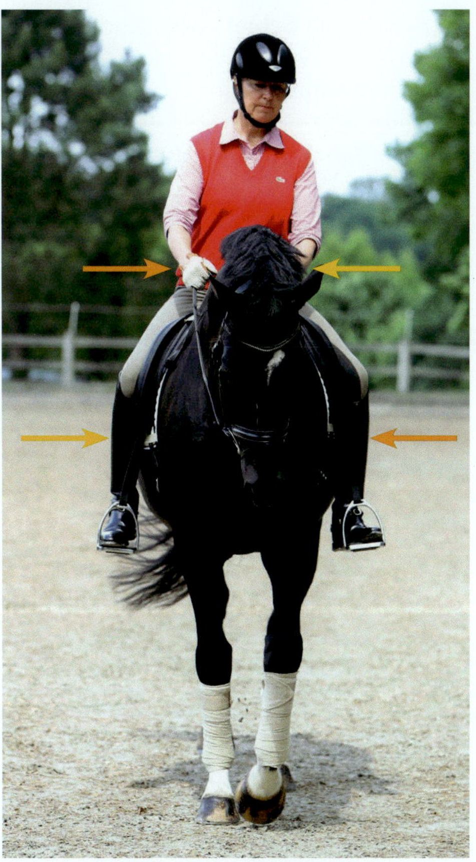

Das Pferd ist schnurgerade.
Die Reiterin setzt diagonale Hilfen ein.

44 Weitere Details Deutsche Reiterliche Vereinigung e.V. (Hrsg.) 2001

45 Schultervor, Reiten in Stellung und Schulterherein gehören zu den Seitengängen. Mehr dazu siehe Deutsche Reiterliche Vereinigung e.V. (Hrsg.) 2014, S. 172 ff.

56. Reiter fühlt Schiefe des Pferdes nicht

Problembeschreibung:

Das Pferd bewegt sich fehlerhaft auf zwei Hufschlägen (meistens im Galopp sichtbar), der Schüler fühlt es nicht. Wie muss die Korrektur durch den Ausbilder lauten?

Lösungsvorschlag:

- Der Ausbilder darf hier nicht den Fehler machen, den Schüler sofort über das schief gehende Pferd zu informieren. Er hat dann nicht die Gelegenheit, es selbst zu fühlen. Es ist wesentlich wichtiger, dem Schüler behilflich zu sein, sein eigenes Gefühl zu entwickeln. Hierzu befragt der Ausbilder seinen Schüler nach seinem Gefühl im Galopp an der langen Seite. Fühlt der Schüler die Schiefe, befragt er ihn über die nun notwendige Hilfengebung. (Erziehung/Ausbildung zur Selbstständigkeit – handlungsorientiertes Lernen – siehe Kap. 2.5)
- Fühlt er die Schiefe nicht, weiß der Ausbilder, dass er an der Entwicklung des Gefühls mit dem Schüler arbeiten muss. In diesem Fall muss die Korrektur über visuelle Kontrolle (Spiegel, wenn in der Halle geritten wird, oder Video), über Kontrasterfahrung (geradegerichtet und auf zwei Hufschlägen gehend) und/oder über taktile und verbale Korrektur in Gesprächsform mit dem Ausbilder erfolgen (vgl. Kap. 4.9).
- Im Einzelnen sollte so vorgegangen werden, wenn der Schüler die Schiefe nicht fühlen kann:
- Schüler reitet Galopp an der langen Seite, Pferd geht schief. Ausbilder: Wie ist dein Gefühl? Schüler: gut! A.: Schau dich mal um und überzeuge dich selbst. Reite dein Pferd jetzt mal bewusst wechselseitig gerade und schief und fühle dabei ganz bewusst.
- A.: Jetzt reitest du noch einmal Galopp, versuchst dein Pferd im leichten Schultervor zu reiten und sagst mir dabei, ob es gerade oder schief ist.
- Ist es noch schief, wird die Hilfengebung besprochen (siehe Übung 55, S. 116 f.). Im gemeinsamen Gespräch (Rückmeldung) mit dem Ausbilder wird das Gefühl für die Geraderichtung mit dieser Vorgehensweise nach und nach entwickelt.

57. Reiter kann nicht gleichmäßige Verbindung halten

Problembeschreibung:

Der Reiter hat Probleme, ein gleichmäßiges Zügelgewicht in den Händen bzw. eine konstante Anlehnung zu halten.

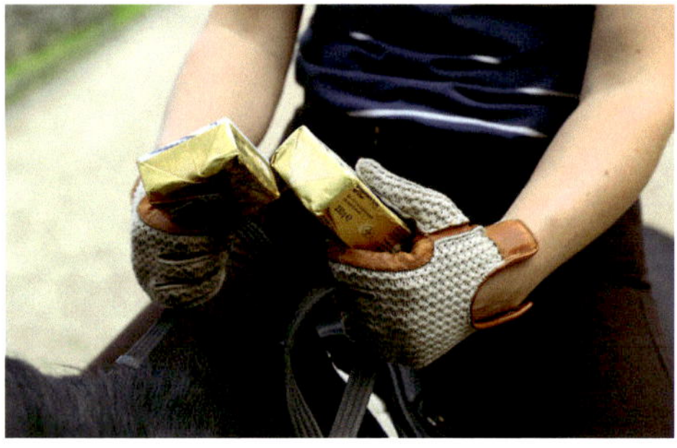

Beim Wort genommen: Die Reiterin hält in jeder Hand ein halbes Pfund Butter.

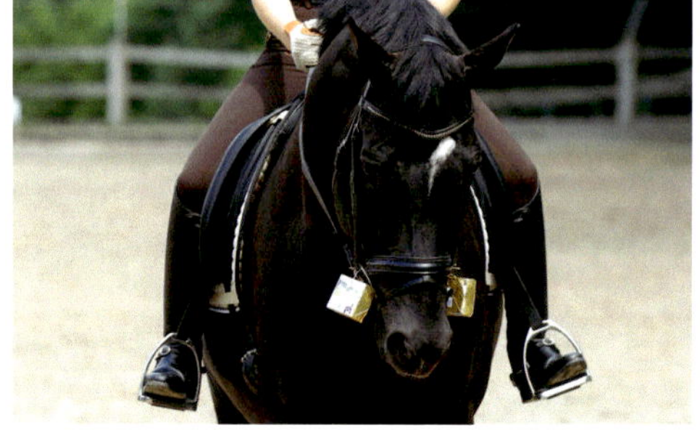

Hier kann die Reiterin das „Buttergewicht" fühlen.

Lösungsvorschlag:

1. Den Schüler auffordern, beidseitig so viel Gewicht in die Hand zu nehmen, als wenn man ein halbes Pfund Butter in der linken und rechten Hand halten würde.
2. Der Ausbilder nimmt einen Strick, einen Zügel oder eine Longe und demonstriert/erarbeitet mit dem Schüler das richtige Anlehnungsgefühl (annehmen und nachgeben) inkl. Federn im Ellenbogen (siehe Übung 36, S. 97 f.). Dem Schüler deutlich machen, dass die Hände zwar optisch ganz ruhig sind, aber durch das Federn und das Mitgehen im Handgelenk/Ellenbogen die konstante Anlehnung ermöglicht wird.
   Dadurch wird der Vorstellung des Schülers vorgebeugt, dass eine ruhige Hand eine starre Hand bedeuten würde.

58. Reiter hat Anlehnungsprobleme im Schritt

Problembeschreibung:

Sobald der Reiter die hingegebenen[46] Zügel aufnimmt, wehrt sich das Pferd gegen die Hand, drückt den Rücken weg und verliert den Takt. Dies ist ein typisches Problem für den Reitanfänger in der schwierigen Phase des Erlernens der Anlehnung.

- Erschwerend kommt im Schritt hinzu, dass das Pferd eine leichte Nickbewegung macht, die die Reiterhand mitmachen muss. Dazu siehe Übung 36 (S. 97 f.) und Übung 57 (S. 118).

Lösungsvorschlag:

- Der Reiter wird aufgefordert, mit hingegebenen Zügeln das Pferd vorwärtszutreiben (mit der Wade ans Pferd heran) und dabei eine leichte Verbindung vom hingegebenen bis zum langen Zügel herzustellen.

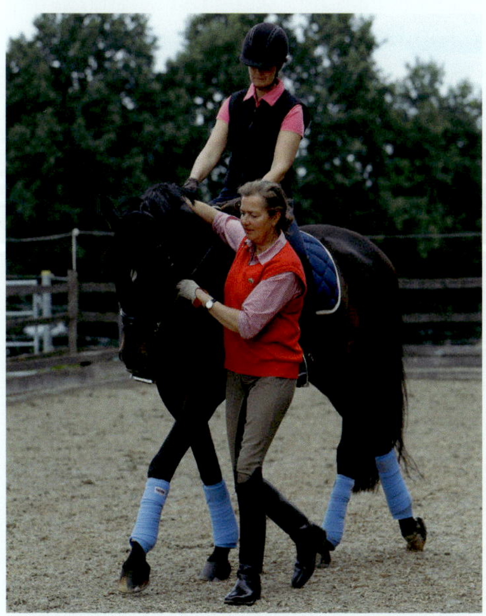
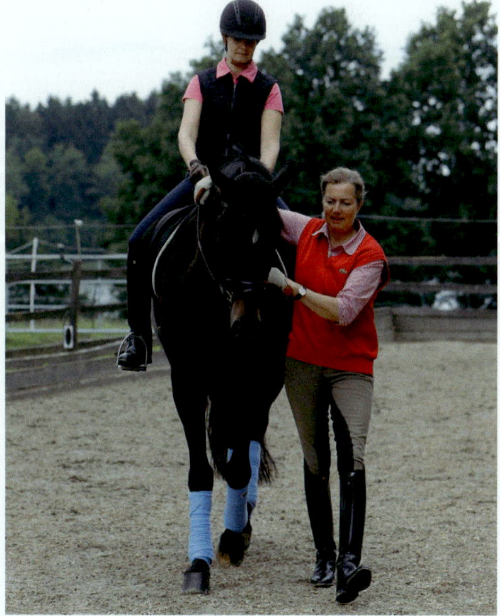

Die Ausbilderin geht im Schritt mit, übernimmt die Zügelverbindung und lässt die Schülerin dann nachfühlen.

46 Zur Erinnerung: Mit hingegebenen Zügeln hat der Reiter keinerlei Verbindung zum Pferdemaul. Reiten am langen Zügel bedeutet, dass eine leichte, konstante Verbindung zum Maul besteht.

- Wehrt sich das Pferd in dieser Phase, begleitet der Ausbilder von unten. Er hält entweder die Zügel von unten oder er greift mit einer Hand über den Mähnenkamm und übernimmt die Zügel anstelle des Reiters. So wird die nötige Verbindung hergestellt, die der Reiter dann nachfühlen und schließlich übernehmen kann.
- Es ist darauf zu achten, dass der Schenkel erst treiben muss, bevor die Hand kommt. Die treibende Hilfe kommt vor der verhaltenen.
- Wird das Reiten am langen Zügel erreicht, kann das Pferd den Rücken aufwölben und lernen, ans Gebiss heranzutreten.

59. Reiter schafft es nicht, das Pferd im Übergang von der Hand zu bekommen

Problembeschreibung:

Der Reiter reitet einen typischen Übergang vom Trab zum Schritt. Jedes Mal stützt sich das Pferd auf den Zügel und wird vorhandlastig.

Lösungsvorschlag:

Ursächlich ist in der Regel die unkorrekt ausgeführte halbe Parade des Reiters[47], die häufig auf eine zu lang andauernde Handeinwirkung des Reiters zurückzuführen ist.

- Der Schüler muss differenziert erfahren, welche seiner Hilfen im Übergang falsch dosiert sind. In der Regel ist die treibende zu niedrig und die verhaltene (Zügelhilfe) zu lang oder sogar zu stark.
- Hilfreich ist, vor der eigentlichen Parade vermehrt Kontakt mit der Wade aufzunehmen und zur Parade selbst dann die Wade zu schließen. Der Schüler muss hierzu aufgefordert werden, mit der Wade im Übergang kurze treibende Impulse zu geben. Diese Aufgabe kann, wenn die treibende Schenkelhilfe nicht effektiv ist, zum einen mit einem Gerteneinsatz kombiniert werden, indem das Pferd auf der Kruppe mehrmals hintereinander leicht und gefühlvoll touchiert wird (siehe Foto S. 60 zur Übung 3). Der Schüler soll lernen, welche Reaktion die treibende Hilfe beim Pferd auslöst.
  Zum anderen kann der Ausbilder den Gerteneinsatz mit dem gleichen Ziel von unten durchführen.
- Im Übergang lässt man den Reiter die beidseitig annehmende Zügelhilfe (mit sofortiger, nachgebender Hilfe) zeitlich sehr kurz ausführen, um dem Pferd keine Chance des Stützens zu geben. Die Hilfe gibt man eher zweimal oder mehrmals kurz hintereinander als einmal zu lang. Sonst bekommt das Pferd das sogenannte „Fünfte Bein", auf dem es sich abstützen kann.
- Die Stärke der korrigierenden Hilfe ist abhängig vom Gegenhalten des Pferdes im Maul. Stützt sich das Pferd sehr stark, darf die korrigierende Hilfe für einen Moment auch sehr stark sein und wird dann wieder feiner. Es gilt der Grundsatz, dass starke Hilfen nur kurzfristig gegeben werden dürfen, dann aber sofort wieder zu feinen Hilfen übergegangen werden muss.

47 Zum Erlernen der halben Parade siehe Übung 1, S. 57 f.

60. Übergang Schritt – Galopp gelingt nur über Trab

Problembeschreibung:
Der Übergang vom Schritt zum Galopp gelingt dem Reiter nur über Trabtritte. Er ist zu aktiv (gibt zu viel Impuls, wodurch das Pferd wegeilt), die Hilfen sind überdosiert. Das Pferd fällt auseinander.

Lösungsvorschlag:
- Da die Hilfe des Reiters zu stark nach vorne geht, wird das Pferd schnell und flach und erhält keinen Impuls zum Angaloppieren, sondern nur ein „Nach vorne" bzw. „Werde schneller"! Der Reiter wird zu zwei Dingen aufgefordert:
  1. Wenn du angaloppieren willst, versuche die treibende Hilfe nur aus der inneren Wade bzw. dem Fußgelenk zu geben. Der innere Schenkel gibt das Kommando am Gurt (der äußere liegt verwahrend), die Hilfe soll nicht aus dem Oberkörper kommen. Das bedeutet: Reduzierung der Hilfenstärke.
  Hinweis: Zum Angaloppieren gehören auch die Gewichtshilfen. Da der Reiter diese aber zu stark eingesetzt hat, wird an diese Stelle der Schwerpunkt auf die Schenkelhilfe gelegt und die Gewichtshilfe vorübergehend außer Acht gelassen.
  2. Im Moment des Angaloppierens reitest du so, als würdest du anhalten wollen. Das Pferd soll verstehen, es soll parieren. Reagiert das Pferd darauf und kommt zurück, gibst du die Hilfe zum Angaloppieren.

61. Ganze Parade an einem Punkt aus dem Trab/Galopp misslingt

Problembeschreibung:
Hat der Schüler Schwierigkeiten, an einem festgelegten Punkt zu halten, ist er in der Anwendung der ganzen Parade noch nicht sensibel genug.

1. Lösungsvorschlag – aus dem Trab:
- Kurzes, häufiges Üben der ganzen Parade aus dem Schritt ohne festgelegten Punkt, dabei Wiederholung und Bewusstmachung der Hilfengebung.
- Mehrmaliges Halten aus dem Trab an beliebigen Stellen, bis es fließend und problemlos erfolgt. Der Schüler soll herausfinden, wie viel Vorbereitung er benötigt, um zum Halten zu kommen bzw. wann er mit der Parade beginnen muss, um an einem bestimmten Punkt zum Halten zu kommen.
- Zielübung: Halten an einem festgelegten Punkt.

2. Lösungsvorschlag – aus dem Galopp:
- Der Übungsablauf ist vergleichbar mit der Übung aus dem Trab, aber dadurch schwieriger, dass ein Galoppsprung des Pferdes wesentlich größer ist als ein Trabtritt. Die Vorbereitung zum Halten an einem bestimmten Punkt muss dementsprechend geübt werden. Voraussetzung ist allerdings, dass sich das Pferd so weit versammeln lässt und vor der Parade zurückkommt. Es ist nicht umsonst eine Lektion ab Klasse L – Kandare.
- Galoppsprünge zählen (5, 4, 3, 2, 1), daraus Schritt
- Die letzten drei Sprünge vor der Parade zum Schritt zählen und herausfinden, wie lange und wie viele Meter Pferd und Reiter benötigen.
- Die gleiche Übung mit Übergang zum Halten an beliebigen Stellen.
- Am vorgegebenen Punkt anhalten. Rhythmisches Zählen beibehalten.

62. Hinterhandwendung misslingt

Problembeschreibung:

Die Hinterhandwendung ist eine komplexe Lektion, weil die Hilfen schon sehr fein und gezielt aufeinander abgestimmt werden müssen. Zur Einführung der Hinterhandwendung siehe Übung. 26 aus Kap. 6.2.

Der Schüler hat häufig damit Schwierigkeiten, in der Wendung das „ganze" Pferd zu beherrschen. Es gelingt ihm nicht, die Biegung des Pferdes bis zum Ende durchzuhalten oder die Wendung auf einem kleinen Bogen mit einem aktiv tretenden Hinterbein zu reiten.

Lösungsvorschlag:

1. Wenn der Reiter noch kein Gefühl für die Hinterhandwendung besitzt, empfiehlt sich die Übung 26 aus Kap. 6.2 „Einführung zur Hinterhandwendung".
2. Wenn das Pferd mit den Hinterbeinen dreht, anstatt zu treten, lässt man den Schüler die Wendung auf einem relativ großen Bogen reiten, damit das Pferd erst einmal wieder aktiv tritt bzw. abfußt.

- Dabei wird die Hilfengebung des Reiters besprochen, insbesondere die Schenkelhilfe. Der Reiter muss lernen, die Hinterbeine des Pferdes durch wechselseitiges Treiben aufzufordern, d.h. mit dem linken Schenkel das linke Hinterbein und mit dem rechten Schenkel das rechte Hinterbein. Das innere Hinterbein muss grundsätzlich etwas stärker aufgefordert werden, weil es sich auf einem kleineren Kreis zu bewegen hat.
- Das Treiben mit den Schenkeln muss in dem Moment erfolgen, in dem das jeweilige Hinterbein abfußen wird. Für diese Hilfe kann der Ausbilder den Schüler mit einem „Jetzt" akustisch unterstützen, wenn es der Schüler selbst noch nicht fühlt. Anschließend lässt man ihn wieder alleine fühlen, damit er zukünftig selbst die Hilfe geben kann.

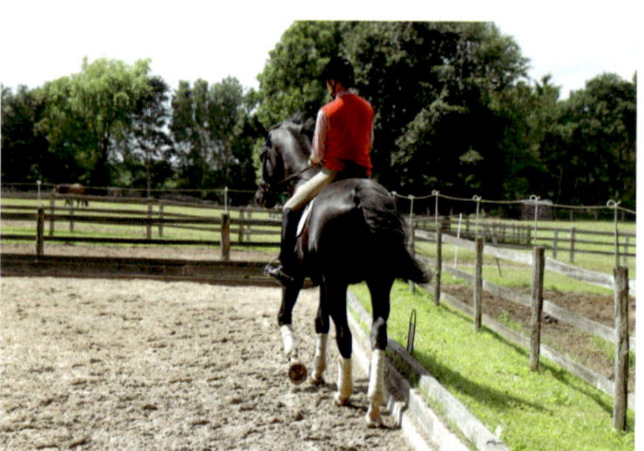

Hinterhandwendung korrekt mit Einleitung im Schultervor

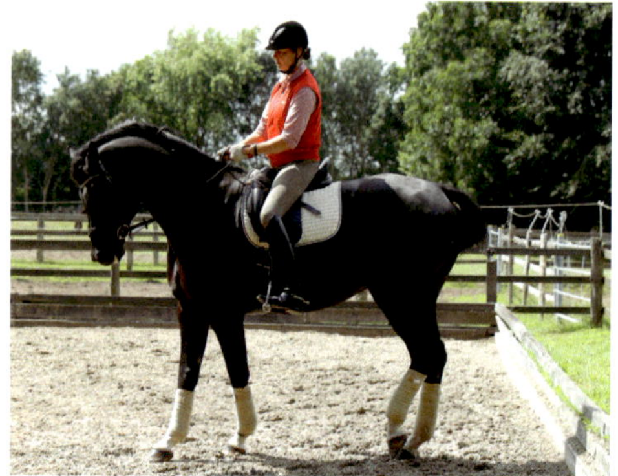

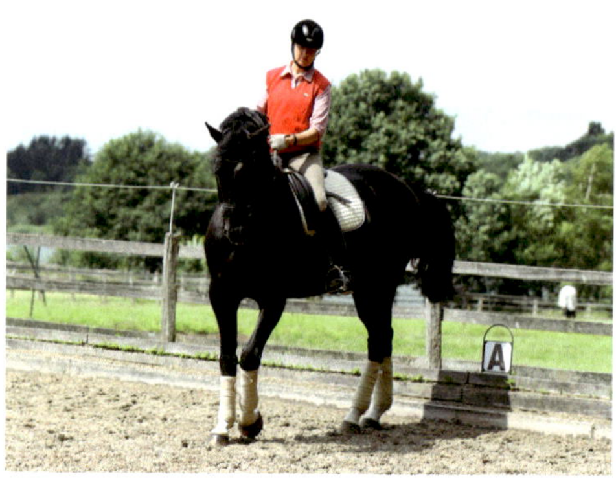

Hinterhandwendung korrekt

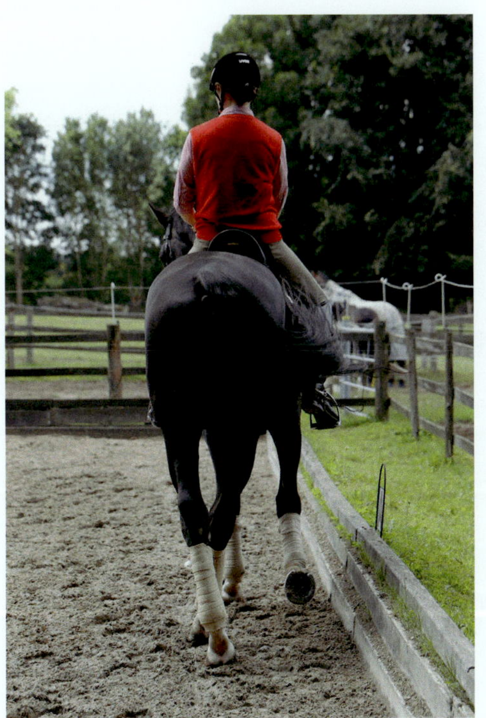

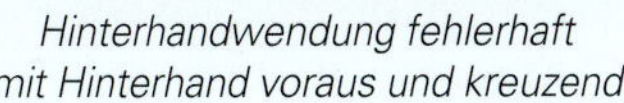

Hinterhandwendung fehlerhaft mit Hinterhand voraus und kreuzend

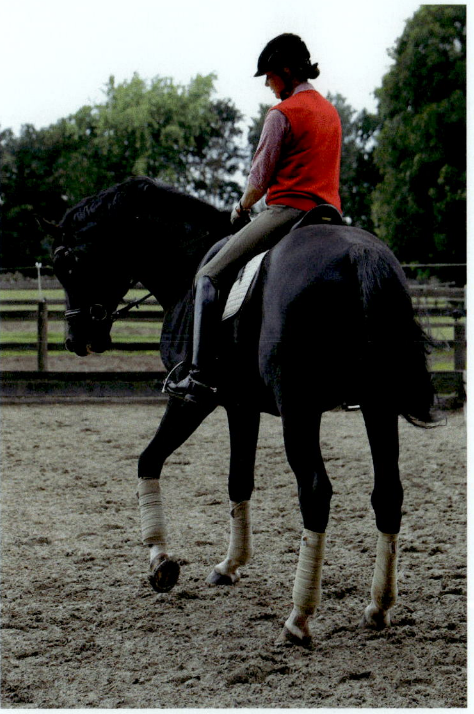

Hinterhandwendung fehlerhaft – Reiterin sitzt nach außen

- Gelingt die Übung auf einem größeren Bogen, wird er nach und nach verkleinert, bis er die gewünschte Größe erreicht hat.

3. Wenn die Ursache die mangelnde Biegung ist bzw. der Erhalt der Biegung bis zum Ende der Lektion, lässt man den Schüler Schrittvolten im Travers reiten.[48] Kennt der Schüler Travers noch nicht, lässt man ihn Volten mit der Hinterhand voraus reiten. Die Größe der Volte ist dabei unerheblich, wichtig ist die Kontrolle der Hinterhand während des Bewegungsvollzugs.

- Damit der Schüler ein Bewegungsgefühl entwickeln kann, soll er die Volten nur so lange reiten, wie er noch eine Kontrolle über die Hinterhand hat. Er beginnt z.B. mit einer Viertel-, erweitert dann zu einer halben und schließt mit einer ganzen Volte ab.
- Die Übungsreihenfolge wird durch das jeweilige Gelingen der Vorübung bestimmt. Klappt die Vorübung, wird der nächste Schritt vollzogen. Klappt sie noch nicht, wird wiederholt oder einen Schritt zurückgegangen.
- Hat der Schüler ein Gefühl für die Traversvolte entwickelt, wird die Hinterhandwendung oder Kurzkehrtwendung erneut geübt. Der Ausbilder fordert den Schüler auf, die Wendung im Schultervor einzuleiten, damit das Pferd die Hinterhand auf dem Hufschlag lässt. Nach der Einleitung soll er dann mit einem „Traversgefühl" die Wendung durchführen. So erhält der Reiter die Kontrolle über die Hinterhand.[49]

48 Diese Übung ist besonders sinnvoll, wenn sie auf der Zwangseite des Pferdes durchgeführt wird – vgl. Übung 97, S. 152 f.

49 Der fortgeschrittene Reiter kann das Pferd auch über leichte einseitige, annehmende und nachgebende Zügelhilfen unterstützen, die das jeweilige Hinterbein aktivieren.

63. Halten – Gruß – Reiter ist aufgeregt, Pferd steht nicht still

Problembeschreibung:

Die Aufgeregtheit des Reiters überträgt sich auf das Pferd, das deswegen nicht stehen bleibt.

Lösungsvorschlag:

Ziel muss es sein, dass der Reiter im Moment der Grußaufstellung Ruhe bewahrt, damit diese sich auf sein Pferd übertragen kann. Dazu folgender Vorschlag:

- Der Reiter sollte das Einreiten und die Grußaufstellung häufig üben, damit er Routine bekommt. Dann weiß er, mit welchem Verhalten des Pferdes er zu rechnen und wie er darauf zu reagieren hat.
- Die Grußaufstellung selbst soll in aller Ruhe ablaufen, damit sich Pferd und Reiter daran gewöhnen. Ganz wichtig ist ein gleichmäßig ruhiger Atemrhythmus. Zur Übung bleibt der Reiter eine längere Zeit als üblich stehen.
- Zum Gruß selbst nimmt der Reiter die Zügel in die linke Hand und lässt seine rechte Hand hinter dem Oberschenkel hängen. Für das Pferd muss das zukünftig bedeuten, dass es still zu stehen hat. Der Kopf wird erst dann zum Gruß gesenkt, wenn die rechte Hand hinter dem Oberschenkel hängt, sodass ein Nacheinander (erst der Arm und dann der Kopf nickend) entsteht. Nacheinander sieht souveräner aus![50] Bei den männlichen Reitern wird erst die Kopfbedeckung in die Hand genommen, dann der rechte Arm hinter den Oberschenkel fallen gelassen und dann die Nickbewegung des Kopfes vollzogen.
- Durch häufiges Wiederholen und auch durch längeres Stehen, länger als in der Prüfung, nimmt man Reiter und Pferd die Nervosität und schult zugleich die Gewöhnung an ein gelassenes Halten und eine korrekte Grußaufstellung.[51]

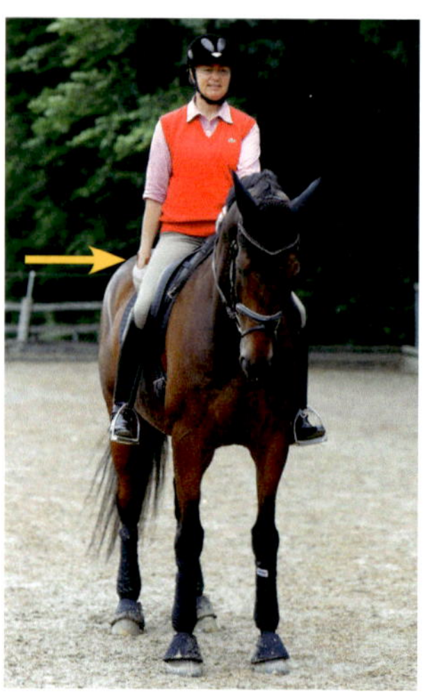

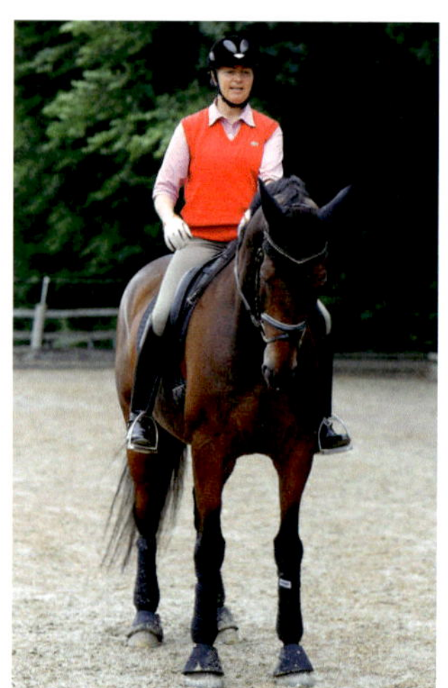

Zur Grußaufstellung wird erst der Arm hinter den Oberschenkel genommen ...

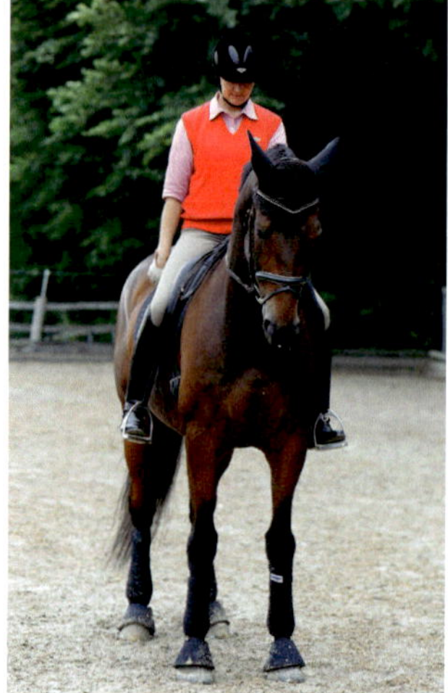

... und dann folgt das Senken des Kopfes zum Gruß.

50 In der hippologischen Literatur findet sich keine einheitliche Beschreibung für den Ablauf des Grußes, daher hier mein persönlicher Vorschlag.

51 Beim Anreiten nach dem Gruß muss das Pferd konsequent erfahren, dass es nicht unvorbereitet zum Antreten aufgefordert wird.

64. Atmungsstörungen des Reiters

Problembeschreibung:
Es gibt Reiter, die verausgaben sich psychisch so sehr, dass sie in Atemnot geraten.

Lösungsvorschlag:
- Vorrangiges Ziel muss sein, dass der Reiter in keinen psychischen Stress gerät.
- Ist ein Reiter dennoch im psychischen Stress, hat dies Atemnot zur Folge. Das Gesicht des Reiters verrät Panik und Angst, die Augen weiten sich häufig. Als Ausbilder kann man den Schülern helfen, indem man mit ihnen kleine Aus-Atemübungen macht. Die bieten sich insbesondere im Schritt an, weil der Schritt langsam und schwunglos ist und somit vertrauenerweckender.
- Der Ausbilder muss das Bewusstsein auf die Atmung lenken. Es bieten sich Atemübungen an, mit z.B. Einatmen über zwei Schritte und Ausatmen über vier bis sechs Schritte (das ist abhängig vom Alter des Reiters und von der Schrittgröße des Pferdes).
- Gespräche mit dem Reiter wirken ablenkend und beruhigend.
- Der Ausbilder sollte dem Schüler eine leichte Aufgabe stellen, die von Erfolg gekrönt ist und wieder Vertrauen schafft (Anforderungen herunterschrauben!).

65. Reiter verspannt sich aus Ängstlichkeit

Problembeschreibung:
Haben wir es mit einem ängstlichen Reiter zu tun, müssen wir das sehr ernst nehmen. Ohne Vertrauen ist kein Lernen möglich und Reiten schon gar nicht, weil das Pferd als „unbekanntes Wesen" noch hinzukommt.

Lösungsvorschlag:
Am Anfang des Ausbildungsweges des Reiters stehen „Vertrauen und Angstfreiheit" (vgl. Kap. 3.1.2). Entstehen dennoch Angstsituationen, muss ihnen große Beachtung geschenkt werden. Denn nur in entspannter Atmosphäre ist Lernen möglich.
- Die Ursache der Angst ist festzustellen und zu beseitigen.
- Der Ausbilder findet heraus, ob er den Schüler vielleicht überfordert hat, und sollte sich an den Vermittlungsprinzipien orientieren (vgl. Kap. 4 – z.B. den Schüler abholen, wo er steht.).
- Die Anforderungen an den Schüler werden zurückgeschraubt.
- Das evtl. schreckeneinjagende Pferd sollte z.B. über Longenarbeit wieder zur Losgelassenheit gebracht werden.
- Es muss alles getan werden, um wieder eine vertrauensvolle Atmosphäre herzustellen.

66. Der Reiter hat Angst, über Cavaletti zu traben

Problembeschreibung:
Der Reiter verkrampft sich bei dem Anblick von mehreren Cavaletti. Das Pferd beherrscht diese Übung bereits.

Lösungsvorschlag:
- Übungen mit Hindernissen sind immer einfacher für die Methodik, weil durch dieses Medium viele verschiedene Aufbaumöglichkeiten und damit viele verschiedene Wege

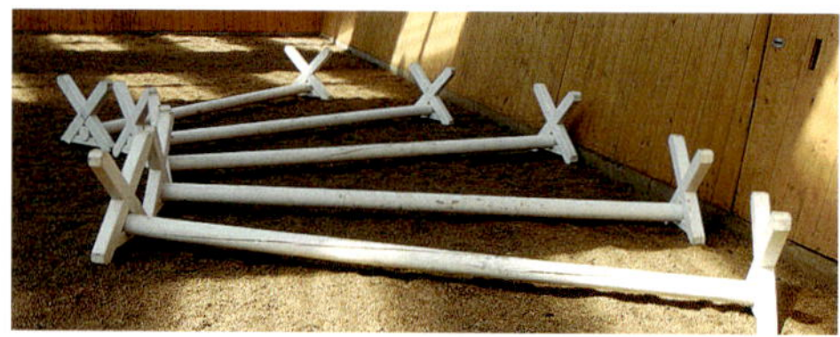

Cavaletti auf gebogener Linie in gefächerter Aufstellung an der Bande

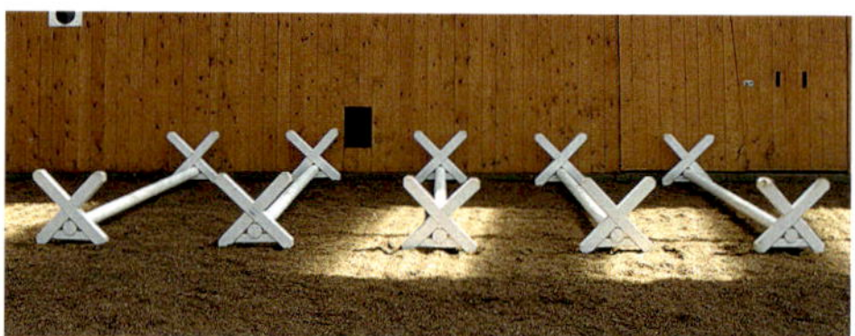

Cavaletti auf gerader Linie an der Bande

zur Verfügung stehen. In diesem Fall beginnt man, je nach Können und Vertrauen des Schülers, mit einem oder zwei Cavaletti im Trab. Selbstverständlich kann zur ersten Gewöhnung einmal im Schritt darüber geritten werden; weil die Pferde einen unterschiedlichen Raumgriff im Schritt haben, empfiehlt sich eine gefächerte Aufstellung.[52]

- Je nach Gelingen und Vertrauen des Reiters werden ein oder zwei weitere Cavaletti hinzugenommen.
- Die Übung wird häufig wiederholt, evtl. auch an der Longe, um der Angst entgegenzuwirken.
- Wichtig ist hier, dass der Schüler nicht überfordert, sondern nur dazu aufgefordert wird, das zu tun, was er selbst auch wirklich will und sich zutraut.

67. Und zum Abschluss: Einwirkungsübungen (Sitzübungen) an der Longe

Problembeschreibung:

„Sitzübungen" werden in der Regel ungern angenommen. Wenn die Schüler dieses Wort vernehmen, geben sie ihrem Unmut freien Lauf. Das liegt meines Erachtens daran, dass die Sitzübungen die Reiter in eine Form pressen, anstatt mit ihnen gemeinsam an ihren Einwirkungen zu arbeiten.[53] Betrachtet der Ausbilder die Sitzübungen als Verbesserung der Einwirkungen des Schülers, wird die Akzeptanz um ein Vielfaches größer sein.

Lösungsvorschlag:

- Für die praktische Umsetzung gibt es folgende Tricks: Der Ausbilder arbeitet am Gefühl, an den Einwirkungen und an der Balance der Schüler.
- Dazu stellt der Ausbilder verschiedene Aufgaben, z.B. „Versuche im Schritt, Trab oder Galopp freihändig zu reiten."[54] Oder „Versuche ohne den Gebrauch der Zügel zu parieren" oder „Versuche einen Wechsel zwischen rundem Rücken und Hohlkreuz durchzuführen". Es werden also Methoden gewählt, die den Schüler zum Vollzug auffordern, ihn motivieren und aus ihm nicht nur eine Marionette des Ausbilders machen („Hände aufrecht, Absatz tief").

Auch wenn es eine Wiederholung ist: An dieser Übung zeigt sich besonders die Anwendung des handlungsorientierten Unterrichts: Sitzübungen an der Longe machen nur Sinn, wenn der Reiter zum Handeln, d.h. zum Fühlen, zum Selbst-Tätigwerden, aufgefordert wird. Der Schüler hat dann auch Spaß an der Übung; die Motivation des Schülers ist umso höher, das Ergebnis ebenfalls!

52 Die gefächerte Aufstellung empfiehlt sich für die Übungen an der Longe, sonst ist die Übung auf gerader Linie, evtl. noch mit Bandenanlehnung, zunächst einmal leichter als auf gebogener Linie.
53 Vgl. Kap. 4.6
54 von Dietze/von Neumann-Cosel: Balance in der Bewegung, 1 + 2, DVD-Videos. Warendorf

6.3.2 Wiederkehrende, typische Probleme des Pferdes

Das vorangegangene Kapitel 6.3.1 beschäftigt sich mit Problemen, die in erster Linie der Reiter aufgrund falsch verstandener oder falsch praktizierter Einwirkungen verursacht. Die angebotenen Übungsschritte geben Lernerleichterungen zur Lösung der Schwierigkeiten aus Sicht des Reiters.

In diesem Abschnitt werden Hilfestellungen gegeben, die bei Schwierigkeiten in Verbindung mit dem Pferd nutzbringend sind. Die angeführten Probleme sind aufgrund praktischer Beobachtungen zusammengetragen. Sie treten alltäglich auf und jeder, der mit der Ausbildung des Pferdes zu tun hat, wird sich hier wiederfinden.

Die Ursachen dieser Probleme sind häufig zweiseitig. Zum einen kann die fehlende oder noch nicht abgeschlossene Ausbildung des Pferdes (das Pferd kann es noch nicht oder hat es falsch gelernt), zum anderen die fehlerhafte Einwirkung des Reiters ursächlich sein. Wenn es um reiterliche Problematiken geht, werden nur dann Lösungswege dargeboten, wenn sie nicht im vorangegangenen Kapitel bearbeitet wurden. Gewisse Überschneidungen lassen sich aufgrund der engen Verwobenheit von Reiter/Pferd nicht vermeiden. Die Ursachen der auftretenden Probleme werden herausgefunden, analysiert und Lösungen angeboten.

Zu jeder angeführten Übung gibt es, wie in Kap. 6.2 ff., eine kurze Beschreibung (Problembeschreibung), die die Ursache der Problematik darlegt, sowie einen (oder mehrere) Lösungsvorschlag (Lösungsvorschläge). Auch hier gelten generell die Kriterien aus den Richtlinien inkl. die Skalen der Ausbildung als Voraussetzung!

68. Pferd tritt nicht ans Gebiss

Problembeschreibung:
Das Pferd lässt es weder im Halten noch in der Bewegung zu, dass der Reiter eine stete und weiche Verbindung zum Pferdemaul hat. Es entzieht sich der Anlehnung und verhindert somit eine gezielte Einwirkung.
Der Reiter treibt und sollte das Ergebnis des Treibens in der Hand derart spüren, dass das Gebiss sich etwas schwerer anfühlt. Tritt das Pferd aber nicht an das Gebiss heran, wird die Verbindung zum Pferdemaul eher loser als stet, weil das Pferd versucht, der Verbindung auszuweichen.

Lösungsvorschlag:
Wichtig: Dem Schüler sollte es speziell für diese Übung erlaubt sein, die Hände dort hinzustellen, wo eine Verbindung zum Pferdemaul erreicht wird. Dazu werden die Hände etwas breiter und tiefer getragen als sonst üblich.
Das Gefühl in der Reiterhand sollte so beschrieben werden, dass das Pferd sich in der Hand etwas schwerer bzw. angenehm schwerer anfühlt. So, als wenn der Reiter direkt das Maul spürt.

- Demonstration im Halten. Der Ausbilder stellt sich neben das Pferd und hält die Zügel anstelle des Reiters, um eine Verbindung zum Pferdemaul herzustellen. Der Reiter ist aufgefordert, mit der Wade/dem Schenkel eine Verbindung zum Pferdeleib herzustellen.

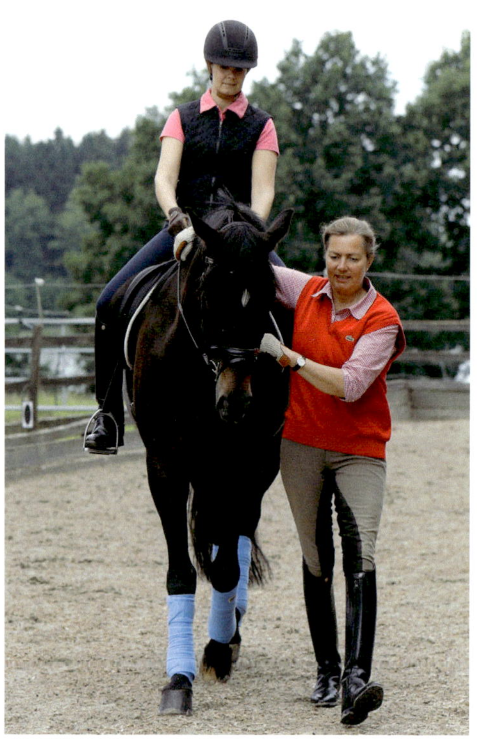

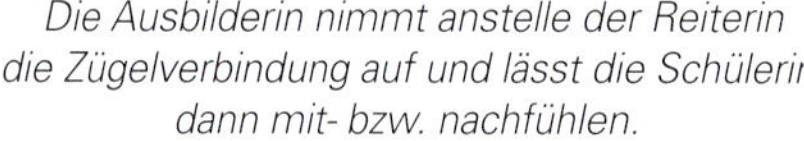

Die Ausbilderin nimmt anstelle der Reiterin die Zügelverbindung auf und lässt die Schülerin dann mit- bzw. nachfühlen.

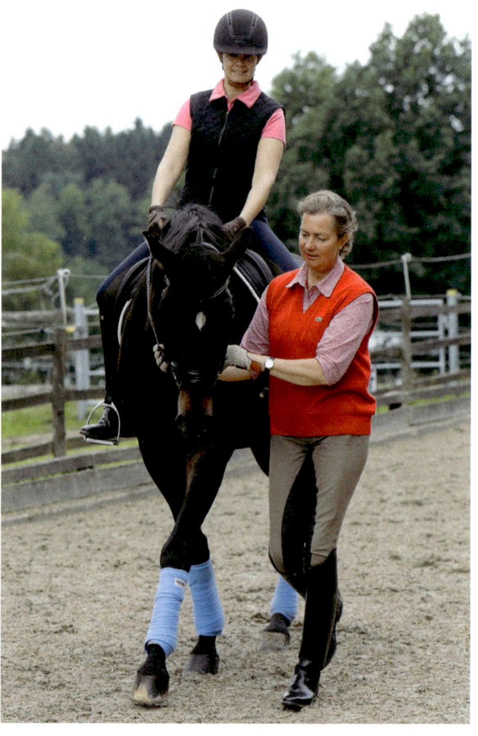

Ausbilderin begleitet Pferd im Schritt und fühlt/kontrolliert die Verbindung kurz hinter den Trensenringen. Gemeinsam mit der Schülerin wird die konstante Verbindung erarbeitet.

- Im Halten. Reiter nimmt Zügelverbindung auf und „treibt" (hält Kontakt) fühlend mit der Wade. Er soll erfühlen, wie sich durch unterschiedlich treibende Schenkelhilfe das Pferdemaul verändert. Der Ausbilder kontrolliert die Zügelverbindung kurz vor dem Trensenring, damit die Verbindung nicht verloren geht.[55]
- Der Ausbilder begleitet Pferd und Reiter nun im Schritt und bleibt mit den Händen an den Zügeln. Der Reiter soll weiterhin leicht treiben (Kontakt mit der Wade behalten) und dabei eine dauernde, stete Verbindung zum Pferdemaul erarbeiten.
- Der Reiter versucht es im Schritt ohne Ausbilderbegleitung.
- Wiederholung in den nächsten Stunden und versuchen, im Trab und Galopp das Gefühl herauszuarbeiten.

69. Pferd verliert den Schritt-Takt, wenn der Zügel aufgenommen wird

Problembeschreibung:

Das Pferd hat erstens nicht gelernt, ans Gebiss heranzutreten. Dazu siehe Übung 68. Zweitens hat es nicht gelernt, dass es den Takt halten muss, wenn der Reiter den hingegebenen Zügel aufnimmt und eine Verbindung zum Pferdemaul aufbauen will. Es verliert den Takt und/oder die Vorwärtstendenz. Beides ist problembehaftet.

55 Vgl. Übung 58, S. 119

Lösungsvorschlag:

- Als Erstes muss das Pferd lernen, wie in Übung 68 besprochen, ans Gebiss heranzutreten.
- Verliert es dabei den Takt, sollte der Reiter mit folgenden Hilfen beginnen: Die Anlehnungshilfen, die Verbindung von Reiterhand zum Pferdemaul, sollten sehr dezent und dosiert gegeben werden, d.h., der Reiter stellt zwar eine konstante Verbindung her, darf aber dabei nur ganz wenig Gewicht in die Hand nehmen. Ist die Verbindung zu stark, wird das Pferd sofort wieder in das alte Problem verfallen.
- Der Reiter beginnt im Schritt das Pferd am langen Zügel zu reiten und eine leichte Verbindung zum Pferdemaul herzustellen. Das Pferd muss „überlistet" werden, d.h., der Reiter baut unmerklich eine Verbindung auf. Der Reiter benötigt eine gewisse Routine, damit es ihm gelingt, eine dauernde, leichte Verbindung aufrechtzuerhalten. Mit „dauernd" ist gemeint, dass er auch dann die Verbindung zum Pferdemaul beibehält, wenn das Pferd hinter oder über den Zügel kommt. Das Pferd wird ziemlich schnell lernen, dass es der weichen Hand des Reiters nicht auszuweichen braucht und dass es die Hand akzeptieren kann. Auf keinen Fall darf der Reiter die Verbindung aufgeben, wenn das Pferd den Takt verliert. Denn so lernt es nicht, das Gebiss auch im Vorwärts zu akzeptieren.
- Im nächsten Schritt achtet der Reiter darauf, dass er das Verhältnis von Treiben und Annehmen richtig (etwa 80:20, vgl. Übung 3) dosiert, indem er grundsätzlich um ein Vielfaches mehr treibt als annimmt. Das Pferd muss dabei immer im Vorwärts bleiben und der Reiter starken Schritt reiten wollen. Der Schwerpunkt liegt in diesem Schritt in der Erhaltung des Taktes[56] unter fortwährender Anlehnung.
- Gelingt die Übung im Schritt, bieten sich die o.a. Schritte im Trab und/oder im Galopp an.

70. Pferd reagiert nicht auf die Hilfen

Problembeschreibung:

Das Pferd muss zügig auf die Hilfen des Reiters reagieren, damit feines Reiten ermöglicht wird. Das gehört zum Einmaleins des Reitens: Treibt der Reiter, muss das Pferd reagieren. Es kommt aber häufig vor, dass das Pferd wenig auf die Reiterhilfen reagiert oder sogar abgestumpft ist. Aufgabe des Reiters ist es, das Pferd in dieser Hinsicht wieder zu sensibilisieren.

Lösungsvorschlag:
Dazu ein Beispiel:

- Der Reiter will antraben, legt beide Waden ans Pferd an und gibt einen Impuls.
- Das Pferd akzeptiert die feinen Hilfen zum Antraben nicht, der Reiter gibt stärkere Hilfen. Der Sporn kommt zum vermehrten Einsatz.
- Genügt auch diese Hilfe nicht, muss dem Pferd freundlich „Guten Tag" gesagt werden. Dies kann in einer energischen Hilfe aus den Unterschenkeln heraus geschehen, die mit einer kurzen Ausholbewegung und einem Nach-außen-Drehen des Fußgelenks ausgeführt wird. Danach wird sofort wieder die feine Hilfe eingesetzt.[57]
- Reagiert das Pferd auch auf diese Ausholbewegung nicht, wird sie so lange wiederholt, mit gleichzeitiger Unterstützung durch die Gerte (evtl. mit Ausbilderhilfe), bis der ge-

56 Gemäß der Skala der Ausbildung ist der Takt der 1. Punkt in der Systematik der Ausbildung. Wenn der Takt nicht stimmt, können auch Losgelassenheit und Anlehnung nicht korrekt ausgebildet werden.

57 Vgl. Deutsche Reiterliche Vereinigung e.V. (Hrsg.), Richtlinien für Reiten und Fahren, 2014, S. 88

wünschte Erfolg eingetreten ist. Nach der korrekten Reaktion des Pferdes wird sofort wieder auf feine Hilfen „umgeschaltet".

- Auf keinen Fall darf die fehlende Reaktion des Pferdes mit einem energischen und unruhigen Einsatz von Oberkörper und Hand erfolgen. Dies wäre der falsche und sinnlose Weg. Das Pferd kann nur über die korrekten (vorwärts)-treibenden Hilfen sensibilisiert werden.

71. Pferd klemmt gegen den inneren Schenkel

Problembeschreibung:

Wenn das Pferd nicht auf die Schenkelhilfen reagiert, siehe Übung 70 oben.
Reagiert es nicht auf den inneren Schenkel, ist es also nicht nachgiebig auf die inneren Hilfen des Reiters, kann nachfolgender Vorschlag helfen.

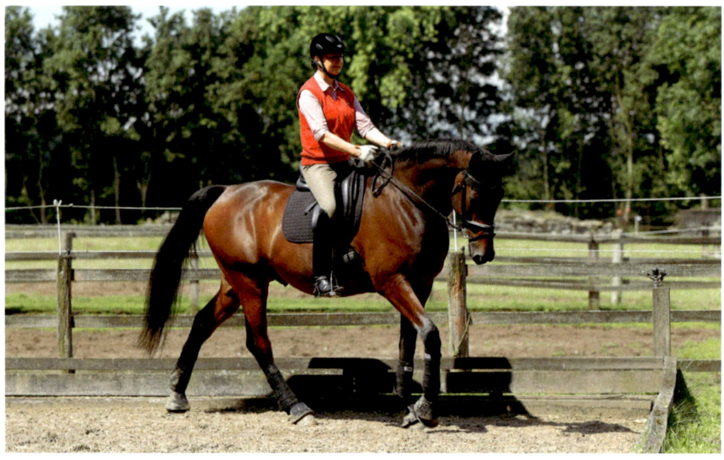

Hier ist das Pferd nachgiebig am inneren Schenkel und zeigt Längsbiegung.

Lösungsvorschlag:

- Das Pferd muss lernen, sowohl am inneren Zügel als auch, wie in diesem Fall, am inneren Schenkel nachgiebig zu sein, d.h., es muss in der „Mittelhand", in der Rippe, nachgeben. Es muss lernen, auf die treibende Schenkelhilfe nach vorwärts und auf die seitwärtstreibende nach seitwärts zu reagieren.
- Dazu wird das Pferd, wenn es nicht reagiert, energisch mit dem inneren Schenkel aufgefordert. Unterstützend kann die Gerte eingesetzt werden, genügt dies auch nicht, kann der Ausbilder von unten mit Gerte oder Peitsche das Pferd wieder aufmerksam machen. Dieser Einsatz ist nur für einen Augenblick sinnvoll, bis das Pferd wieder sensibilisiert ist. Eine dauernde starke Gerten- oder Peitschenhilfe stumpft das Pferd nur ab und macht es gegen zukünftigen Gerteneinsatz unempfindlicher.
- Wenn das Pferd gegen die Schenkelhilfe klemmt, kann es hilfreich sein, entweder ein paar Schritte Schenkelweichen mit impulsartigem Einsatz des inneren, seitwärtstreibenden Schenkels auszuführen oder insgesamt die Längsbiegung wieder zu verbessern. Verbesserte Biegung zieht Durchlässigkeit und damit auch Nachgiebigkeit in der Rippe nach sich.[58]

58 Zum Thema Längsbiegung vgl. Übung 101, S. 157

72. Pferd hält in der Stellung gegen

Problembeschreibung:

Das Pferd kann oder will sich nicht in der Ganasche stellen. Es reagiert mit einem starren Maul und Genick, wenn der Reiter den inneren Zügel annimmt.

Lösungsvorschlag:

Das Pferd muss lernen, nachgiebig auf die annehmende Zügelhilfe zu reagieren. Der Reiter muss lernen, in der Stellung nachzugeben.

- Im Halten den Mähnenkamm des Pferdes „umklappen" lassen, d.h., das Pferd in etwas tieferer Einstellung im Wechsel nach links und rechts zu stellen.[59] Schafft der Reiter dies nicht alleine, unterstützt der Ausbilder. Er stellt sich vor das Pferd, greift beide Trensenringe und führt das Pferd sanft von der einen zur anderen Seite in die Stellung (ohne zu riegeln!).

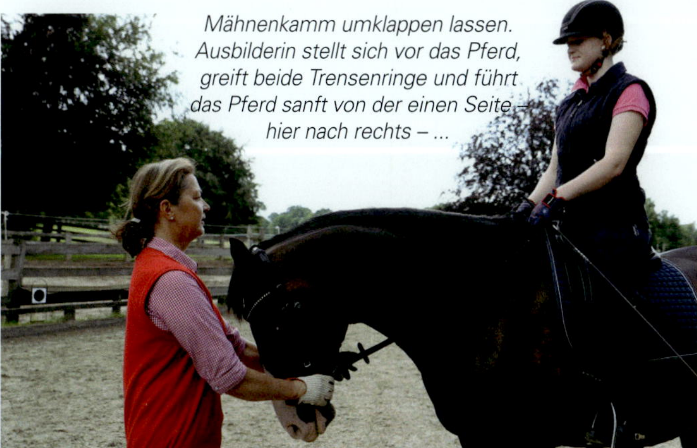

Mähnenkamm umklappen lassen. Ausbilderin stellt sich vor das Pferd, greift beide Trensenringe und führt das Pferd sanft von der einen Seite – hier nach rechts – ...

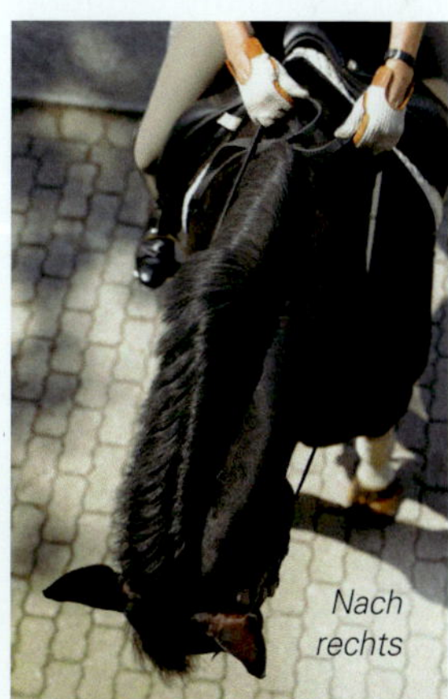

Nach rechts

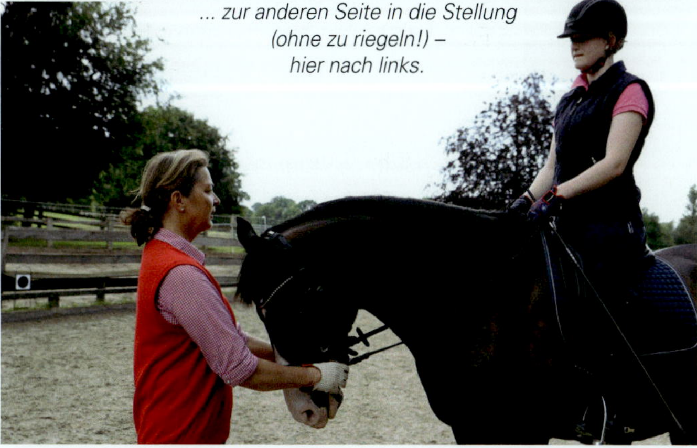

... zur anderen Seite in die Stellung (ohne zu riegeln!) – hier nach links.

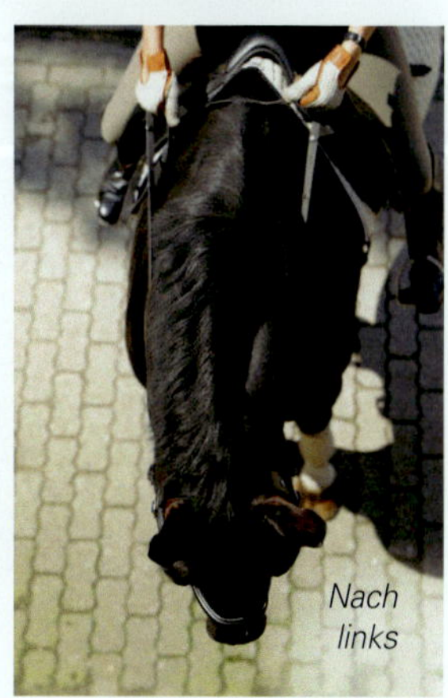

Nach links

Hiermit wird bereits die Nachgiebigkeit auf die inneren Hilfen verbessert, der Mähnenkamm kann nur kippen, wenn das Pferd losgelassen ist.

59 Ist das Pferd zu hoch eingestellt, ist das Umklappen des Mähnenkamms nicht sichtbar.

- Wichtig ist, dass das Umstellen nicht ausschließlich mit den Zügelhilfen ausgeführt wird. Auch für diese simple Übung müssen die Hilfen des Reiters koordinativ wirken, insbesondere die treibenden Hilfen. Sie werden extrem dosiert eingesetzt. Im Halten begleitet der Reiter sein Pferd durch seine Gewichtshilfe (im Schwerpunkt sitzen) und durch seine treibende Schenkelhilfe (Kontakt zum Pferdeleib halten; atmender Schenkel).
- Gelingt die Übung im Halten, wird im Schritt versucht, auf gebogener Linie das Pferd stellen zu können. Mit mehreren Handwechseln wird die Stellbarkeit auf beiden Händen überprüft.
- Den nächsten Schwerpunkt bildet das anschließende Loslassen-Können des Zügels, ohne dass das Pferd die Stellung aufgibt. Mit Loslassen ist nicht ein Wegwerfen gemeint, sondern ein deutliches Leichtwerden zur Überprüfung der korrekten Stellung. Reitfachlich wird damit die Nachgiebigkeit auf die inneren Hilfen überprüft[60], wie auch das einhändige Überstreichen.

73. Fehlerhafte Stellung in der Halsmitte

Problembeschreibung:

Pferd stellt sich nicht in der Ganasche, sondern in der Mitte des Halses ab. Ursache ist mangelnde Ausbildung des Pferdes und/oder nicht ganz korrekte Zügelhilfe des Reiters. Das Zusammenspiel von verwahrender zu annehmend nachgebender innerer Zügelhilfe ist nicht koordiniert.

Lösungsvorschlag:

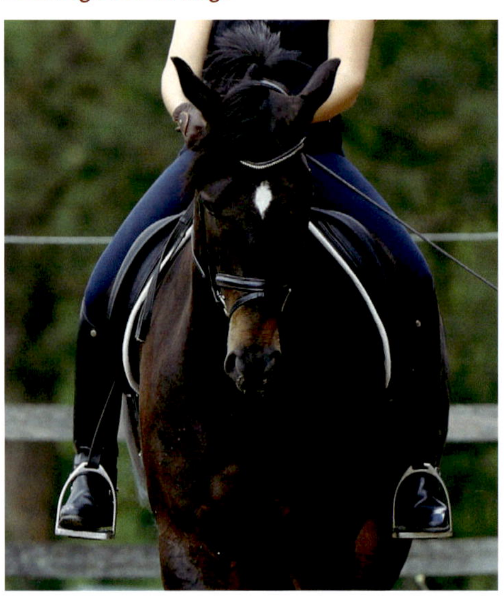

- Im Halten Mähnenkamm mithilfe des Reitlehrers umkippen lassen, zunächst Demonstration[61]. Der Schüler soll erkennen, dass der Hals des Pferdes optisch gerade bleibt[62], obgleich er eine geringfügige Biegung aufweist.
- Eigenrealisation des Schülers. Schwerpunkt bildet das Zusammenspiel von innerem und äußerem Zügel[63]. Der Schüler muss erfühlen, wie sehr innere und äußere Hilfe zusammenwirken. Beide Hilfen müssen aufeinander abgestimmt sein. Der äußere Zügel muss so weit nachgegeben werden, wie der innere verkürzt bzw. angenommen wird. Beides aber mit so wenig Gewicht wie möglich.[64]

Korrekte Stellung des Pferdes in der Ganasche

60 Zur vertiefenden Lektüre werden die Richtlinien für Reiten und Fahren. Band 1 (2014) empfohlen, speziell der Abschnitt über Stellen und Biegen, S. 148 ff.
61 Siehe Übung 72, S. 150 ff.
62 Reitfachlich ist nur der Hals geringfügig gebogen, die übrige Längsachse (Wirbelbrücke) des Pferdes ist nicht an der Stellung beteiligt, sie bleibt in sich gerade (vgl. Deutsche Reiterliche Vereinigung e.V. (Hrsg.) 2014).
63 Selbstverständlich ist der alleinige Einsatz der Zügelhilfen nur eine unvollständige Hilfe. Aber zur Demonstration der korrekten Zügelhilfen wird an dieser Stelle didaktisch reduziert und die Gewichtshilfen und die Schenkelhilfe somit nicht thematisiert.
64 Vgl. Kap. 6.1, Punkt 2, S. 56

- Kontrasterfahrungen eignen sich hier besonders zur Verdeutlichung der Hilfengebung: Im Halten lässt man den Schüler nur eine einseitige innere Zügelhilfe ausführen. Das Pferd wird den Hals nach innen nehmen und sich fälschlicherweise in der Halsmitte stellen. Durch korrekten Einsatz des äußeren Zügels und dezentem, angemessenem Einsatz des inneren Zügels kann der Schüler erfahren, wie sich die Stellung positiv in Richtung Genick verändert.
- Im Schritt auf gebogener Linie die Übung fortsetzen und versuchen, dass das Pferd im Genick die Stellung zeigt, im Hals aber in sich fast gerade bleibt.
- Versuchen, in der Stellung den inneren Zügel überzustreichen, um zu testen, ob das Pferd in der Stellung bleibt.

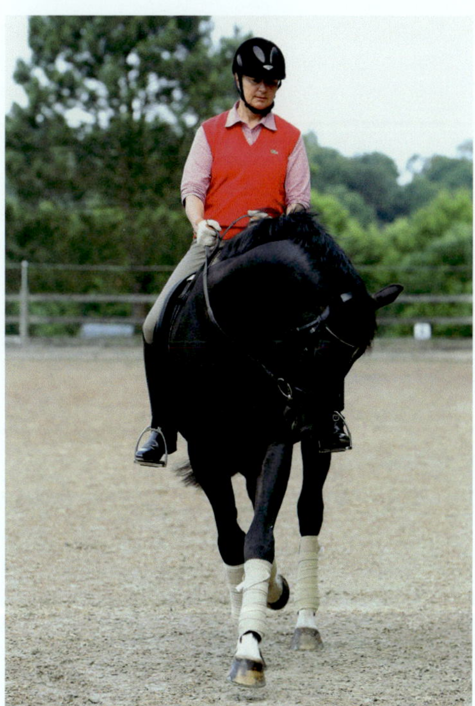

Deutlich fehlerhafte Stellung des Pferdes. Hier ist das Pferd in Halsmitte abgestellt, es kommt zu tief und auf die Hand.

74. Verwerfen im Genick

Problembeschreibung:

Es kommt vor, dass das Pferd sich verwirft bzw. im Genick verkantet. Es bedeutet, dass es sich recht lose anfühlt, man kommt nicht an das Gebiss heran; es entzieht sich. Dies ist sehr gut daran zu erkennen, dass die Ohren des Pferdes nicht mehr auf gleicher Höhe sind. Ursache ist eine fehlerhafte Anlehnung, die durch einen zu fest gehaltenen, äußeren Zügel bedingt ist. Das Pferd „hängt" sich quasi am äußeren Zügel auf und kann daher nicht an beide Zügel gleichzeitig herantreten.

Lösungsvorschlag:

Mit der Ursachenfindung ergibt sich zwangsläufig die Lösung: Das Pferd muss wieder lernen, an beide Zügel gleichmäßig heranzutreten. Das Pferd wird geradeaus gestellt, und der Reiter muss nun versuchen, mit seinen treibenden Hilfen wieder eine beidseitige Zügelverbindung herzustellen.
Grundsätzlich gilt, dass die Entstehung des Verwerfens auf die reiterliche Ausbildung zurückzuführen ist.[65]

- Demonstration im Halten. Der Reiter nimmt beide Zügel in Verbindung zum Maul und legt beide (treibt mit beiden) Waden ans Pferd. So kann er das Pferd wieder an die Hand herantreiben. Es muss sich so anfühlen, dass das Zügelgewicht in der Hand des Reiters angenehm schwer wird.

65 Diese Übung wäre daher besser im vorangegangenen Kapitel positioniert, weil es sich hier um ein reiterliches Problem handelt.

- Fortführung der Übung im Schritt. Versuchen, dass das Pferd sich wieder an die Hand dehnt. Das fühlt sich so an, als wolle das Pferd den Hals dehnen wie zum Zügel-aus-der-Hand-kauen-Lassen. Nimmt das Pferd die treibenden Schenkelhilfen nicht zufriedenstellend an, müssen diese Hilfen verstärkt werden, so lange, bis der gewünschte Erfolg eingetreten ist.
- Fortführung im Trab, das Pferd wieder in Stellung reiten und Hilfengebung beibehalten.
- Zusätzlich können auch kurze Reprisen im Schenkelweichen zu beiden Seiten angewendet werden, am besten im leichten Zickzack, d.h. Verschiebungen nach links und rechts im Wechsel. So wird auch die Akzeptanz der beidseitigen Hilfen überprüft. Durch die seitwärtstreibenden Hilfen sucht das Pferd wieder die Anlehnung an beide Zügel, die der Reiter entsprechend gestatten muss.

75. Pferd verkantet

Problembeschreibung:

Ein verkantetes Pferd gleicht einem, das sich verwirft.[66] Das im Genick verworfene Pferd fühlt sich meist recht lose an, das verkantete hält sich sehr fest und klemmt am Schenkel. Der Unterschied liegt meines Erachtens darin, dass das Pferd im Verkanten sehr fest ist, es sich stark macht und dass sich das Verkanten durch den ganzen Pferdekörper zieht, daher sieht das Pferd von oben wie ein Fragezeichen aus, indem es z.B. vorne nach links, im Körper aber nach rechts gestellt ist.

Lösungsvorschlag:

- Da das Klemmen am Schenkel die häufigste Ursache ist, gilt es, wie es Gustav Steinbrecht vermittelt hat: „Reite dein Pferd vorwärts und richte es gerade!"[67] Das Pferd muss lernen, an beide Gebissseiten heranzutreten und die vortreibende Schenkelhilfe des Reiters zu akzeptieren. Anders herum formuliert: Wenn das Pferd auf den Schenkel reagiert, kann es auch wieder ans Gebiss herantreten und dann geradegerichtet werden. Wie der Reiter dies auszuführen hat, vgl. die vorangegangenen Lösungswege zur Geraderichtung (Übung 98, S. 153), zum Herantreten ans Gebiss (Übung 68, S. 127 f.), zum Fühlen der Schiefe des Pferdes (Übung 56, S. 117 f.) etc.
- Sehr wertvoll ist in diesem Zusammenhang die sogenannte „geraderichtende Biegearbeit", als Weiterführung der geraderichtenden Arbeit. Das Pferd lernt, die Gewichts-, Zügel- und Schenkelhilfen des Reiters anzunehmen und ohne Zögern darauf zu reagieren.[68] Es lässt sich durchlässig stellen und biegen, ohne dabei die Balance und den Rhythmus zu verlieren.

76. Pferd wird eng

Problembeschreibung:

Einige Pferde haben aufgrund ihrer Anatomie[69] einen sehr kurzen Hals. Für Reiter ist es in der Regel schwieriger, diese Pferde „vor sich zu bekommen", d.h., sie mit einem gedehnten Hals ans Gebiss herantreten zu lassen.

66 Vgl. Übung 74, S. 133 f.
67 Steinbrecht 1996, S. XI
68 Vgl. Deutsche Reiterliche Vereinigung e.V. (Hrsg.) 2014
69 Anatomische Mängel können sein: kurzer Hals, zu tief angesetzter Hals, Bergab-Konstruktion im Gebäude.

Andere gehen aufgrund ihrer teilweise fehlerhaften Ausbildung mit einem zu engen Hals. Dies ist das größere Problem. Die Stirnlinie ist hinter der Senkrechten, die Nase zu dicht Richtung Brust des Pferdes, das Pferd geht eher hinter dem Zügel, sodass der Reiter keine oder zu wenig Verbindung hat – der Rücken ist fest.
Die Folgen sind mangelnde Lastaufnahme durch die Hinterhand und fehlende Aufrichtung.

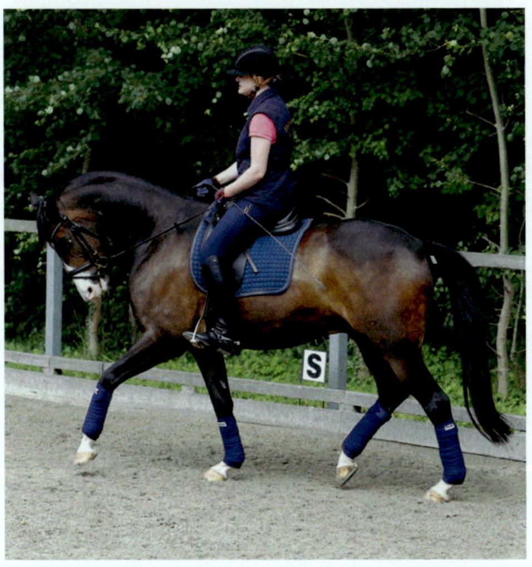

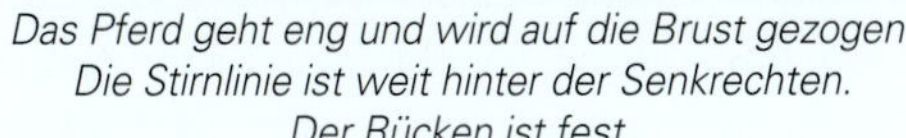

Das Pferd geht eng und wird auf die Brust gezogen. Die Stirnlinie ist weit hinter der Senkrechten. Der Rücken ist fest.

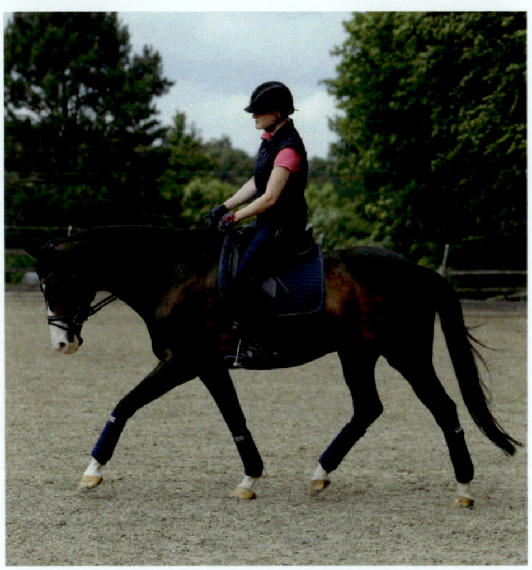

Hier dehnt sich das Pferd an die Hand heran und „möchte" den Hals fallen lassen.

1. Lösungsvorschlag:

- Geht das Pferd hinter dem Zügel, hat der Reiter keine ausreichende Verbindung zum Pferdemaul. Die muss wiederhergestellt werden, indem der Reiter versucht Zügel-aus-der-Hand-kauen-Lassen zu reiten. Das heißt, das Pferd muss lernen, sich an die Hand des Reiters heranzudehnen. Wie in Übung 10 beschrieben, muss in der Reiterhand das Gefühl entstehen, vermehrt Gewicht in die Hand zu bekommen. Der Zügel füllt sich, das „Gewicht" in der Reiterhand wird angenehm schwer. Um wieder eine Verbindung in die Reiterhand zu bekommen, muss der Schüler seine Koordination zwischen Treiben und Verwahren überprüfen. Er muss versuchen mehr zu treiben als anzunehmen, beides aber mit geringstem Kraftaufwand. Nimmt er zu viel Kraft, wird das Pferd sich sofort „in die Brust beißen", da es nicht gelernt hat, an den Zügel heranzutreten.
- Häufiger Wechsel zwischen Dehnung und kürzerer Zügel erzielen eine verbesserte Anlehnung.
- Das „Zügel-aus-der-Hand-kauen-Lassen" ist nicht das Ziel der Übung, sondern das Ziel ist das Gefühl, dass das Pferd sich dehnen möchte. Dadurch spürt der Reiter einen leichten Druck in der Hand, das Pferd möchte den Hals fallen lassen, wenn die Reiterhand vorgibt. Das ist der richtige Moment, das Pferd wieder in aufgerichteter Haltung zu reiten und das Genick als höchsten Punkt zu stabilisieren.
- Es kann aber auch sein, dass der Reiter trotz Dehnung des Pferdes sehr wenig Gewicht in der Hand fühlt. Dennoch sollte der Reiter den Zügel weiter lang lassen, um dem Pferd die Zeit zu geben, die Anlehnung zu suchen. Hauptsache das Pferd ist auf dem richtigen Weg.

2. Lösungsvorschlag:

- Wird das Pferd zu eng, weil die Hand des Reiters zu stark bzw. zu fest ist, ergibt sich die Lösung logischerweise damit, dass der Reiter zu einer weichen Handführung aufgefordert wird. Hier muss der Satz zur Geltung kommen, dass grundsätzlich mit feinfühligen Hilfen zu reiten ist.[70] Reichen diese nicht aus, darf zu stärkeren Hilfen übergegangen werden, danach müssen aber wieder feine Hilfen vorherrschen.
- Das Pferd ist entweder mit dieser harten Hand ausgebildet und hat sich deshalb daran gewöhnt oder der Reiter reitet ständig mit zu fester Verbindung, sodass er sich daran gewöhnt hat. Beides ist nicht in Ordnung und muss unbedingt abgestellt werden. Das Pferd muss wieder für feine Hilfen sensibilisiert werden. Der Ausbilder muss die Abstimmung von treibenden und verhaltenen Hilfen beim Schüler überprüfen.[71] Es kann sogar sein, dass das Genick des Pferdes korrekt im höchsten Punkt steht; die feste Hand des Reiters ist dennoch fehlerhaft, weil das Pferd zum Gegenhalten angeleitet wird, woraus eine Verspannung im Rücken resultiert.

3. Lösungsvorschlag:

- Es kann sein, dass das Pferd ans Gebiss herantritt, der Reiter es aber nicht schafft, das Pferd „vor" sich zu haben. Dann mangelt es an der Fähigkeit, das Pferd aufzurichten. Dazu siehe Kap. 6.2, Übungen 2, 3 (S. 59 f.) und 25 (S. 85 f.)

77. Maultätigkeit des Pferdes verbessern

Problembeschreibung:

Es gibt Pferde, die sind in ihrer Maultätigkeit sehr träge (man spricht auch vom „toten Maul"), d.h., dass die Ohrspeicheldrüsen nicht tätig sind, das Pferd gibt in den Ganaschen nicht nach, weshalb es dem Pferd an Durchlässigkeit mangelt. Ursachen können die Folgenden sein:

1. Das Pferd wurde mit einer zu starken Hand geritten und ist dadurch unsensibel und maulfaul oder das Gebiss wird im Maul zu viel hin- und herbewegt.
2. Die zu feste Verschnallung des Nasenriemens verhindert eine Maultätigkeit.
3. Das Pferd ist undurchlässig.

1. Lösungsvorschlag:

- Ist die Ursache eine zu starke Handeinwirkung des Reiters, muss diese abgestellt werden und der Reiter wieder zu wohldosierter Zügelhilfengebung angeleitet werden. Das Verhältnis von Treiben und Verwahren muss in die richtige Richtung gelenkt werden (s. Kap. Über den Reiter).
- Der Reiter muss lernen, dass er mit einer leichten Hand, die das Gebiss bewegt, die Maultätigkeit des Pferdes und nachhaltig damit auch die Durchlässigkeit verbessern kann.[72]
- Um das Pferd wieder an eine Maultätigkeit zu gewöhnen und ihm wieder Vertrauen zu geben, können Belohnungen gegeben werden (Zucker, Brotstücke etc.), die das Pferd zum Kauen anregen. Selbstverständlich darf der Nasenriemen hierzu nicht zu fest verschnallt sein.

70 Vgl. Deutsche Reiterliche Vereinigung e.V. (Hrsg.) 2014
71 Vgl. Kap. 6.2 Übung 2, 3 etc.
72 Vgl. Kap. 6.1, S. 56 f.

2. Lösungsvorschlag:

- Wenn das nervöse, sensible Pferd das Maul beim Kauen öffnet, ist es richtig, den Nasenriemen enger zu schnallen. Dies ist eine Unart, die durch festeres Zuschnallen die Ruhigstellung des Mauls bewirkt. Es darf aber niemals so fest zugezogen werden, dass das Pferd in der Atmung behindert wird oder Belohnungen (Zucker, Brot o.Ä.) nicht entgegennehmen kann.[73]
- Öffnet das Pferd das Maul, weil es sich der halben Parade des Reiters entziehen will, muss auch hier der Nasenriemen enger geschnallt werden. Das Pferd gibt sonst nur im Unterkiefer nach und nicht in der Ganasche. Aber auch dies darf nur insoweit geschehen, als dass die Maultätigkeit des Pferdes nicht ausgeschlossen wird. – Druck erzeugt Gegendruck, wird der Riemen zu eng geschnallt (das Reithalfter soll ein Sperren des Pferdes verhindern, die Maultätigkeit aber nicht ausschließen), ist das Pferd einem dauernden Widerstand ausgesetzt und kann weder loslassen noch durchlässig sein.

3. Lösungsvorschlag:

- Liegt die Ursache in einer mangelnden Durchlässigkeit des Pferdes, muss innerhalb der Skala der Ausbildung auf die Anfänge (Takt und Losgelassenheit) zurückgegangen werden.[74]

78. Pferd liegt ständig auf einem Zügel

Problembeschreibung:

Jedes Pferd hat eine hohle (angenehme) Seite und eine feste (unangenehme) Zwang-/Seite.[75] Dabei kann es vorkommen, dass sich das Pferd auf der schwierigeren Seite ständig abstützt, egal ob die Seite die äußere oder die innere ist.

Lösungsvorschlag:

- Der Reiter muss die treibenden Hilfen überprüfen, d.h., er muss herausfinden, ob die treibenden die verhaltenen überwiegen. Wichtig ist, dass der gleichseitige Schenkel vermehrt treibt. Liegt das Pferd auf dem rechten Zügel, muss der rechte Schenkel mehr an den linken Zügel herantreiben.
- Wenn das Pferd bspw. ständig auf dem rechten Zügel liegt, reitet man auf der rechten Hand mit der sogenannten „3:1-Hilfe", wie in der nächsten Übung erklärt wird. Ist die starke Hand außen, befindet man sich auf der linken Hand, sollte der Reiter die Zügelhilfen eine Zeit lang „vertauschen", d.h. den äußeren als inneren und den inneren als äußeren Zügel einsetzen. In unserem Beispiel wird dann der rechte Zügel der innere, und man kann dann wieder versuchen, mit der „3:1-Hilfe" das Pferd von der inneren Hand zu bekommen.
- Um allgemein das Gewicht auf dem Zügel zu verhindern, ist es sinnvoll, das Pferd abkauen zu lassen. Im Halten wird das Pferd im Genick abwechselnd nach links und nach rechts gestellt, es muss dabei den Mähnenkamm „umklappen" lassen. Ziel ist es, dass das Pferd das Gebiss besser annimmt und leicht wird (siehe Fotos, Übung 72, S. 131).

73 Vgl. Podhajsky 1965
74 Vgl. Kap. 6.3.2
75 Vgl. Übung 97, Korrektur von Zwangseite und hohler Seite, S. 152 f.

79. Pferd liegt auf der inneren Hand! – „3:1-Hilfe"

Problembeschreibung:

Wenn sich das Pferd auf die innere Hand stützt, gibt es eine gute Möglichkeit, es von der Stütze zu bekommen.

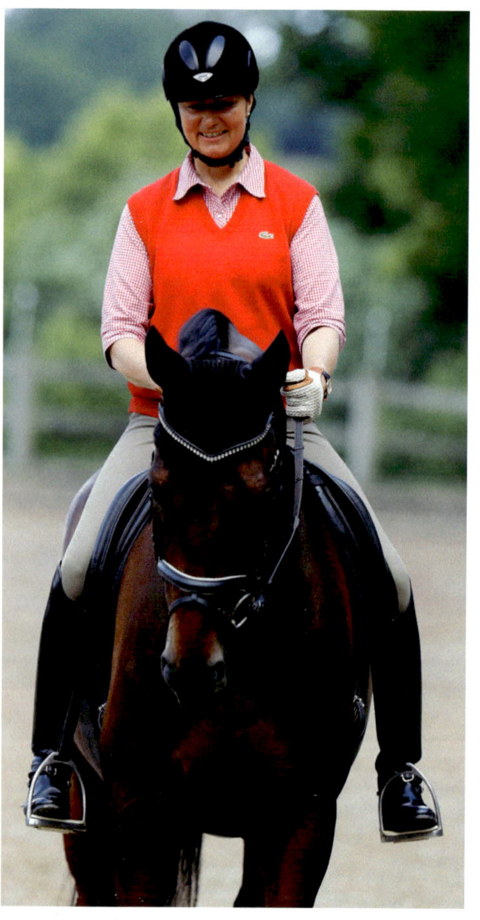

Lösungsvorschlag:

- Wenn man sich auf der rechten Hand befindet und das Pferd auf dem rechten inneren Zügel liegt, muss der Reiter die übrigen drei Schenkel- bzw. Zügelhilfen verwenden, um das Pferd von der Stütze zu bekommen. Die Gewichtshilfe klammere ich im Moment etwas aus, da sie an dieser Stelle nicht im Mittelpunkt der Einwirkungen steht.
- Die drei übrigen Hilfen haben folgende Funktion: Äußerer Schenkel und äußerer Zügel sind verwahrend, je nach Situation aktiv oder passiv, und der innere Schenkel treibt aktiv, um damit das Pferd von der Stütze am inneren Zügel zu bekommen. Der Reiter hat seine Schenkel also in „Schrittstellung", wie in Übung 4, verwahrender Schenkeleinsatz, S. 61 f. beschrieben.
- Die Kontrolle bietet das Nachgeben beider Zügel. Das Pferd muss dann die Stellung halten, die es vorher innehatte.

Einsatz der „3:1-Hilfe": Schenkel der Reiterin in Schrittstellung, äußerer Zügel verwahrend, damit sich das Pferd nicht mehr am inneren Zügel stützen kann.

80. Pferd hebt sich heraus beim Anreiten/bei Übergängen, z.B. Schritt – Galopp

Problembeschreibung:

Im Moment des Übergangs von einer niedrigeren in eine höhere Gangart hebt sich das Pferd aus der Anlehnung heraus und entzieht sich.

Lösungsvorschlag:

Ursache kann sein, dass das Pferd noch nicht absolut sicher an den Hilfen ist.

- Der Reiter sollte versuchen, im Moment des Übergangs statt einer einzigen Hilfe zum Anreiten mehrere kleine Hilfen zu geben. Das Pferd hat dann weniger Chancen, sich zu stützen. Drei kleine Zügelhilfen sind sinnvoller und effektiver als eine starke.

- Wichtig ist auch die Vorbereitung des Übergangs. Wird z.B. Schritt – Trab gewünscht, sollte der Reiter zunächst mit seiner Wade das Pferd an die Hand herantreiben, bis ein steter, weicher Kontakt gegeben ist; im Moment des Antrabens bleibt die leichte Anlehnung, sodass das Pferd in ständiger „Beobachtung" des Reiters ist. Die Wade bleibt ebenfalls beständig weiter in Fühlung zum Pferdeleib, sodass der Übergang für das Pferd nicht eine plötzliche Hilfengebung, sondern eine sich entwickelnde ist. Diese Pferde sind in der Regel so clever, dass sie jede Unachtsamkeit des Reiters ausnutzen, sich seinen Hilfen zu entziehen. Deshalb darf der Reiter das Pferd nicht aus den Augen bzw. aus den Hilfen lassen.
- Es gibt auch Pferde, die kurz vor dem Übergang gegen die Hand drücken und heftiger werden, weil sie den Übergang erahnen. Mit diesen Pferden muss man das Tempo verringern, mit Zügelhilfen das Gebiss leicht bewegen, bis sie das Stützen lassen, und dann erst den Übergang ausführen.

81. Pferd geht schlecht durchs Genick

Problembeschreibung:

Einigen Pferden fällt es schwer, durchs Genick zu gehen. Sie zeigen einen starken Widerstand, wenn man sie an den Zügel stellen will. Die Ursachen können zweierlei sein:

1. Der Reiter wirkt mit zu starker und zu fester Hand ein, wodurch die Zügelhilfen die treibenden Hilfen fälschlicherweise überwiegen. Das Pferd erfährt eine ständige Rückwärtstendenz. Das Verhältnis Treiben:Verwahren (80:20) stimmt nicht mehr.[76]
2. Das Pferd hat es falsch gelernt und ist unwillig.

1. Lösungsvorschlag:

- Im ersten Fall ist der Reiter die Ursache. Der Lösungsweg hat dann so auszusehen, dass grundsätzlich erst das Treiben verbessert wird, bevor angenommen werden kann. Z.B. muss der Reiter beim Zügelaufnehmen nach dem Zügel-aus-der-Hand-kauen-Lassen erst treiben, dann im Treiben annehmen und dann erst die Zügelhilfe einsetzen. Am wichtigsten ist aber, dass der Reiter seine starken Zügelhilfen unterlässt und wieder zu einer leichten Zügelführung übergeht.

2. Lösungsvorschlag:

- Wenn das Pferd es falsch gelernt hat, sollten die Anlehnung und die Gewöhnung daran über das Longieren mit Hilfszügeln korrigiert werden. Als Hilfszügel bieten sich eher Dreieckzügel als Ausbinder an, weil sie in diesem Fall dem Pferd mehr den Weg in die Tiefe zeigen. Bei einigen Pferden kann auch ein Martingal sinnvoll sein. Das muss ausprobiert werden.
  Häufig sind die Pferde muskulär nicht in der Lage, durchs Genick zu gehen. Sie haben zu viel Fehlmuskulatur gebildet und können die korrekte Haltung erst nach einer muskulären Umstellungsphase einnehmen. Erfahrungsgemäß dauert die muskuläre Umstellung mehrere Wochen, um es vorsichtig zu formulieren.
- Der erfahrene Reiter sollte dann versuchen, das Pferd wieder an die Hand heranzureiten, das Hinterbein in Richtung unter den Schwerpunkt zu erarbeiten und das Pferd im Sinne der klassischen Ausbildungsskala weiterzubilden.

76 Vgl. Übungen 3, 57, 58 etc.

82. Scheuendes Pferd

Problembeschreibung:

Einige Pferde haben sich angewöhnt, an bestimmten Stellen des Reitplatzes/Vierecks zu scheuen. Ursache ist in der Regel eine mangelnde Durchlässigkeit, woraus ein gewisser Ungehorsam resultiert, oder ein angeborenes, ängstliches Verhalten gegenüber Neuem und Unbekanntem.

Lösungsvorschlag:

- Neben der grundsätzlichen Verbesserung der Durchlässigkeit ist es entscheidend, das Pferd von dem „Unbekannten" wegzustellen. Scheut es in einer Ecke von der linken Hand kommend, muss es in stärkerer Abstellung nach links geritten werden. Das kurzfristig stärkere Abstellen in der Ganasche verhindert ein Ausweichen zur scheuenden Seite. Ist das Pferd stärker nach links gestellt, hat es weniger Möglichkeiten, nach rechts zu scheuen und nach links auszuweichen.

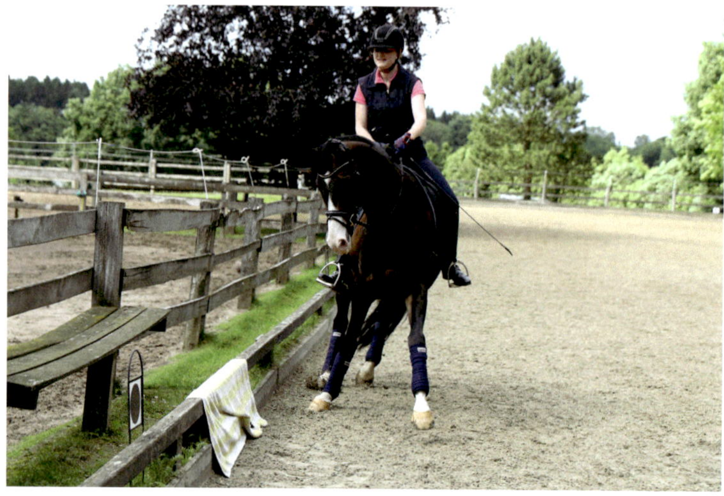

Das Pferd scheut, die Reiterin stellt es falsch zum „Objekt" hin.

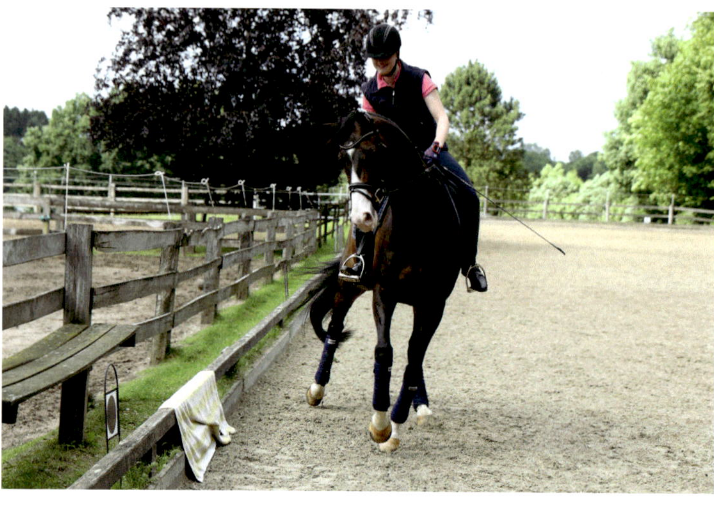

Das Pferd scheut stärker, die Reiterin wollte dem Pferd das Objekt „zeigen".

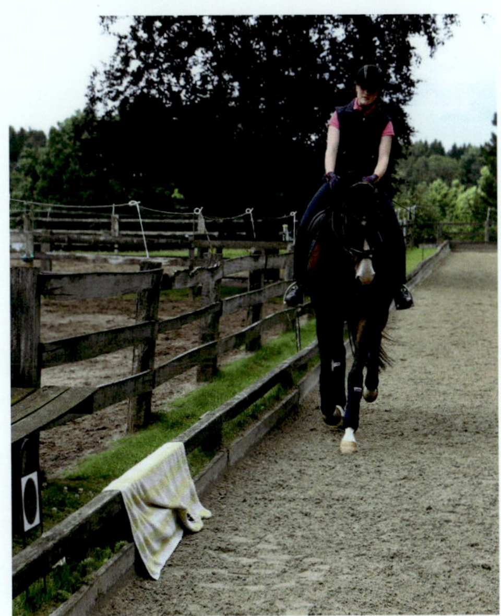
Das Pferd wird entgegengesetzt gestellt und geht willig am Objekt vorbei.

Viele Reiter machen genau das Gegenteil und wundern sich, dass das Pferd noch stärker scheut. Dieses stärkere Einstellen darf nicht mit einem stärkeren Festhalten gleichgesetzt werden. Es bedeutet lediglich, dass das Pferd in einer vom Winkel her stärkeren Abstellung geritten, aber nicht festgehalten wird. Festhalten würde weitere Fehler nach sich ziehen (fester Rücken, kein Schwingen mehr, unbequeme Sitzmöglichkeit etc.).

- Unterstützt wird das Abstellen noch vom Reiten in „Schrittstellung"[77], mit besonderer Betonung auf dem inneren Schenkel (diagonale Hilfen).
- Negativ wirkt sich auch der Reiter aus, der sich, in Erwartung der Spannung des Pferdes, selbst verspannt. Das Pferd spürt diese Verspannung sofort und nimmt sie zum Anlass, erneut zu scheuen. Hilfreich ist in diesem Fall eine ruhige, gleichmäßige Atmung, der Versuch, eine entspannte Haltung einzunehmen und auch mit den Augen eben nicht in diese Richtung zu schauen – das Auge steuert die Bewegung des Menschen.
- Auf keinen Fall darf das Pferd an der Stelle bestraft werden. Am besten ist es, das „Scheuen" zu ignorieren und das Pferd für gutes Verhalten zu loben.

83. Hektisches Pferd/träges Pferd

Problembeschreibung:

Hat der Reiter es mit einem hektischen oder trägen Pferd zu tun, wird die Kontrasterfahrung angewendet.

Lösungsvorschlag:

- Das hektische Pferd sollte gelassen, unter Tempo geritten werden. Der Reiter sollte seinen Bewegungsrhythmus in besonders hektischen Situationen des Pferdes verlangsamen. Dies bedeutet bspw. im Leichttraben „langsamer" traben, als es das Pferd vorgibt; die treibenden Hilfen müssen im ruhigeren Rhythmus gegeben werden. Je nervöser das Pferd wird, umso gelassener sollte der Reiter werden. Dadurch kann er das Tempo des Pferdes verringern. Der Reiter muss dem Pferd die Möglichkeit geben zu entspannen, indem er selbst entspannt, seine Bewegungen verlangsamt und damit den Rhythmus verzögert. Die Überspannung des Pferdes wird damit heruntergefahren.
- Mit dem trägen Pferd geschieht das Gegenteil. Hier versucht der Reiter, seinen Bewegungsrhythmus zu beschleunigen, um den Fleiß des Pferdes zu erhöhen. Schnellere Bewegungen sollen eine höhere Grundspannung beim Pferd erzeugen, aus dem heraus mehr Fleiß möglich wird.

77 Vgl. Übung 4, S. 61 f.

- Dazu ist es erlaubt, für eine kurze Phase ein höheres Tempo zu verlangen. Das Pferd wird damit aufgefordert, aktiver zu treten. Es soll Vertrauen in ein höheres Grundtempo bekommen, was eine verbesserte Balance nach sich zieht. Das Pferd wird sich schnell an das neue Tempo gewöhnen. Der Sinn liegt darin, dass das Pferd durch diesen neuen Reiz zu einem fleißigeren Treten veranlasst wird.
  Der Reiter macht sich zunutze, dass das Pferd immer bemüht ist, sich dem Rhythmus des Reiters anzupassen. Der erfahrene Reiter nutzt in diesem Fall seinen eigenen Rhythmus zur Taktunterstützung des Pferdes.

84. Nervöses, ungehorsames Pferd

Problembeschreibung:

Ein Pferd kann so nervös und unruhig sein, dass es ungehorsam wird. Es macht Andeutungen zum Buckeln oder Scheuen, ist unkonzentriert und folgt den Hilfen des Reiters nicht.

Lösungsvorschlag:

- Bei dieser Art von Pferden ist es wichtig, sie abzulenken. Vielmehr müssen sie so beschäftigt sein bzw. vom Reiter beschäftigt werden, dass ihnen keine Chance und keine Zeit bleiben, ungehorsam zu sein. Sie müssen „wegkonzentriert" werden. Dies erreicht der Reiter, indem er dem Pferd ständig kleine Aufgaben stellt: Anreiten, Parieren, Abwenden, Übertreten lassen, Seitengänge mit besonderem Augenmerk auf die Längsbiegung, Paraden (auch in der Bewegung) geben etc.
- Auf keinen Fall darf man mit dem Pferd stehen bleiben und abwarten. Die Spannung des Pferdes potenziert sich damit nur.
- Sollte die Nervosität zu groß sein und das Reiten des Pferdes risikobehaftet, muss es ablongiert werden, bis es wieder losgelassen geht. Hier sind unbedingte Konsequenz und Erfahrung gefordert.

85. Pferd wird heftig beim Angaloppieren

Problembeschreibung:

Einige Pferde werden bei der Vorbereitung zum Angaloppieren bereits so nervös, dass sie den Takt verlieren (kürzere Schritte/Tritte), gegen die Hand stoßen und in den Galopp hineinjagen wollen.

Lösungsvorschlag:

- Diese Art Pferd muss man etwas überlisten: Man tut so, als ob man durchparieren würde; will man vom Trab in Galopp reiten, denkt man dabei an einen Schrittübergang. Man pariert das Pferd quasi zurück. In dem Moment, indem es auf die Parade zurück reagiert, kommt die Aufforderung zum Angaloppieren.
- Die gleiche Vorgehensweise geschieht beim Übergang vom Schritt zum Galopp. Spürt man ein Heftigwerden des Pferdes im Moment der Hilfengebung zum Angaloppieren, pariert man das Pferd in Richtung Halten. Nimmt es die Hilfe an, wird die Hilfe zum Angaloppieren gegeben.
- Dabei muss der Reiter ruhig weiteratmen und darf nicht, von der Atmung her, den Übergang schon vorwegnehmen. Das Pferd spürt es sofort, weil mit der Atmung ein/e Muskeltonus (-spannung) einhergeht.

86. Galopp – Schritt: Pferd zackelt und ist taktunrein

Problembeschreibung:
Die Ursache der Taktunreinheit nach einem Übergang kann einerseits an einer zu harten Parade, d.h. einer zu starken und zu lang andauernden Zügeleinwirkung des Reiters, liegen, wodurch das Pferd im Moment des Übergangs auf die Hand kommt.
Andererseits kann sich das Pferd innerlich etwas aufregen, sodass aufgrund dieser mangelnden Losgelassenheit ein taktreiner Schritt nicht möglich ist.

Lösungsvorschlag:
- Ist die harte Einwirkung des Reiters die Ursache, kann mit einer korrekten halben Parade Abhilfe geschaffen werden.[78] Wichtig ist, dass das Leichtwerden nach der halben Parade schnell genug erfolgt.
- Wenn es daran liegt, dass das Pferd sich trotz einer korrekten reiterlichen Einwirkung aufregt, empfiehlt sich folgender Trick:
  Bereits im Übergang oder direkt danach fordert man das Pferd auf, leicht seitwärts in Richtung Schenkelweichen (innerer Schenkel, damit das Pferd in derselben Biegung bleiben kann) zu treten. Es werden diagonale Hilfen eingesetzt (innerer Schenkel, äußerer Zügel, leichte Gewichtsverlagerung nach innen).
- Ist der Takt immer noch unklar, reitet man weiter mit diagonalen Hilfen. Dies geschieht so lange, bis das Pferd losgelassen ist bzw. den Takt wiedergefunden hat. Je untaktmäßiger das Pferd ist, desto mehr reitet man schenkelweichartig.
- Die diagonale Hilfe zwingt das Pferd einerseits zum Takthalten, andererseits treibt der Reiter damit sein Pferd ans Gebiss heran, was wiederum einen besseren Takt nach sich zieht.
- Regt sich das Pferd sehr auf, hilft eine ruhige Atmung des Reiters mit einem besonders langen Ausatmen. Ein tiefes Ausatmen des Reiters überträgt sich positiv auf das Nervenkostüm des Pferdes.

87. Pferd fällt aus im Galopp

Problembeschreibung:
Das Pferd hat noch nicht gelernt, sich im Galopp zu setzen. Im Moment, wo der Reiter es zurücknehmen bzw. aufnehmen will, verliert es den Takt und fällt in den Trab.

Lösungsvorschlag:
- Häufig wird der Fehler gemacht, das Pferd wieder in den Galopp hineinzujagen. Damit wird das Problem aber nicht gelöst. Aufgabe muss es sein, dass das Pferd lernt, sich im Galoppieren selbst zu tragen bzw. aufzunehmen.
- Der Reiter muss, einfach gesagt, das Pferd mit halben Paraden zum „Sich-Tragen" auffordern.
  Folgende MÜR erläutert diese „einfache Übung", die wahrhaftig sehr schwierig ist:
- Der Reiter gibt im Galopp für einen Moment keine treibende Hilfe.
- Wenn das Pferd darauf reagiert, treibt der Reiter mit einem Mini-Impuls mit den Schenkeln oder besser mit der Gerte (das nur für diese Lernphase) in der Nähe des inneren Schenkels. Die Gerte ist an dieser Stelle sehr sinnvoll und sollte in diesem Ausbildungs-

78 Vgl. Übungen 1 (S. 57 f.), 3 (S. 59 f.), 59 (S. 120)

stadium des Pferdes als versammelndes Hilfsmittel eingesetzt werden (und nicht mehr als Mittel zur Vorwärtsbewegung des Pferdes). Das Pferd wird aufgefordert, das Hinterbein mehr unter den Schwerpunkt zu nehmen; es erhält durch diesen Aufwärtsimpuls einen besseren Takt.

- Der Reiter tut so, als ob er durchparieren würde. Reagiert das Pferd darauf, gibt er die treibende Unterstützung wie oben beschrieben.
- Sollte das Pferd dennoch in den Trab fallen, wird erst der Trabrhythmus wiederhergestellt und aus einem gesetzten Trab wieder angaloppiert (vgl. Übung 85, S. 142). Hier gilt wieder der Grundsatz, dass nicht unbedingt angaloppiert werden muss, sondern unbedingt ein korrekter Übergang trainiert werden muss. Der Reiter muss sein Ziel neu formulieren. Nicht die Zielübung steht im Vordergrund, sondern der Weg dorthin.
- Dieses „Sich-Setzen" im Galopp sollte mit dem unerfahrenen Pferd nur über kurze Phasen gehen, weil es das Pferd sehr anstrengt. Es empfehlen sich häufige, kleine Intervalle an mehreren Übungstagen.

88. Balanceprobleme im Arbeitsgalopp

Problembeschreibung:

Das noch wenig ausgebildete Pferd (oder das falsch ausgebildete) kann seine Balance im Galopp nicht halten. Es versucht sich an der Hand des Reiters zu stützen und/oder verliert den Rhythmus.

Lösungsvorschlag:

- Wenn die Ursache die mangelnde Balance des Reiters ist, siehe Kap. 3 ff.
- Liegt es am Pferd, muss der Reiter das Pferd zur Balance erziehen. Erste Voraussetzung ist, dass der Reiter seine eigene Balance halten kann.
- Dann muss er dem Pferd helfen, seine Balance zu finden. Der Hals des Pferdes sollte so stabil und ruhig wie möglich gehalten werden, d.h. optisch in sich gerade (er weist lediglich die erforderliche, leichte Stellung in der Ganasche auf mit geringfügiger, kaum erkennbarer Biegung). Somit wird er als „Balancierstange" genutzt. Die Aufgabe des Reiters besteht darin, ein Fehlbiegung des Halses (fälschlicherweise in Halsmitte) zu verhindern.[79]
- Im Moment des Balanceverlusts hilft ein vorsichtiges Nach-vorne-Treiben über eine oder mehrere beidseitige Schenkelhilfen. Vorsichtig insofern, als dass der Reiter darauf achten muss, dass das Pferd dabei nicht auf die Vorhand fällt, sondern weiter geschlossen galoppiert.
- Das Pferd sollte im leichten Schultervor[80] geritten werden, weil eine verbesserte Geraderichtung eine verbesserte Balance nach sich zieht.

79 Vgl. Übung 73, S. 132 f.
80 „Schultervor" meint ein schmaleres Spuren des inneren Hinterbeins. Vgl. Deutsche Reiterliche Vereinigung e.V. (Hrsg.) 2014, S. 173

89. Außengalopp durch die Ecken – Pferd springt um

Problembeschreibung:

Eine Ursache liegt meist darin begründet, dass der Reiter das Pferd im Außengalopp zu stark am neuen inneren Zügel hält (1. Ursache), d.h. zur Bande hin stellt. Das Pferd stützt sich auf den Zügel und verliert die Balance (meist über die äußere Schulter). Es kann sein, dass der Reiter außerdem nach außen sitzt (2. Ursache) und das Pferd in eine Dysbalance (aus dem Gleichgewicht) bringt. Als 3. Ursache kann das jüngere Pferd in der Lernphase der Versammlung und des Außengalopps noch in sich unbalanciert sein.

Lösungsvorschlag: 1. Ursache – zu starker innerer Zügel: [81]

- Bewusstmachung der Fehlhilfe durch den Reiter. Den Reiter erleben lassen, was mit der Balance des Pferdes passiert, wenn er es stark nach innen abstellt, und was passiert, wenn er den Hals gerader lässt bzw. den Hals sogar in Konterstellung einstellt. Diese Übung bietet sich am besten auf einer geraden Linie, z.B. an der langen Seite, an.
- Der Reiter erhält dann die Aufgabe, das Pferd mit einem fast geraden Hals (nur Stellung in der Ganasche, für den Reiter fühlt es sich aber an wie ein ganz gerader Hals) durch

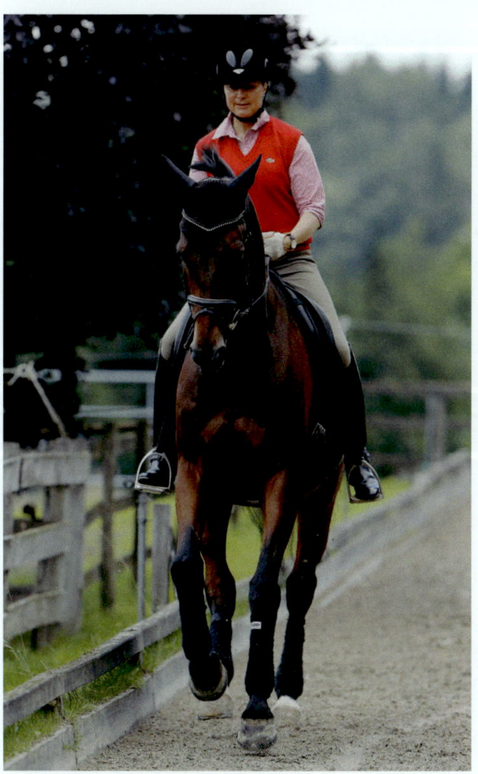

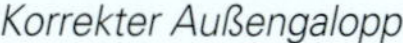

Korrekter Außengalopp

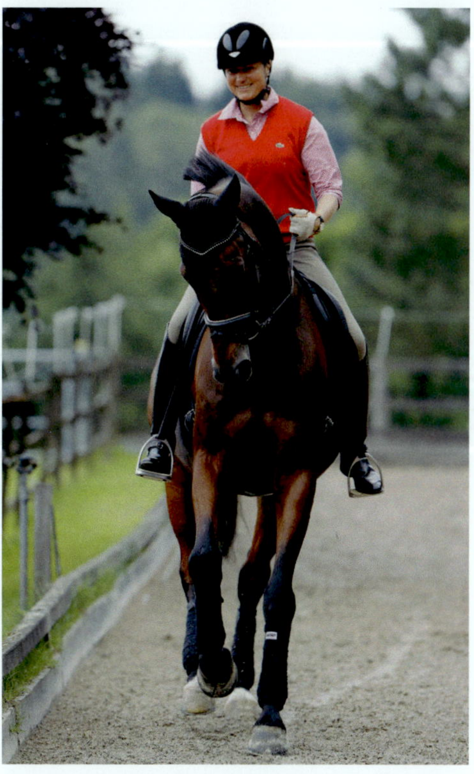

Hier wird das Pferd im Außengalopp zu stark gestellt, es knickt falsch in der Halsmitte ab, wird schief bzw. weicht mit der Hinterhand nach rechts aus.

81 Vgl. Übung 55, S. 116 f.

eine Ecke zu reiten. Zunächst nur durch eine Ecke (und diese stark abrunden) und bei Erfolg nach und nach mehrere Ecken hinzunehmen.[82] Die geradere Halsstellung zieht auch eine weichere, innere Hand nach sich.

- Als nächster Schritt wird die Betonung auf das Führen mit dem äußeren Zügel gelegt. Für das Durchreiten der Wendung ist es wesentlich, dass das Pferd am äußeren und nicht am inneren Zügel geführt wird. Der zu starke innere Zügel zieht den oben beschriebenen Fehler nach sich.

Lösungsvorschlag: 2. Ursache – falsche Gewichtsverlagerung

- Ist die Ursache eine fehlerhafte Gewichtsverlagerung des Reiters, müssen wieder Balanceübungen herangezogen werden. Zur Schulung der Gewichtshilfen siehe Übung 6, S. 63 f.

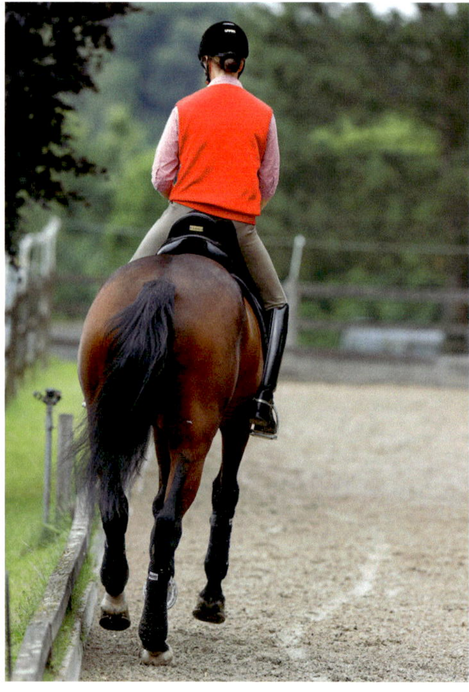

Falsche Gewichtsverlagerung der Reiterin – hier von hinten betrachtet. Sie fällt nach außen, hier nach rechts, herunter und bringt das Pferd aus der Balance.

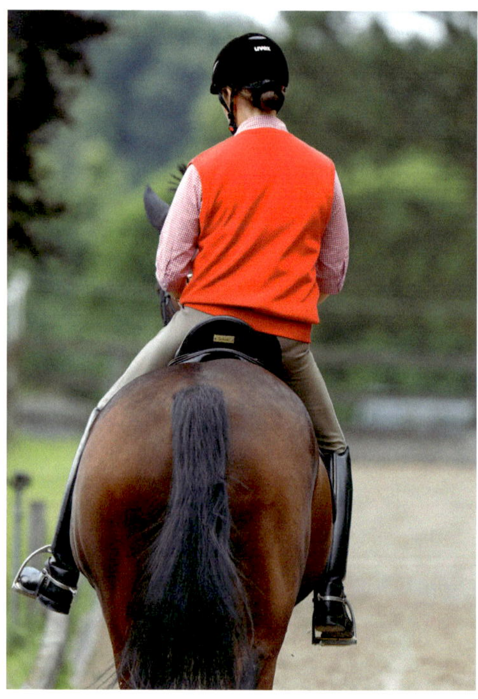

Hier die Ansicht der fehlerhaften Gewichtsverlagerung von hinten. Man kann gut erkennen, dass der Sattel nicht mehr in der Mitte liegt.

Lösungsvorschlag: 3. Ursache – Dysbalance des „jungen" Pferdes

- Ist das Pferd in der Lernphase der Versammlung bzw. des Außengalopps, kommt es vielfach zur Fehlbalance und daher zum Umspringen. Ist das Pferd bspw. im Rechtsgalopp auf der linken Hand, muss es lernen, dass es sich nicht ins Innere der Bahn ausbalanciert (es galoppiert links herum, würde sich logischerweise gerne nach links ausbalancieren), sondern zu der Seite, zu der es gestellt und gebogen ist. In diesem Fall nach rechts.

82 Statt des Durchreitens einer Ecke bietet sich auch das Reiten eines großen Mittelzirkels an. Der Reiter ist in der Gestaltung wie immer flexibel.

- Der Reiter ist jetzt als Ausbilder gefordert, durch gezielte Gewichtsverlagerung dem Pferd die nötige Unterstützung zu geben. Dies muss so lange und so deutlich erfolgen, bis das Pferd dem Reitergewicht folgt und seine Balance verbessert.[83]
- Die weiteren Übungsschritte sind wie oben (Lösungsvorschlag 1) durchzuführen. Erst an der langen Seite Außengalopp, dann durch eine Ecke und nach erfolgreichem Gelingen durch mehrere Ecken. Gelingt der nächstschwierigere Schritt nicht, wird zur leichteren Version zurückgegangen.

90. Pferd springt um bei Rückführung vom Zulegen in Arbeitsgalopp bzw. versammelten Galopp

Problembeschreibung:

In Dressurprüfungen der Klasse A muss der Reiter sein Pferd an der langen Seite aus dem Mittelgalopp in den Arbeitsgalopp zurückführen. Ab Klasse L geschieht dies aus dem Mittelgalopp zurück in den versammelten Galopp und ab Klasse M zusätzlich auf der Diagonalen, wonach in der Regel ein fliegender Galoppwechsel erfolgt.

Es kommt vor, dass das Pferd bei der Rückführung umspringt. Die Ursachen dafür liegen meistens in einer zu plötzlichen und häufig zu starken Handeinwirkung. Das Pferd erfährt einen Rückwärtsimpuls, da die treibenden Hilfen nicht mehr überwiegen, kommt auf die Vorhand, wird im Bewegungsfluss gestoppt, die Geschmeidigkeit lässt nach, sodass es sich nur noch mit dem Umspringen „retten" kann.

Lösungsvorschlag:

Der Reiter muss eine Übung erhalten, mit dem er das Pferd im Übergang von der Hand bekommen kann, und das Pferd lernt, sich im Übergang selbst zu tragen bzw. selbst tragen zu können.

- Dem Schüler bewusst machen, dass sich das Pferd gerne auf die Reiterhand stützt, wenn der Reiter sie ihm anbietet. Somit muss ihm gelingen, dem Pferd keine Stütze zu geben. Reitfachlich wird der Übergang mit einer halben Parade eingeleitet und geritten, d.h. im Zusammenwirken aller Hilfen, wobei die treibenden gegenüber den verhaltenen vorherrschen. Es bieten sich also die Schritte an, die zu Beginn des Kap. 6.2 aufgeführt sind (Übungen 1 bis 3).
- Nach der theoretischen Besprechung wird auf der „Lieblingshand" galoppiert, am besten auf einer großen, gebogenen Linie (z.B.: Mittelzirkel in Übergröße). Dadurch wird die Biegung unterstützt bzw. wird an dieser Stelle verbessert (mehr Biegung zieht mehr Geschmeidigkeit nach sich) und das Hinterbein aktiviert.
- Auf dieser Linie werden dann sanfte Tempounterschiede zwischen Arbeitsgalopp und verlängerten Sprüngen geritten. Der Schwerpunkt liegt nicht auf dem Zulegen und Abfangen, sondern auf dem Erhalt der Bergauftendenz, der Lastaufnahme durch die Hinterhand während der Rückführung. Das innere Hinterbein muss aktiv bleiben. Das gelingt, wenn der Reiter leichte, annehmende Hilfen am inneren Zügel ausführt. Natürlich keine durchhaltende oder starre Hilfe, sondern kurzes, weiches Annehmen, dass das Hinterbein zum Durchfußen auffordert und nicht zum Blockieren.
- Dabei sollten die Schenkel in deutliche Schrittstellung-Position gelegt werden (innerer Schenkel am Gurt, äußerer Schenkel hinter dem Gurt), um einerseits das Pferd gebogen

83 Vorausgesetzt die Anlehnung Reiterhand – Pferdemaul stimmt.

zu halten und andererseits durch den verwahrend liegenden Schenkel dem Pferd mitzuteilen, dass es im Galopp bleiben soll.

- Hilfreich ist die Vorstellung, bei der Rückführung zu versuchen, die Hand ohne Aufgabe der Verbindung leicht zu lassen und das Gefühl eines startenden und nicht eines abstürzenden Flugzeuges zu erhalten.
- Ist die Übung auf der einen Hand gelungen, wird die schlechtere Seite hinzugenommen.

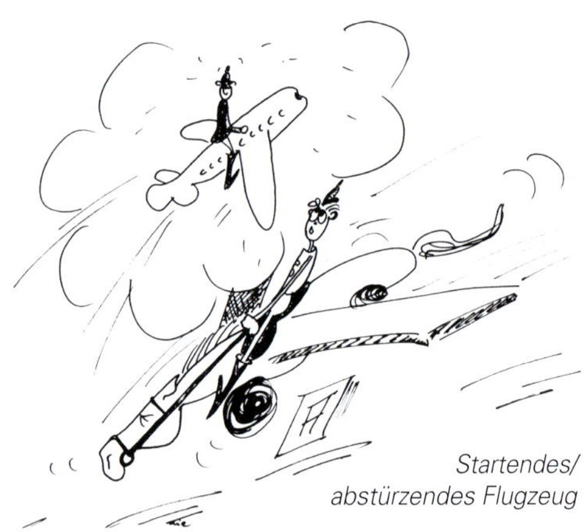

Startendes/ abstürzendes Flugzeug

91. Wendeprobleme

Problembeschreibung:

Wenn sich das Pferd schwer wenden lässt, sei es aufgrund mangelnder Gymnastizierung oder aufgrund des noch jungen Ausbildungsstandes, hilft folgender Weg:

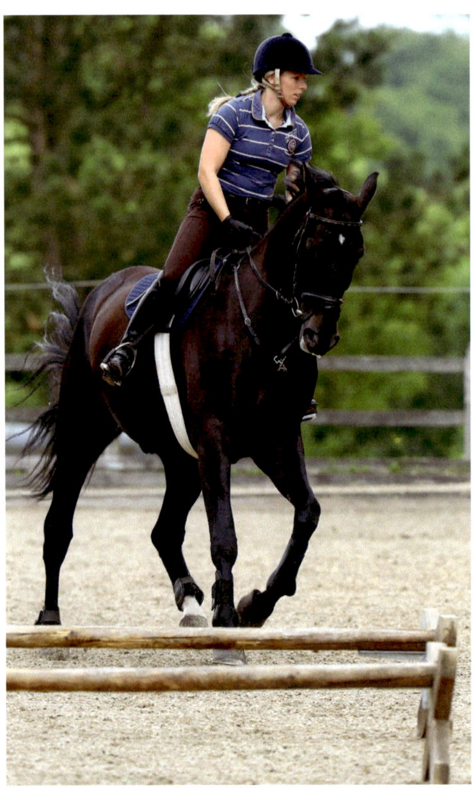

In der Wendung befindlicher Springreiter mit leichter Außenstellung des Pferdes. Das Pferd wendet schneller.

Lösungsvorschlag:

- Der Reiter muss darauf achten, dass die Wendung mit korrekter Stellung geritten wird. Häufig wird der innere Zügel zu stark eingesetzt, das Pferd knickt im Hals ab und nimmt den Körper nicht in die Wendung mit.
- Der äußere Zügel achtet darauf, dass das Pferd in sich gerade bleibt, also nur die klassische Stellung beibehält, sodass man Auge und Nase schimmern sehen kann.
- Als Vorübung kann in leichter Außenstellung gewendet werden. Dazu reitet man einfache „Linksum"- bzw. „Rechtsum"-Wendungen. Vielen ist das Bild eines Springreiters im Parcours vor Augen, wo das Pferd in leichter Außenstellung gewendet wird. Damit wird erreicht, dass das ganze Pferd schneller in die Wendung geht, die alte äußere (nach dem Umstellen innere) Schulter des Pferdes kommt leichter mit.
- Der äußere Zügel kann für die Wendung an den Hals angelegt werden, um für diese Übung eine „gerade" Halsstellung zu erreichen.

- In der leichten Außenstellung wird die Wendung dann mit dem Gewicht eingeleitet und geritten. Das heißt Reduzierung der Zügelhilfen und Intensivierung der Gewichtshilfen mit Unterstützung durch die Schenkelhilfen.
- Wendet sich das Pferd wieder leichter, wird zur korrekten Wendung mit Innenbiegung zurückgegangen.

Generell ist zu beobachten, dass mit insgesamt zu viel Zügelhilfen bzw. zu starker Anlehnung geritten wird: Weniger ist mehr. Wenn mit weniger Kraft/Gewicht geritten wird, wird sich das Pferd auch weniger überstellen.

92. Pferd geht schlecht in die Ecke

Problembeschreibung:

Das Pferd geht schlecht durch die Ecke bzw. lässt sich nicht tief hindurchreiten, weil es entweder von seiner Ausbildung her noch nicht dazu in der Lage ist oder aufgrund mangelnder Gewöhnung. In beiden Fällen bietet sich folgender Lösungsweg an:

Lösungsvorschlag:

- Der Reiter sollte das Pferd mit diagonalen Hilfen in und durch die Ecke führen.[84]
- Für einen Moment sollte er das Gewicht nach außen verlagern, bis das Pferd darauf reagiert. Danach wird wieder die normale Position (in der Wendung zur inneren Seite) eingenommen. Er macht sich damit den Grundsatz zunutze, dass das Pferd immer bemüht ist, dem Reitergewicht zu folgen bzw. unter das Reitergewicht zu kommen. Dies ist auch nützlich, wenn das Pferd über die innere Schulter fällt.

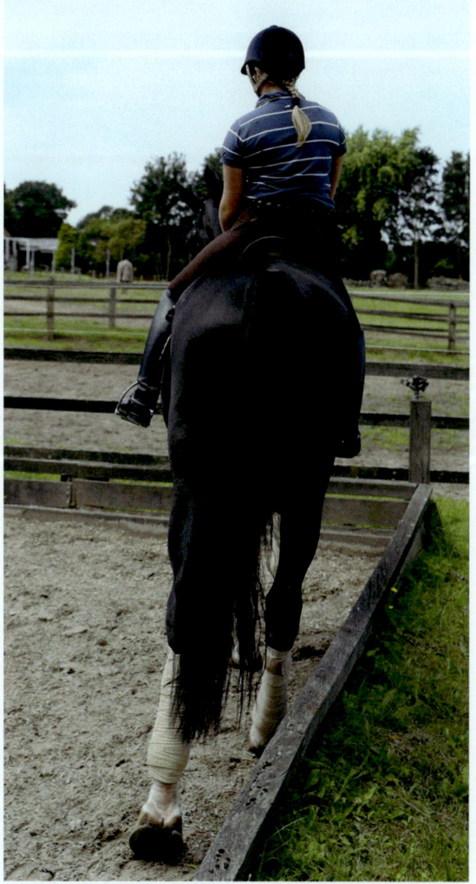

Die Reiterin verlagert ihr Gewicht (hier etwas deutlicher dargestellt) für einen kurzen Moment nach außen, weil das Pferd nach innen drängelt. Das Pferd muss dem Reitergewicht folgen.

84 Vgl. Durchreiten der Ecken, Übung 18, S. 78 ff.

93. Einreiten auf die Mittellinie zur Grußaufstellung – Das Pferd schwankt zu sehr

Problembeschreibung:

Beim Einreiten auf die Mittellinie gelingt es dem Reiter nicht, das Pferd auf gerader Linie zu halten, da es noch nicht genügend ausbalanciert ist oder vom Reiter die falsche Unterstützung erhält.

Lösungsvorschlag:

Als Lösung bieten sich verschiedene Wege an:

- Es kann sein, dass die Verbindung von Reiterhand zum Pferdemaul nicht gleichmäßig ist. Der Reiter muss versuchen, das Pferd gleichmäßig an beide Zügel heranzutreiben, und/oder überprüfen, ob es ausbalanciert geht. (Das bedeutet, dass der Reiter dem Pferd nicht mehr in der Balance helfen muss und darf. Das Pferd muss sowieso unabhängig von der Reiterhand seine eigene Balance halten können.) Die gleichmäßige Verbindung zum Pferdemaul erreicht er über beidseitiges Treiben (Impulsgeben) mit den Waden. Das Treiben muss der Reiter dann in einer verbesserten Anlehnung, einem angenehmen Gefühl in der Hand, spüren.
- Der Reiter muss genau in der Mitte, im Schwerpunkt, des Pferdes, sitzen, er darf das Pferd in der Balance nicht stören. Bei dieser Lektion wirkt sich eine falsche Gewichtsverlagerung am stärksten aus, da dem Pferd die Anlehnung durch die Bande fehlt. Der Ausbilder sollte sich auf die Mittellinie stellen, um die korrekte Gewichtsverlagerung des Schülers mit ihm gemeinsam zu erarbeiten bzw. zu überprüfen. Die Gewichtsverlagerung nach innen beim Wenden auf die Mittellinie darf nur ganz fein ausgeführt werden. Es hilft die Anweisung, den Hals des Pferdes gerade zu lassen.
- Als vorbereitende Übung bietet sich das Reiten von Viertellinien an, mit dem Schwerpunkt, die Balance des Pferdes zu erhalten.

94. Einreiten – Halten – Gruß – Das Pferd hebt sich heraus beim Gruß

Problembeschreibung:

Zum Gruß nimmt der Reiter die Zügel in eine Hand, das Pferd entzieht sich der Anlehnung (durch Gewohnheit oder durch Fehlhilfe) und hebt sich heraus. Der Reiter darf nicht den Fehler machen, die Anlehnung zum Pferdemaul zu verstärken (mehr Krafteinsatz, das Pferd in der Anlehnung im wahrsten Sinne des Wortes „halten" wollen), sondern muss eine weiche, stete Verbindung zum Pferdemaul herstellen.

Lösungsvorschlag:

- Für diese „Lektion" ist es wichtig, dass der Reiter im Moment der einhändigen Zügelführung die Verbindung zum Pferdemaul behält.
- Als Vorübung hilft das „normale" Halten mit dem Schwerpunkt der ruhigen Anlehnung des Pferdes. Das heißt, das Pferd muss lernen, im Halten seinen Kopf ruhig zu halten und in der (beidhändigen) Verbindung zum Reiter zu bleiben. Zur Verbindung Pferd/Reiter gehört auch, dass der Reiter mit seiner Wade weiter Kontakt am Pferdeleib hält (atmender Schenkel).
- Im nächsten Schritt wird versucht, die Zügel in eine Hand zu nehmen. Das geschieht in zunächst zeitlich kürzeren, nach und nach längeren Intervallen. Sollte das Pferd sich erneut entziehen, wird zu kürzeren Intervallen zurückgegangen oder zur Vorübung.

- Liegt die Ursache bei der zu starken Handeinwirkung des Reiters, kann der Ausbilder mit taktilen Hilfen unterstützen. Er kontrolliert und fühlt selbst die Stärke der Zügelhilfe seines Schülers und erarbeitet mit ihm gemeinsam, wie sich die Anlehnung anfühlen muss.

95. Ganze Parade – Pferd tritt zurück

Problembeschreibung:
Das Pferd tritt nach der ganzen Parade zurück und wird vorhandlastig.

Lösungsvorschlag:
- Der Reiter muss darauf achten, dass die Parade weich, insbesondere mit einer leichten Hand, ausgeführt wird. Die Parade kann lieber etwas auslaufend sein, dafür aber weich und nicht abrupt oder hart.
- Nimmt das Pferd die ganze Parade an, lässt er es noch einen halben oder anfangs einen ganzen Schritt nach vorne treten, um mit diesem Vorwärtsimpuls einem Rückwärtstreten vorzubeugen.
- Das Pferd wird in der ganzen Parade weiter mit der Wade „beobachtet", um sofort eingreifen zu können, wenn das Pferd rückwärtstreten will.
- Dies wird so lange geübt, bis man als Reiter ein Gefühl des sicheren Stehens, mit Tendenz vorwärts, bekommt. Hier kommt wieder der wichtige und stets richtige Hinweis: „Das Pferd muss vor den treibenden Hilfen des Reiters sein".

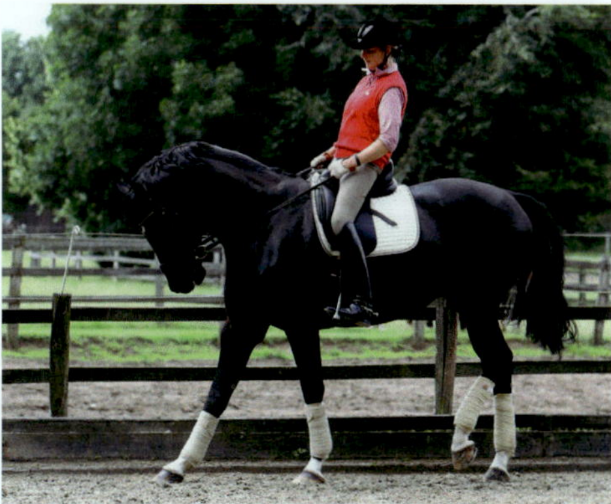

Hier wird das Pferd mit der Hand „gebremst" und weicht der harten Hand nach rückwärts aus.

96. Pferd steht nicht still beim Halten

Problembeschreibung:
Das Pferd hat nicht gelernt oder hat sich angewöhnt, in der ganzen Parade hin und her zu schwanken oder nach vorwärts oder rückwärts auszuweichen. Meistens sind Anlehnungs- oder Rückenprobleme die Ursache.
Als Ergebnis muss das Pferd konsequent erfahren, dass es niemals unvorbereitet zum Antreten aufgefordert wird.

Lösungsvorschlag:
- Wenn es Rückwärtstendenz hat, siehe oben.
- Wenn es schwankt, tritt es nicht sicher an die Hilfen heran und hat einen mangelnden Vorwärtsimpuls. Auch hier wird, wie oben, beim Halten ein Schritt nach vorne erlaubt.
- In beiden Fällen muss so geübt werden, dass man das Pferd nur für einen kurzen Moment anhält, und zwar gerade so kurz, dass es nicht auf Eigeninitiative antritt, sondern auf Initiative des Reiters wieder angeritten wird. Der Reiter muss von seinem Gefühl her einen Moment schneller sein als das Pferd. Sobald er es merkt, dass es schwanken oder unruhig werden möchte, muss er wieder anreiten.

- Entscheidend ist also, dass der Reiter das Kommando hat. Das Halten versucht man dann nach und nach zu verlängern, bis sich das Pferd an längeres Stehen gewöhnt hat.
- Dabei darf das Pferd zunächst in der Stellung der Beine nicht korrigiert werden. Das wäre kontraproduktiv, weil das Pferd damit wieder zur Unruhe angeleitet wird. Erst wenn das Pferd wieder sicher und gelassen steht, darf das geschlossene Halten geübt werden.
- Zusätzlich hilft auch eine Belohnung für das Pferd, die es dann zukünftig mit dem ruhigen Halten verbinden soll.

97. Korrektur von Zwangseite und hohler Seite

Problembeschreibung:

Das Pferd hat von Natur aus eine natürliche Schiefe. Sie beginnt, sich besonders ausgeprägt zu äußern, wenn der Reiter das junge Pferd vorzeitig an den Zügel stellt. Es weicht mit einem Hinterfuß dem Schwerpunkt aus. Meistens ist es der rechte Hinterfuß, der nach rechts seitwärts ausweicht. In der Folge neigt das Pferd zum Ausfallen mit der diagonal gegenüberliegenden, linken Schulter und zu einer nach außen gewölbten Ausbuchtung mit der linken Halsseite.[85]

Infolgedessen geht es gegen den rechten Schenkel und linken Zügel, auf dem es fest wird. Die linke Seite wird als Zwangseite bezeichnet, die rechte, in der der Reiter keine Verbindung zum Pferdemaul erhält, wird als hohle Seite bezeichnet.

Es sieht aus, als ob das Pferd Travers gehen würde, allerdings in fehlerhafter Ausführung.

Versuch der Darstellung von hohler Seite und Zwangseite

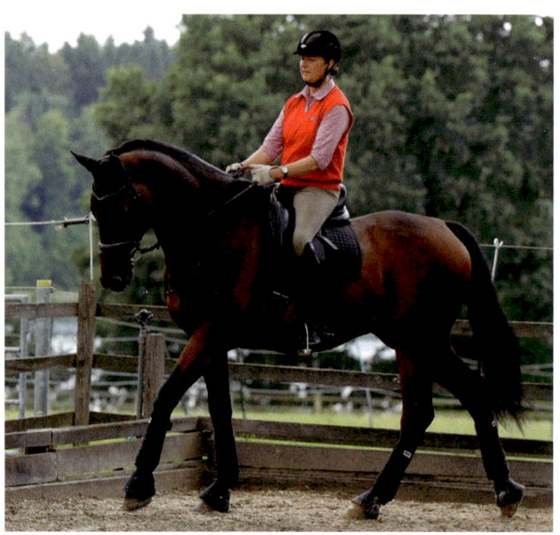

Hier die hohle, in diesem Fall die linke Seite des Pferdes

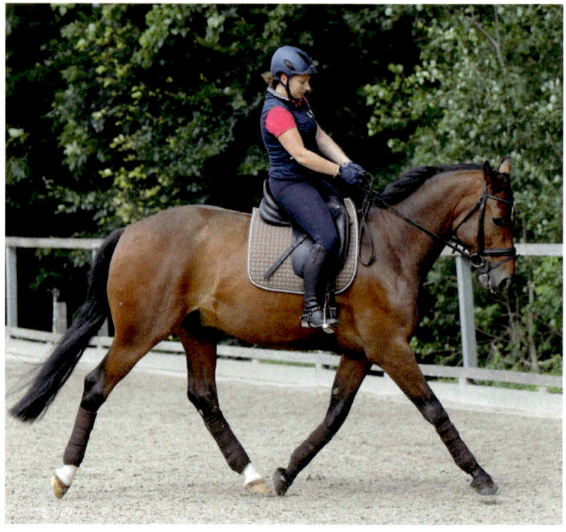

Zwangseite: Das Pferd will nicht an den linken Zügel herantreten.

Lösungsvorschlag:

- In dem obigen Beispiel (auf den Fotos ist es andersherum) ist das Pferd von hinten rechts nach vorne links schief. Das Pferd liegt auf dem linken Zügel. Zur Korrektur siehe Übungen 79 (S. 138) und 80 (S. 139). Am einfachsten ist es, wenn der Reiter das Pferd auf der

85 Vgl. Seunig 1961

Hand reitet, wo die Zwangseite (die starke Seite) innen liegt, um so das Gewicht erst einmal von der Hand zu bekommen.
- Grundsätzliches Ziel muss es sein, dass sich das Pferd wieder vertrauensvoll an beide Zügel herandehnt.

98. Mangelnde Geraderichtung – Schultervor und Reiten in Stellung

Problembeschreibung:

Das Pferd ist von Natur aus schief. Die Schiefe zeigt sich in allen drei Grundgangarten, insbesondere im Galopp an der langen Seite, die Hinterhand des Pferdes kommt in die Bahn. Diese Schiefe ist in der Regel auf der einen Hand stärker ausgeprägt als auf der anderen. Der Reiter muss von Beginn der Grundausbildung an die natürliche Schiefe des Pferdes „bearbeiten".

Lösungsvorschlag:

- Ziel ist es, die Vorhand wieder auf die Hinterhand auszurichten. Dazu führt der Reiter mit seinen Händen (kurze, beidseitig seitwärtsweisende Zügelhilfen) die Vorhand nach innen und versucht damit, die gesamte Vorhand des Pferdes auf die Spur der Hinterhand zu bekommen (s. Foto).
- Ist das Pferd nach rechts schief, weicht es also mit der Hinterhand nach rechts aus, reitet man auf der rechten Hand entweder so, wie oben beschrieben, mit einem möglichst geraden Hals oder man geht in den Außengalopp rechts auf der linken Hand und führt die Vorhand Richtung Bande. Man benutzt die Bande als Anlehnung und bekommt so die Pferdeschulter wieder vor die Hüfte. Dies gilt für alle drei Grundgangarten.
- Das rechts schiefe Pferd wird dann auf der linken Hand mit dem sogenannten „Reiten in Stellung" geritten. Beim „Reiten in Stellung" wird darauf geachtet, dass das äußere Hinterbein, welches ausweicht, in Richtung zwischen die Vorderbeine geleitet wird. Zum Vergleich dazu: Beim „Schultervor" geht es um das schmalere Spuren des inneren Hinterbeins, beim „Reiten in Stellung" um das schmalere Spuren des äußeren Hinterbeins.[86]

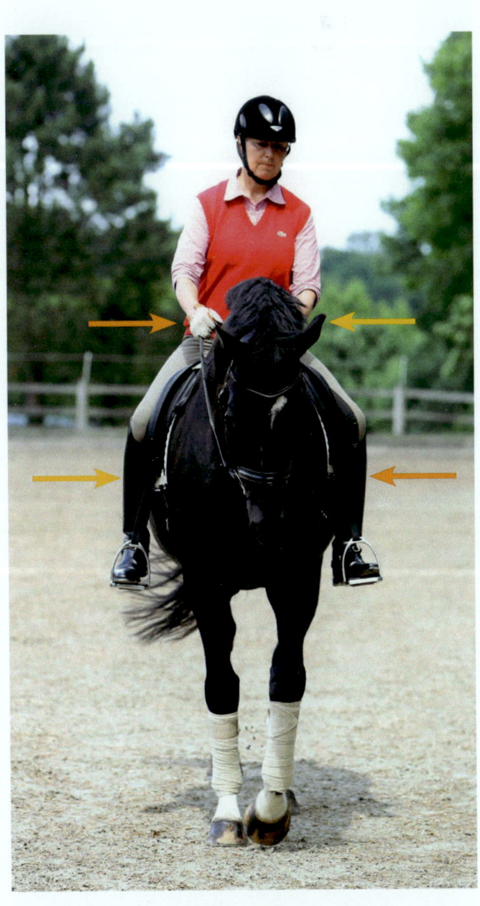

Das Pferd ist korrekt geradegerichtet. Hinterbeine treten in die Spur der Vorderbeine.

86 Schultervor, Reiten in Stellung und Schulterherein gehören zu den Seitengängen. Mehr dazu siehe Deutsche Reiterliche Vereinigung e.V. (Hrsg.) 2014, S. 172 ff.

99. Schiefes Pferd

Problembeschreibung:

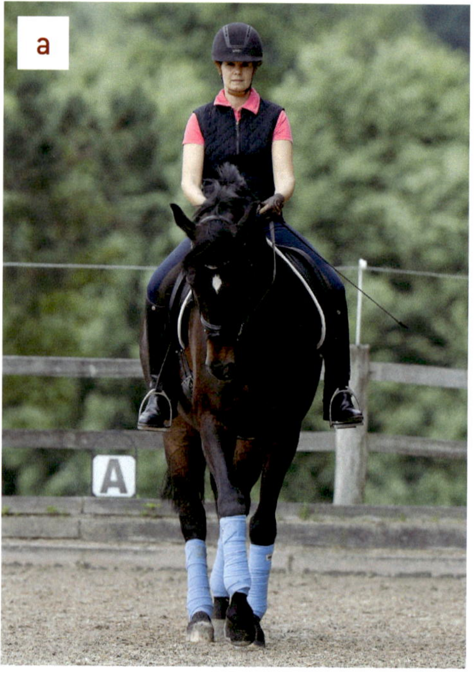

Das Pferd geht schief und weicht der Geraderichtung aus. Wie die reiterliche Ausbildung aussehen muss, wurde in Übungen 55, 56 und 98 besprochen. In dieser Übung werden die reiterlichen Entscheidungen angeführt, die das Problem der mangelnden Geraderichtung lösen können.[87]

1. Lösungsvorschlag:

- Um die Schiefe (gemeint ist die Hinterhand in die Bahn kommend) eines Pferdes zu korrigieren und es anzuleiten, geradegerichtet zu gehen, d.h. mit der Hinterhand in die Spur der Vorhand zu treten, sind die diagonalen Hilfen sehr nützlich.

a) Das Pferd ist schief. Die Hinterhand kommt in die Bahn, das Pferd ist nicht geradegerichtet.

b) Im Außengalopp

c) Im Handgalopp. Gebogenes, geradegerichtetes Pferd durch Einsatz der diagonalen Hilfen. Innerer Schenkel liegt am Gurt und harmoniert mit dem äußeren Zügel, äußerer Schenkel ist verwahrend hinter dem Gurt und harmoniert mit dem inneren Zügel.

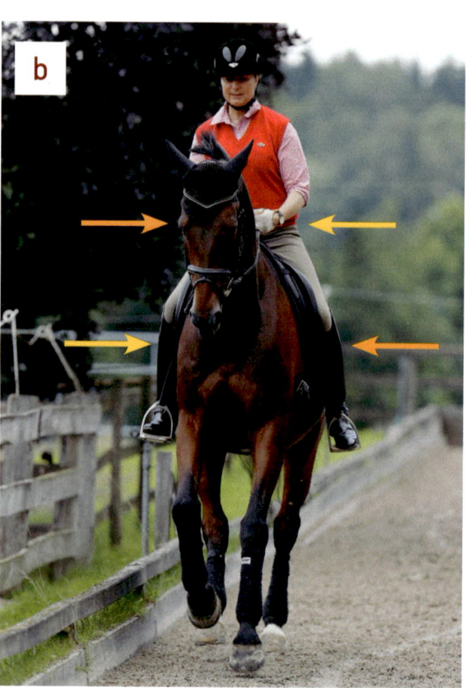

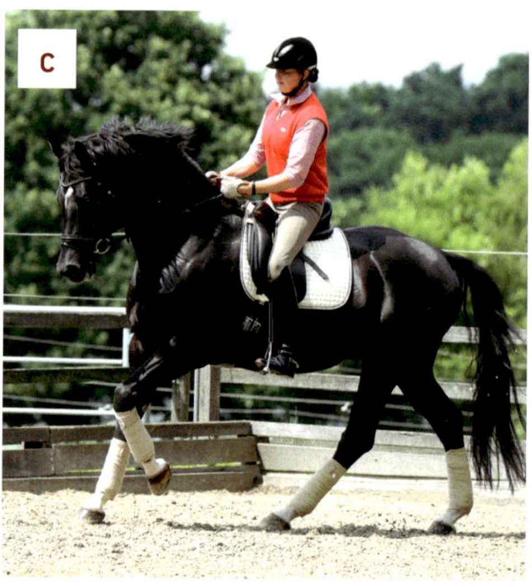

87 Vgl. Übung 98 in diesem Kapitel, mangelnde Geraderichtung

Das bedeutet, dass innerer Schenkel und äußerer Zügel miteinander korrespondieren müssen. Damit wird der (häufige) Fehler verhindert, der den inneren Zügel zu stark nutzen lässt und das Pferd dadurch noch schiefer macht.

- Zusätzlich zu den diagonalen Hilfen setzt der Reiter eine seitwärtsweisende Hilfe am inneren Zügel an.[88] Damit wird bezweckt, die äußere Schulter gefühlsmäßig vor die innere Hüfte zu führen. Die seitwärtsweisende Hilfe muss aber gekonnt werden. Sie gelingt nur, wenn beide Zügel in weicher Verbindung stehen und die seitwärtsführende Hand auch tatsächlich seitwärts führt und nicht rückwärts.

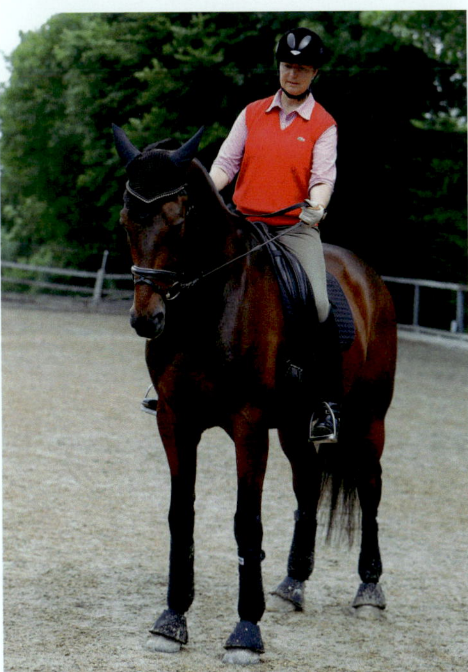

Demonstration einer korrekten seitwärtsweisenden Zügelhilfe am linken Zügel.

Demonstration einer fehlerhaften seitwärtsweisenden Zügelhilfe. Die Zügelhilfe hat Rückwärtstendenz, das Pferd verwirft sich und kommt auf die Hand.

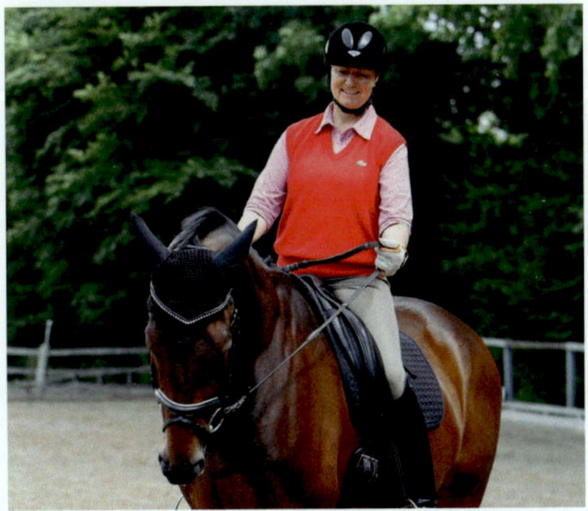

- Reicht die obige Übung nicht aus, besteht auch die Möglichkeit, beide Hände für einen Moment nach innen zu führen. Auch damit wird die Schulter des Pferdes vor die Hüfte geführt.

2. Lösungsvorschlag:

- Fällt die Hinterhand des Pferdes nach außen heraus, was seltener vorkommt, muss die Vorhand etwas zurückgeführt werden. Befindet sich das Pferd bspw. auf der linken Hand und weicht mit der Hinterhand nach außen heraus, in diesem Fall nach rechts, muss der Reiter die Vorhand nach rechts zurückführen. Erst dann ist die korrekte Geraderichtung gewährleistet.
- Auch dies geschieht mit seitwärtsweisendem Zügel, in diesem Beispiel mit dem äußeren, oder bei schwereren Fällen mit beidseitig seitwärtsweisender Zügelhilfe über den Mähnenkamm des Pferdes hinaus.

  Alle Schritte setzen beim Reiter Erfahrung und balanciertes Sitzen voraus.

88 Zur Schulung der seitwärtsweisenden Zügelhilfe siehe Übung 8, S. 65 f.

100. Pferd galoppiert schief an

Problembeschreibung:

Das Pferd entzieht sich im Moment des Angaloppierens aus der Geraderichtung. Hinter- und Vorhand sind nicht in derselben Spur.

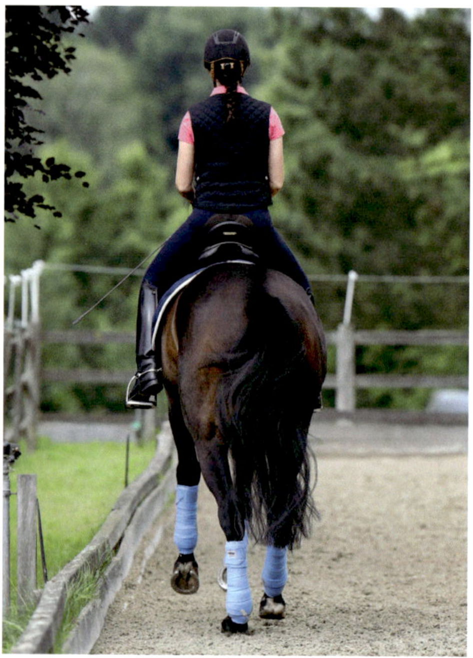

Pferd wird im Moment des Angaloppierens schief. Die Hinterhand kommt in die Bahn.

Korrektes Angaloppieren

Lösungsvorschlag:

- Das Pferd sollte vor dem Übergang im deutlichen Schultervor geritten werden. Dazu wird der innere Zügel seitwärtsweisend eingesetzt, die Hand wird einige Zentimeter vom Hals geführt. Damit wird dem Pferd die Richtung gewiesen. – Diese Übung sollte vorher isoliert geübt werden.[89]
- Dieser seitwärtsweisende Zügel muss während des Übergangs beibehalten werden, so lange, bis das Pferd die Geraderichtung im Übergang beibehält.
- Entzieht sich das Pferd vor dem Übergang der Geraderichtung, wird das Vorhaben abgebrochen und erst die Geraderichtung wiederhergestellt. Nur so kann das Pferd richtig trainiert werden und das geradegerichtete Angaloppieren erlernen.
- Das Angaloppieren wird zunächst an der Bande geübt. Wenn es sicher klappt, wird von der Bande weg bzw. auf der Mittellinie geübt, wie es in einigen Dressuraufgaben vorgeschrieben ist.
- Pferde, die den Außengalopp beherrschen, können zur Korrektur der Schiefe im Kontergalopp angaloppiert werden. Die Bande als Begrenzung verhindert ein Ausweichen mit der Hinterhand.

89 Vgl. Übung 8, S. 65 f.

101. Pferd hat wenig oder mangelhafte Längsbiegung

Problembeschreibung:

Hat das Pferd aufgrund seiner Anatomie (z.B. langer Rücken, gerader Rücken, Hinterbein rückständig) oder aufgrund seiner Ausbildung Probleme, sich zu biegen, muss spezielle Biegearbeit durchgeführt werden.

Lösungsvorschlag:

- Ziel muss es sein, das Pferd geradegerichtet, d.h. Vorderfüße und Hinterbeine hufschlagdeckend, und durch den Körper gebogen zu halten. Biegung heißt reitfachlich, dass die Längsachse des Pferdes eine Krümmung aufweist. Dies funktioniert anatomisch nicht gleichmäßig durch den ganzen Körper, da die Wirbel des Pferdes unterschiedlich beweglich sind. Wichtig ist eine gute Biegung im Bereich der Rippenpartie, um den inneren Schenkel herum.[90]

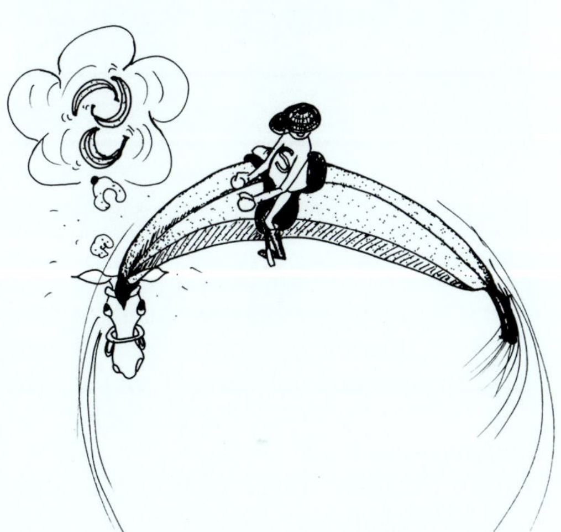

- Für den Reiter ist daher das Bild einer Banane oder eines Halbmondes für seine Vorstellungskraft förderlich.
- Vor dem Hintergrund dieses Bildes tut man so, als ob man die Vorhand und die Hinterhand in die Bahn nimmt, die Mittelhand aber nach außen treibt. Dies geschieht unter vermehrtem Einsatz des inneren Schenkels.
- Der Reiter achtet darauf, dass er die diagonalen Hilfen einsetzt, insbesondere die Diagonale innerer Schenkel, äußerer Zügel.
- Die Einnahme der Schrittstellung mit den Schenkeln[91] unterstützt die Biegearbeit.
- Der Blick des Reiters geht zur biegenden Seite des Pferdes, weil das Auge die Bewegung des Reiters steuert.

102. Pferd verliert die Balance in der Ecke/Wendung

Problembeschreibung:

Das Pferd kann die Balance beim Abwenden oder beim Durchreiten der Ecke nicht halten. Ursache kann sein, dass der Reiter den inneren Zügel zu stark einsetzt oder dass der Reiter das Pferd unbewusst falsch ausbalanciert und es dabei aus dem Gleichgewicht bringt.

Lösungsvorschlag:

- Der Reiter muss beachten, dass der Einsatz des inneren Zügels nicht überwiegt. Dadurch wird dem Pferd eine Stütze geboten, die es dankbar annehmen wird. Durch zu viel inneren Zügel wird das Pferd überstellt, es fällt über die äußere Schulter und damit aus der Balance.

90 Weitere Einzelheiten zum Stelen und Biegen siehe Deutsche Reiterliche Vereinigung e.V. (Hrsg.) 2014, S. 148 ff.
91 Vgl. Kap. 6.2, Übung 4, S. 61 f.

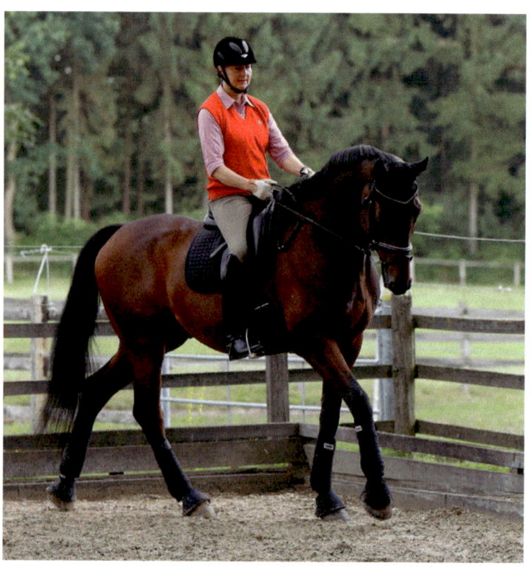

- Der Reiter sollte bewusst innen weicher werden und damit das Pferd in der Halsung gerader lassen.
- Das Pferd sollte bewusst mit seiner Balance allein gelassen werden, der Reiter sollte ihm nur insofern helfen, als dass er in der Balance sitzt. Das Pferd soll damit lernen, sich auszubalancieren.
- Dazu ist es notwendig, dass die Gewichtshilfe (Belastung auf dem inneren Gesäßknochen) nicht übertrieben wird. Der Reiter soll im Schwerpunkt des Pferdes bleiben. Von außen sieht es aus, als ob er „stiller" sitzen würde.

Korrekte Balance durch die Ecke

103. Pferd hat Umstellungsschwierigkeiten beim Handwechsel

Problembeschreibung:

Wenn der Reiter die Hand wechselt, kommt das Pferd beim Umstellen aus dem Takt und tritt kurz. Ursache kann das unausbalancierte Pferd, ein zu abruptes Wenden des Reiters bzw. ungeschickte reiterliche Einwirkung sein.

Lösungsvorschlag:

- Das Umstellen muss über ein Geradeausreiten erfolgen. Als Übung bietet sich das Reiten einer Acht oder einer achtähnlichen Figur an, entlang der Mittellinie in beliebiger Größe. Das ist wichtig, damit dem Reiter genügend Zeit bleibt, das Pferd in der Umstellphase geradeaus zu stellen. Das Geradeaus wird so lange beibehalten, bis das Pferd wieder ausbalanciert ist.
- Im Geradeaus konzentriert sich der Reiter darauf, dass er das Pferd mit beiden Schenkeln treibend an beide Zügel heranreitet, um die nötige Balance zu verbessern. Das Pferd soll sich selbst ausbalancieren; der Reiter muss unabhängig von der Hand sitzen und besonderen Wert darauf legen, dass er genau im Schwerpunkt des Pferdes sitzt. Die Zügelhilfen müssen, wie immer, so sanft wie möglich sein. Sie dürfen das Pferd nicht behindern oder blockieren, sondern nur „anlehnen" lassen. Wie heißt es: „Das Pferd muss die Anlehnung suchen, der Reiter muss sie gestatten"!
- Wichtig ist hierbei, dass nicht die Lektion der Acht im Vordergrund steht, sondern das ausbalancierte Reiten von Wendungen. Sollte das Pferd bspw. in der Volte nach rechts

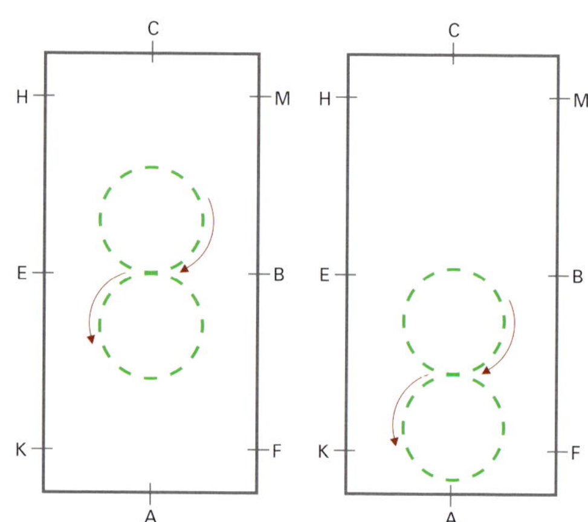

Die Acht muss nicht direkt über X geritten werden. Sie kann beliebig entlang der Mittellinie ausgeführt werden.

noch nicht genügend ausbalanciert sein, sollte die Volte erst wiederholt werden, bevor mit einem Handwechsel eine Acht geritten wird. Es soll also nicht unbedingt eine bestimmte Lektion (das Hangeln an eine Lektion ist sekundär) geritten werden, sondern unbedingt das ausbalancierte Reiten von Wendungen.

104. Im Schulterherein fällt das Pferd über die äußere Schulter

Problembeschreibung:

Im Schulterherein weicht das Pferd der Balance von den Hinterbeinen aus, indem es über die äußere Schulter fällt. Es lehnt sich an den äußeren Zügel und sucht darin die Stütze.

Lösungsvorschlag:

- Das Pferd muss an beide Zügel herangeritten werden, um ihm keine Möglichkeit der Stütze zu geben. Vielfach wird das Schulterherein mit zu viel Seitwärtstendenz (die Hinterbeine kreuzen) geritten, weshalb das Pferd an Balance verliert.
- Der Reiter muss seine Hilfengebung überprüfen und darauf achten, dass der äußere Zügel nicht zu schwach und der innere nicht zu stark einsetzt. Der innere Zügel ist meistens zu stark, weil er dem Pferd die Stellung geben soll. Das Pferd muss an den äußeren Hilfen stabilisiert werden, ohne dass ihm eine Stütze geboten wird.

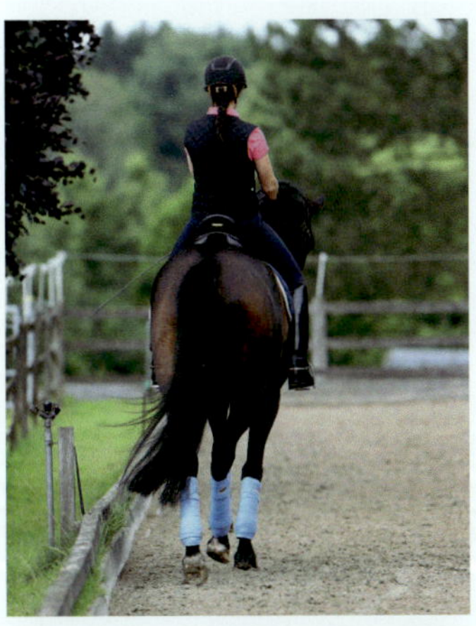

Das Schulterherein ist eine sehr schwierige Lektion. Man kann viele Fehler machen. Auf diesem Bild ist eine korrekte Ausführung zu erkennen.

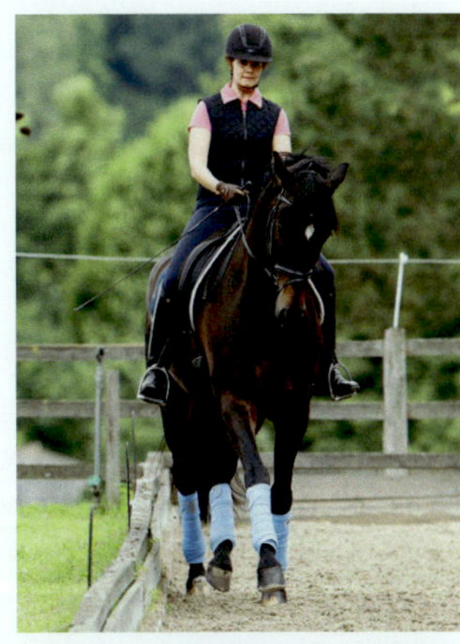

Hier drückt die Hinterhand gegen die Bande.

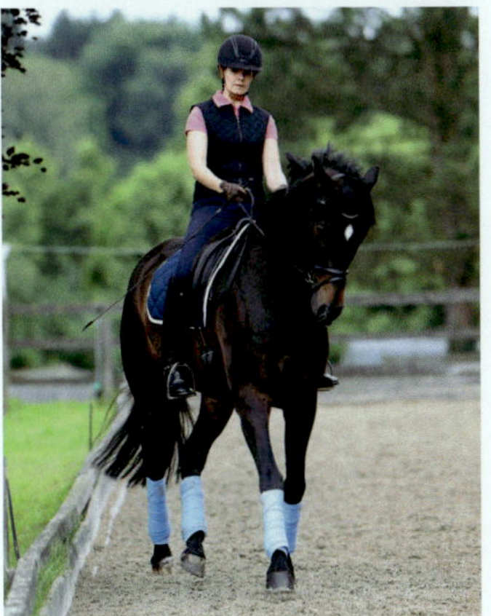

Das Pferd bewegt sich auf vier Linien. Es ist zu stark abgestellt.

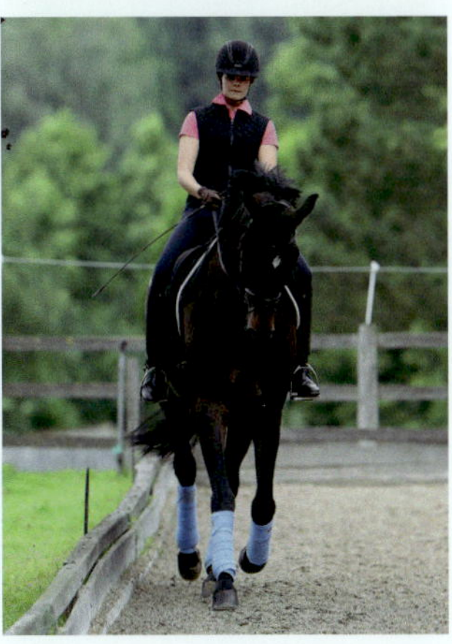

Hier bewegt sich das Pferd auf drei Linien, aber mit zu wenig Längsbiegung und einem zu tiefen Genick.

- Es ist sehr hilfreich, das Schulterherein mit der Vorhand am inneren Rand des Hufschlags und mit den Hinterbeinen in der Mitte des Hufschlages zu reiten. Somit wird dem Pferd die Stütze von der Bande entzogen, und der Reiter wird erzogen, das Pferd im korrekt ausbalancierten Schulterherein zu reiten. Ist das nicht der Fall, gleicht das Schulterherein eher einem „Hinterhandheraus".
- Auch hier hilft die Vorstellung, dass das Pferd sich alleine tragen muss und die Zügelhilfen entsprechend leicht und behutsam gegeben werden (siehe Übung 103, S. 158 f.). Das Pferd soll seinen Hals /Kopf selber tragen!

105. Hufschlagfiguren – Zirkellinie kann nicht eingehalten werden

Problembeschreibung:

Das noch unerfahrene Pferd hat Schwierigkeiten, die Balance auf der Zirkellinie zu halten bzw. zu finden. Es muss lernen, an den äußeren Zügel heranzutreten, damit es mit dessen Hilfe auf die Linie geführt werden kann.

Lösungsvorschlag:

- Liegt es am Reiter, siehe in Kap. 6.2, Übung 11, korrektes Reiten der Zirkellinie, S. 69.
- Der Reiter sollte das Pferd mit folgenden Hilfen unterstützen: Die diagonalen Hilfen, vor allem innerer Schenkel und äußerer Zügel, werden bewusst eingesetzt. Hierzu kann der äußere Zügel für einen Moment seitwärtsweisend eingesetzt werden, und zwar so lange, bis das Pferd seine äußere Schulter der Zügelhilfe folgend nach außen führt.
- Unterstützend wird, wie beim korrigierenden Durchreiten der Ecken, das Gewicht für einen kurzen Moment nach außen verlagert. Auch dies geschieht nur so lange, bis das Pferd dem Reitergewicht folgt.
- Der Reiter muss außerdem seine eigene Balance unbedingt einhalten bzw. mit seiner Balance bewusst und gekonnt umgehen.
- Um das Pferd früh an Balance zu gewöhnen, ist es hilfreich, das Pferd von Zeit zu Zeit weg von der Bande auf dem 2. oder 3. Hufschlag zu reiten. Es soll sich nicht an eine Bandenanlehnung gewöhnen. Andererseits ist für das fast rohe Pferd eine Bandenanlehnung sehr sinnvoll. Die Entscheidung, wann mit und wann ohne Bandenanlehnung geritten wird, liegt in der Hand des erfahrenen Reiters/Ausbilders.

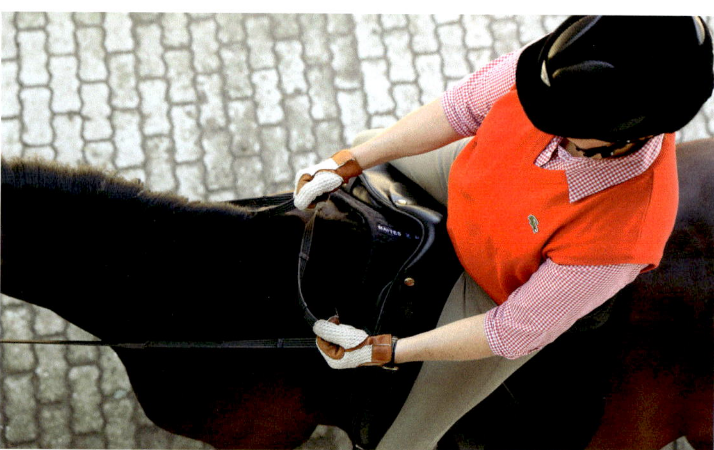

Einsatz des seitwärtsweisenden äußeren Zügels. Das Pferd ist nach rechts gestellt, die linke Hand weist seitwärts, weg vom Hals.

106. Pferd zackelt im Schritt/zeigt schlechten Schritt

Problembeschreibung:

Einigen Pferden fällt es schwer, unter dem Sattel einen losgelassenen Schritt zu zeigen. Sie verspannen sich und schreiten nicht mehr taktsicher. Ursache können Verspannungen im Rücken oder mangelnde innere Losgelassenheit sein.

Lösungsvorschlag:

- Man reitet das Pferd auf gebogener Linie am langen Zügel mit dem inneren Schenkel leicht seitwärtstreibend, um es vor die treibenden Schenkelhilfen zu bekommen. Der äußere Schenkel liegt dabei verwahrend und ist einsatzbereit. Man beginnt mit der Hand, auf der es dem Pferd am leichtesten fällt. Beide Schenkel treiben das Pferd zusätzlich gleichseitig vorwärts ans Gebiss heran.
- Man deutet ein Übertreten mit einem leichten Überfußen an, reitet aber kein Schenkelweichen. Mit dieser Übung wird das Pferd zum Takthalten gezwungen. Es muss den Takt halten, damit es nicht „hinfällt".
- Hat das Pferd sofort nach der Zügelaufnahme zum langen Zügel Taktprobleme, vgl. Übung 58, S. 119 in Kombination mit dieser.
- Ziel der Übung muss es sein, dass der Reiter wieder zum Treiben kommt.

107. Pferd ist undurchlässig in den Übergängen

Problembeschreibung:

Das sich in der Bewegung gut anfühlende Pferd wird im Moment eines Überganges undurchlässig, d.h., die Parade wird nicht korrekt angenommen.

Lösungsvorschlag:

- Meistens ist eine Undurchlässigkeit im Übergang an der Anlehnung erkennbar. In einem solchen Fall bietet es sich an, Schritt-Halt-Übergänge auf gebogener Linie mit etwas stärkerer Längsbiegung zu reiten. Durch die verstärkte Längsbiegung, die mit dem Reiten in Schrittstellung erreicht wird, kann das Pferd besser in der Anlehnung „gehalten" werden. Wenn das Pferd in sich zu gerade (ohne Biegung) geritten wird, kann es sehr viel Kraft entwickeln. Mit mehr Biegung ist es nachgiebiger.
- Hält das Pferd sich dann immer noch fest, kann für einen kurzen Moment die Abstellung des Pferdes verstärkt werden. Dies geschieht unter besonderer Beibehaltung der treibenden Schenkelhilfe, die stets höher sein muss als die verhaltene Zügelhilfe.[92]
- Der Übergang sollte etwas ausgedehnt werden, d.h., dass der Reiter den Übergang vorbereitet, ihn aber abbricht, wenn das Pferd sich wieder sperrt, und es einige Pferdelängen spä-

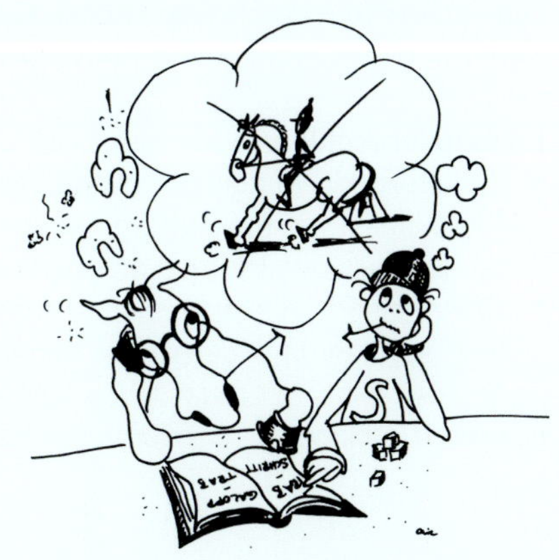

„Vokabeltraining" von Pferd und Reiter

92 Vgl. Kap. 6.2, Übung 3, S. 59 f.

ter erneut versucht. In der Praxis bedeutet dies, dass der Reiter so lange wartet, bis die Voraussetzungen für einen optimalen Übergang geschaffen sind.
- Eine weitere Möglichkeit liegt darin, dem Pferd das Durchparieren als „Vokabel" beizubringen. Dazu schließt der Reiter vor dem Übergang seine Wade, treibt dadurch das Pferd verbessert an die Hand, dass sich der Zügel füllt und führt dann die halbe Parade aus (vgl. Übung 1, S. 57). Das Pferd soll lernen, dass diese Hilfengebung „Achtung. Jetzt kommt ein Übergang!" bedeutet.

108. Pferd bleibt beim Seitwärts im Rhythmus stecken

Problembeschreibung:
Das Pferd ist im Geradeaus und im Reiten von Wendungen im Takt, verliert ihn aber beim Schenkelweichen oder in den Seitengängen (z.B. Schulterherein, Travers etc.).

Lösungsvorschlag:
- Das Pferd muss im Schenkelgehorsam verbessert werden. Der Reiter muss mit mehreren kleinen Impulsen eine schnellere Reaktion des Pferdes erzielen.[93]
- Die Längsbiegung muss verbessert werden, weil damit eine bessere Nachgiebigkeit und Geschmeidigkeit erzielt werden.[94]
- Um den Takt zu korrigieren und den Fleiß zu forcieren, bietet sich das Leichttraben im Schenkelweichen oder in den Seitengängen an.[95] Man reitet die Übung dann in etwas höherem Tempo und zunächst weniger seitwärts. Statt einer ganzen Diagonalen im Seitwärts, reitet man nur kleine Reprisen seitwärts, danach ein Stückchen geradeaus und dann wieder seitwärts, immer nur so lange, wie das Pferd noch den Takt halten kann. Der Reiter muss also bemüht sein, kleine, optimale, taktsichere Reprisen zu erzielen und diese nach und nach zu verlängern. Eine schlechte Übungsausführung wird durch ständiges Wiederholen nicht besser.

109. Hinterhandwendung fehlerhaft, Pferd knickt in Halsmitte ab

Problembeschreibung:
Wenn das Pferd durch eine falsche Biegung im Hals der Wendung ausweicht, kann die äußere Pferdeschulter nicht mitgenommen werden. Folgende Übung ist hilfreich:

Lösungsvorschlag:
- Entscheidend ist die Vorstellung, dass zur gelungenen Hinterhandwendung das gesamte Pferd, quasi wie ein Brett, gewendet werden muss. Der Reiter muss von vorne betrachtet den Hals des Pferdes gerade lassen, nur mit einer leichten Stellung in der Ganasche.
- Wenn das Pferd sich entzieht, muss die Wendung nur zum Teil, d.h. mit wenigen Schritten, durchgeführt werden, in denen die Zügel dafür sorgen, dass der Hals des Pferdes gerade bleibt.[96] Er muss in seiner Hand das Gewicht von beiden Zügelseiten spüren.
- Diese Verbindung wird durch beidseitige Schenkelhilfe unterstützt.

93 Vgl. Übung 70 und 71, S. 129 f.
94 Vgl. Übung 101, S. 157
95 Vgl. Übung 17, S. 77
96 Vgl. Übung 55, S. 116 f.

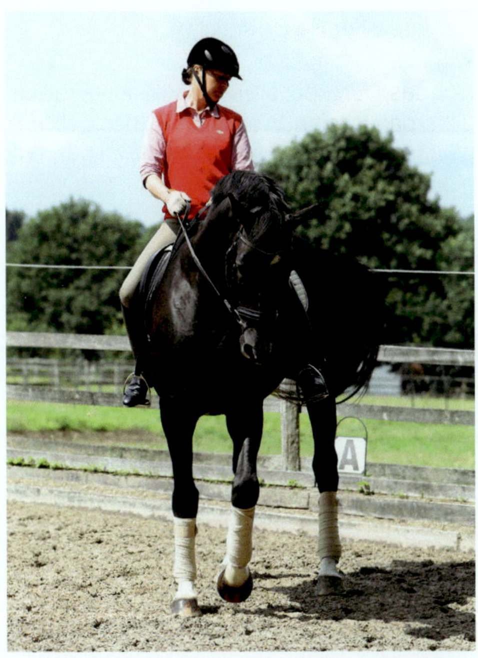

So ist eine fehlerhaft gerittene Hinterhandwendung zu sehen. Das Pferd ist viel zu stark im Hals gestellt und die äußere Schulter kommt nicht mit. Die Reiterin wird nach außen gesetzt.

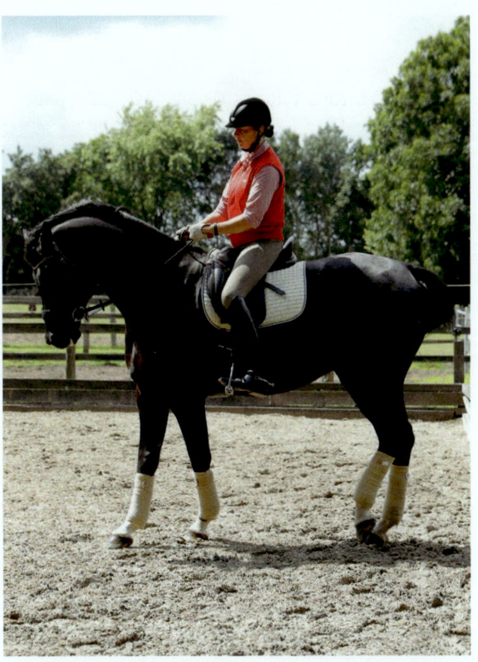

Korrekte Hinterhandwendung. Das Pferd kreuzt vorne, aber nicht hinten. Das Pferd ist in Bewegungsrichtung gestellt und gebogen.

- Das Zusammenspiel von treibender Schenkelhilfe und annehmender Zügelhilfe muss herausgearbeitet werden. Dabei dient das kurzfristige Annehmen des jeweiligen Zügels auch als „Motivator" und „Initiator" für das jeweilige Hinterbein.

110. Pferd blockiert im Hinterbein

Problembeschreibung:

Das Pferd stemmt sich im Hinterbein gegen das Vortreten. Ursache kann sein, dass

1. das Pferd nicht gewöhnt ist, die Hinterbeine mehr zu gebrauchen, oder dass
2. Gebäudemängel des Pferdes das Unter-den-Schwerpunkt-Treten behindern (zu langer Rücken, mangelnde Elastizität) oder dass
3. die Reiterhand rückwärts wirkt.

Lösungsvorschlag:

- Muss das Pferd an die Aktivität der Hinterhand gewöhnt werden, siehe nächste Übung.
- Fällt das aktiv tretende Hinterbein dem Pferd aufgrund seines Naturells schwer, sind auch hier der reiterlichen Fähigkeiten Grenzen gesetzt. Es gibt Pferde, bei denen ist ein Untersetzen unter den Schwerpunkt von ihrer Anatomie her einfach nicht möglich. Für diese Pferde liegt das Ziel nicht in der Vollendung der Ausbildungsskala, sondern in der Schulung einer korrekten Grundausbildung (Takt, Losgelassenheit, Anlehnung) und der Verbesserung der Geschmeidigkeit, so weit wie möglich, damit die Pferde dem Reiter ein gutes Gefühl vermitteln und Freude bereiten.

- Wirkt die Hand des Reiters zu sehr rückwärts, hilft folgendes Bild:

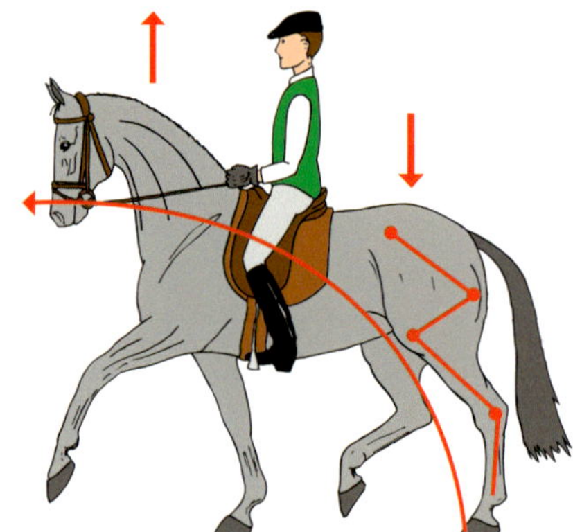

Der Reiter muss lernen, dass jede Bewegung des Pferdes von den Hinterbeinen ausgelöst wird und im Maul enden muss, d.h., dass die Bewegung von hinten nach vorne durch den Körper des Pferdes fließen sollte. Die halbe Parade wird diesbezüglich auch als „Leitung durchs Pferd" verstanden. Diese kann nur gelingen, wenn das Verhältnis von Annehmen und Treiben stimmt, wie in vielen vorangegangen Übungen beschrieben wurde.[97]

- Häufig geht die Bewegung des Pferdes von vorne nach hinten:

Das Pferd sucht Stütze.

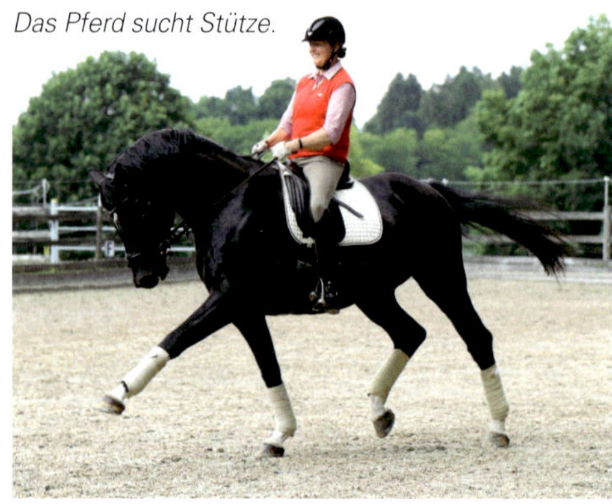

Das Pferd trägt sich.

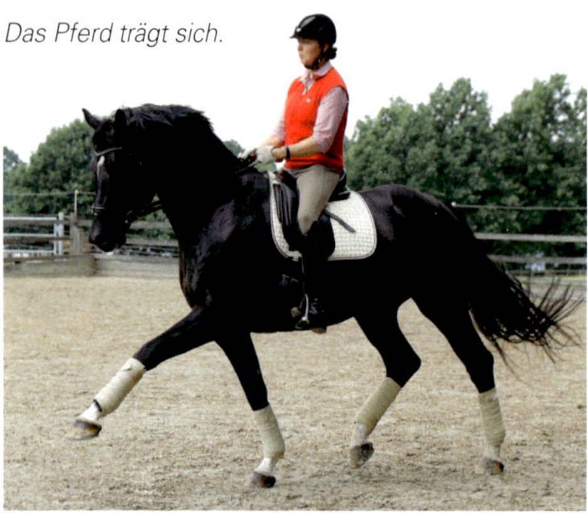

Das Pferd wird dann vorlastig, kommt auf die Vorhand und legt sich aufs Gebiss und tritt mit den Hinterbeinen nach hinten raus. So wird es nicht möglich sein, das Pferd zu schließen.

- Um dieses korrekte Bild zu entwickeln, gibt der Reiter kurze, zügige Hilfen, kurze Aufforderungen, damit das Pferd wieder an Fleiß und Aktivität gewinnt. Die Zügel werden nicht mehr angenommen, sondern sollen durch die treibende Hilfe „gefüllt" werden. Durch das Treiben soll der Reiter mehr Verbindung in der Hand spüren. Vorausgesetzt, er hat vorher eine Verbindung aufgebaut.

Bei dieser Übung zeigt sich, wie schwierig das Reiten sein kann und wie sich hier die Komplexität potenziert. Ständig sind Querverweise auf vorangegangene Übungen nötig; es ist nicht mit einem einzigen Lösungsweg getan. Die Ursachen können unterschiedlicher und vielschichtiger nicht sein; sie müssen im Einzelfall analysiert und können erst dann individuell bearbeitet werden.

Das Grundprinzip bleibt aber immer dasselbe: Das Pferd von hinten nach vorn ans Gebiss zu reiten und es vor die treibenden Hilfen zu bekommen!

97 Z.B. Übungen 1, 3, 25 u.v.a.m.

111. Entwicklung der Tragkraft ist problematisch

Problembeschreibung:

Das Pferd muss von Anbeginn der Ausbildung lernen, sich zu tragen. Nach der Gewöhnungsphase mit der beginnenden Versammlung soll es lernen, das Genick als höchsten Punkt zu tragen.
Vielen Pferden fällt dieses schwer, da sie dazu aufgrund von Exterieurmängeln nicht in der Lage sind oder aufgrund ihres nicht ganz korrekten Ausbildungsstandes dazu noch nicht in der Lage sein können. Die Pferde müssen muskulär gut vorbereitet sein, um Schub- und Tragkraft ausbilden zu können.

Lösungsvorschlag:

- Vgl. Kap. 6.2, Übung 25 – das vermehrt unter den Schwerpunkt tretende Pferd, S. 85 f.
- Der Reiter muss das Pferd mit seinen Hilfen auffordern, mehr unter den Schwerpunkt zu treten. Dazu nimmt er viele, kleine halbe Paraden, die impulsartig eingesetzt werden. Das heißt: treibender Schenkel, aktive Mittelpositur (Anspannen der Bauchmuskulatur) und annehmende/nachgebende Zügelhilfe gleichzeitig. Das detaillierte Üben der einzelnen Hilfen in der halben Parade wurde in Kap. 6.2, Übung 1, S. 57 f. beschrieben.
- Für den erfahrenen Reiter ist es wichtig zu wissen, wie er das Pferd zu erziehen hat. Er sollte mit den Schenkeln einen kurzen Impuls erzeugen, je nach Reaktion des Pferdes stärker oder schwächer. Dieser Impuls kann auch vom Sporn ausgelöst werden.

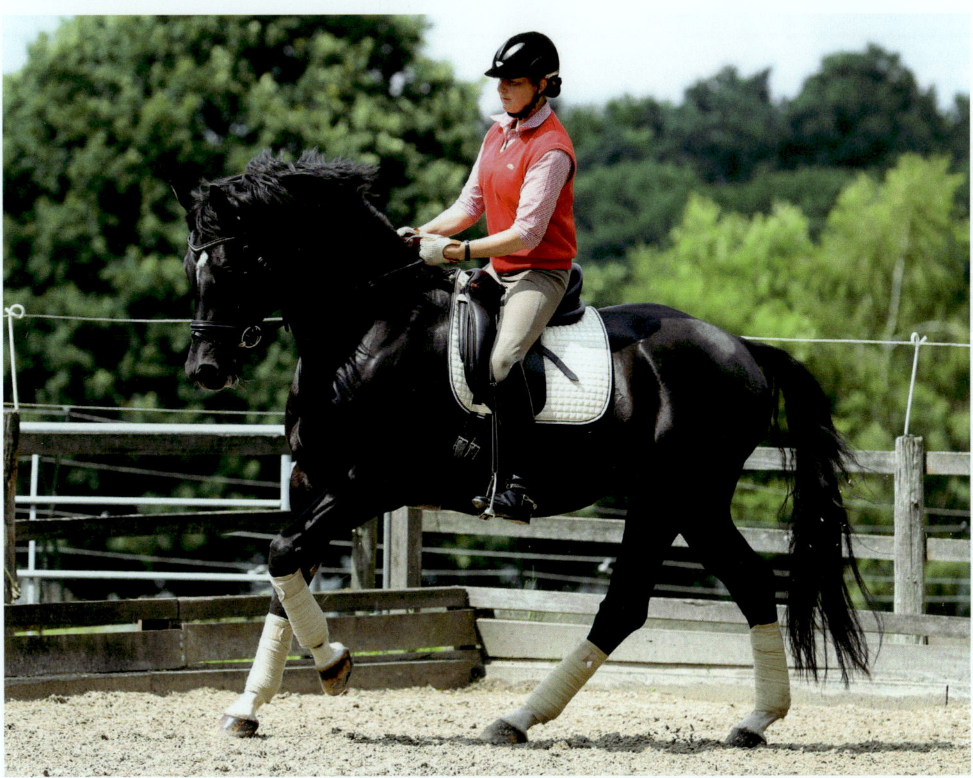

Optimaler Zustand der Anlehnung und der Versammlung

- Reagiert das Pferd zu träge auf die Schenkelhilfen, wird das Pferd mit der Gerte touchiert. Entweder von oben durch den Reiter selbst hinter dem Schenkel des Reiters oder aber von unten durch den Ausbilder. Der Gerteneinsatz muss von einem erfahrenen Ausbilder vorgenommen werden. Die Gerte sollte dann je nach Reaktion des Pferdes auf die Kruppe oder an die Hinterbeine des Pferdes angelegt werden.
- Reagiert das Pferd, soll es sofort belohnt und die Übung beendet werden. Dieser Vorgang kann nach einer kurzen Pause (je nach Losgelassenheit des Pferdes auch mehrmals) wiederholt werden. Reagiert das Pferd nicht, wird die Dosierung der Hilfen leicht gesteigert, um das Pferd wieder zu sensibilisieren. Erfolgt dann immer noch keine Reaktion, wird das Pferd mit einigen Übergängen wieder für die treibenden Hilfen feinfühlig gemacht, bevor die eigentliche Übung wieder gefordert wird.

Insgesamt besteht die Aufgabe des Reiters für diese Ausbildungsstufe des Pferdes darin, dem Pferd ein neues Verständnis der halben Parade zu lehren. Die treibende Hilfe bedeutet nicht nur vorwärtsgehen, sondern soll als Aufforderung verstanden werden, mehr unter den Schwerpunkt zu treten. Damit erreicht der Reiter, dass sich das Pferd vom Gebiss abstößt[98] und somit einen optimalen Zustand der Anlehnung und der Versammlung erreicht.

98 „Vom Gebiss abstoßen" bedeutet, dass das Pferd durch die treibende Einwirkung des Reiters gelernt hat, ans Gebiss heranzutreten und im Genick nachzugeben.

7. Und zum Schluss noch Tipps und Tricks!

Formulierungsvorschläge – Übungsvariationen

In diesem letzten Abschnitt geht es nur darum, einige nutzbringende Formulierungen und Übungsvariationen für die tägliche Unterrichtspraxis zu ergänzen, die im vorangegangenen Übungsteil nicht artikuliert wurden. Sie unterliegen keinerlei Gliederung und werden auch nur knapp erläutert, da sie den eigenen Wortschatz aufbessern sollen. Dieser Begriffsvorrat muss immer wieder unter dem Aspekt der Funktion gesehen werden.

1 Besser: „Oberschenkel, Knie nach unten fallen lassen" als „Absatz tief". Diese Formulierung legt die Betonung mehr auf den aus der Hüfte fallenden Oberschenkel als auf den tiefen Absatz. Dieser ist nur das Ergebnis des fallenden, losgelassenen Oberschenkels.

2 Besser: „Knie leicht offen" als „Knie zu" – bei „Knie zu" kippt das Becken nach hinten, die Oberschenkel klemmen, die Losgelassenheit geht verloren. Lieber Reiten mit offenem Knie zulassen, um die Losgelassenheit zu unterstützen.

3 Blick der Augen: nach vorne – schräg – unten. Das Okzipitalgelenk muss frei sein.

4 Unterschenkel – Fußsohle – Bügelriemen bilden ein Dreieck (vgl. Knie – Fußspitze bilden eine senkrechte Linie).

5 Durchhaltende bzw. annehmende Zügelhilfen werden häufig mit „Ziehen" verwechselt. Immer wieder den Unterschied herausarbeiten, dass eine annehmende und eine durchhaltende Zügelhilfe niemals mit einer Rückwärtsbewegung gekoppelt werden darf. Annehmen/Durchhalten bedeuten immer nur einen Kontakt zum Maul herzustellen, ohne die Hand zurückzuführen bzw. zu ziehen. Das Pferd muss immer die Chance haben, auf die Zügelhilfe herantretend zu reagieren (in Verbindung mit treibenden Hilfen) bzw. sich an die Hand heranzudehnen. Wird gezogen, ist diese Möglichkeit nicht mehr gegeben.

6 „Körper über die Beine bekommen" – zur Findung der Balance.

7 Gewichtshilfen unterliegen einer Dreiteilung: Masse – Abstimmung – Richtung.

8 Lage der Schulterblätter: oben – hinten – unten. Besser: Brustbein anheben!

9 „Das Auge steuert die Bewegung des Menschen", z.B. in der Traversale in die Richtung schauen, wo man hinreitet.

10 „Nachahmen der Absicht" ist besser als „Nachahmen der Form". Der Schüler soll das Vormachen des Ausbilders nicht kopieren, sondern den Sinn der jeweiligen Übung oder Hilfestellung begreifen; nur dann wird er auch in der Lage sein, sie umzusetzen und auf Dauer zu behalten.

11 Statt „halbe Parade am äußeren Zügel", was sachlich falsch ist, korrekt: „Gib´ außen eine annehmende und nachgebende Zügelhilfe" oder „Fang´ dein Pferd am äußeren Zügel mit einer annehmenden und nachgebenden Zügelhilfe ab."

12 Statt „Sattel auswischen", was sachlich falsch ist, korrekt: „Versuch das Gesäß ruhig (im Sinne von passiv) zu halten, lass dich vom Pferd in der Mittelpositur bewegen!"

13 Anstelle der Formulierung „linker, rechter Zügel/Schenkel" besser „innerer/äußerer Zügel/Schenkel" benutzen; wird von den Schülern leichter umgesetzt.

14 Knie in leichter Bewegung auch im Leichttraben, kein fester Knieschluss beim Aussitzen.

15 Grundsatz: Das Pferd bemüht sich, immer unter den Schwerpunkt des Reiters zu gelangen, es folgt dem Reitergewicht (leider auch, wenn es falsch postiert ist).

16 Der „richtige" Sitz ist der, den der Reiter in seinem augenblicklichen Ausbildungsstand einnehmen kann.

17 Soll ein leichtes Schultervor erreicht werden und der Reiter übertreibt dies, bietet sich die Formulierung an, „das Pferd mehr in Längsbiegung zu reiten". Häufig ist diese Formulierung ausreichend, um das Pferd schmaler spuren bzw. in sich gerader gehen zu lassen.

18 Traversale rechts: Nach rechts sitzen und mit dem Gesäß zum rechten Knie rollen. Die Schräge zieht uns dahin, und das Pferd folgt unserer Bewegung.

19 Für das richtige Anlehnungsgefühl ist folgende Formulierung hilfreich: „Lasse deine Oberarme fallen, Ellenbogen „schwer" werden und erlaube deinem Pferd, dass es sich deiner Anlehnung bedient. Deine Ringfinger bleiben geschlossen und fühlen die Maulspalte deines Pferdes." Durch die losgelassen getragenen Arme soll erreicht werden, dass die Anlehnung nicht starr und fest, sondern weich und federnd ist.

20 Versuche, dass das Genick deines Pferdes beweglich ist. Dein Pferd muss sich jederzeit nach links und rechts stellen lassen; es muss nachgiebig und folgsam auf deine Zügelhilfen sein.

Schlussbemerkung

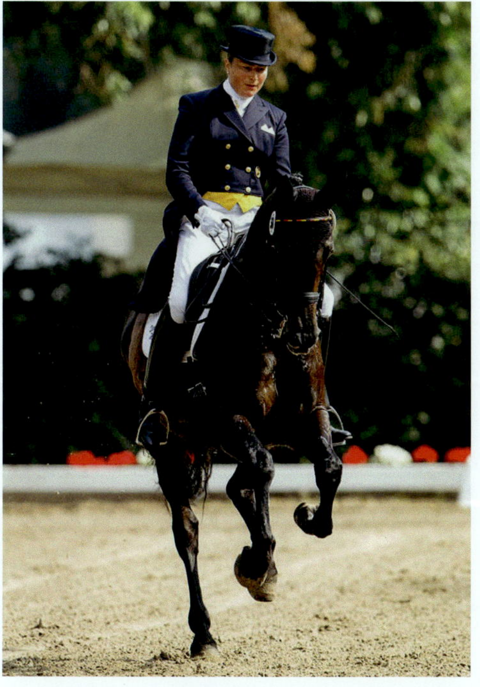

Die Autorin Karin Lührs mit Sergeant Pepper auf dem Trakehner Bundesturnier Hannover 2016

In dem vorliegenden Buch wurden typische Situationen aus der täglichen Reit- und Unterrichtspraxis analysiert und mit vielen praktischen Tipps bereichert.

Im Zentrum standen die Vermittlung und die Verbesserung des reiterlichen Gefühls unter besonderer Beachtung der Funktion des Reitens und des zufriedengehenden Pferdes. Gefühl, Funktionalität und fröhliche Pferde sind die Schlagworte meines Buches.

Es ist mir bewusst, dass ich nicht alle möglichen und existierenden Lösungswege anführen konnte. Sicherlich hat der eine oder andere zu Hause eine noch bessere Idee. (Wenn ja, können Sie sich ruhig bei mir melden ...) Aber ich denke, dass es mir gelungen ist, eine Vielzahl typischer Reitsituationen zusammenzustellen, die ein jeder in seiner täglichen Praxis umsetzen kann.

Übungsübersicht – numerisch

6.2 MÜR zum Erlernen von Hilfengebung und Lektionen 57

1. MÜR zum ersten Verständnis des Reitens einer halben Parade 57
2. Treibende Schenkelhilfen 59
3. Demonstration Verhältnis von Treiben und Verhalten 59
4. Gebrauch des verwahrenden Schenkels 61
5. Diagonale Hilfengebung 62
6. Schulung der Gewichtshilfen 63
7. Zügel nachfassen 65
8. Seitwärtsweisende Zügelhilfe 65
9. Schulung der Handunabhängigkeit 67
10. Erlernen des Leichttrabens 68
11. Korrektes Reiten der Zirkellinie 69
12. Vorhandwendung 70
13. Einführung zum Schenkelweichen 71
14. Üben der Rückführung aus dem Schenkelweichen 72
15. Reiten der Viertellinie 74
16. Viereck-Verkleinern und -Vergrößern 74
17. Viereck-Verkleinern im Leichttraben 77
18. Durchreiten der Ecken 78
19. Rückwärtsrichten 80
20. Galopp-Schritt-Übergänge 81
21. Einfacher Galoppwechsel auf der Diagonalen 82
22. Gefühl für die Fußfolge des Pferdes erwerben 83
23. Erfühlen des korrekt und geschlossen stehenden Pferdes 84
24. Schulung der Hilfengebung, die Hinterbeine im Halten heranzustellen 85
25. Das vermehrt unter den Schwerpunkt tretende Pferd 85
26. Einführung zur Hinterhandwendung/Kurzkehrtwendung 86
27. Der tief sitzende und korrekt einwirkende Reiter 87

6.3 MÜR bei Problemen und Lösungsvorschläge 88

6.3.1 Probleme, die durch fehlerhafte Hilfengebung und Einwirkung verursacht werden 89

28. Reiter schwingt nicht in der Mittelpositur 89
29. Reiter treibt mit dem Oberkörper 90
30. Reiter nimmt äußere Schulter, v.a. in den Wendungen, zu weit vor 91
31. Reiter sitzt vor der Senkrechten 92
32. Reiter hat klopfenden Unterschenkel 93
33. Reiter hat unruhigen Unterschenkel beim Leichttraben 94
34. Reiter hat zu hohe Hand 95
35. Reiter hält die Hände nicht aufrecht 96
36. Reiter hat unruhige Hände 97
37. Handhaltung und Zügelführung (um die Vertikale herum) – Handgelenksbeweglichkeit 99
38. Sitzprobleme beim Aussitzen 99
39. Sitzprobleme beim Mitteltrab 102
40. Reiter klemmt mit den Knien 103
41. Reiter ist fest 104
42. Kopfhaltung ist verkrampft 105
43. Reiter sitzt schief 105
44. Falscher Einsatz des verwahrenden Schenkels 107
45. Einsatz des äußeren, verwahrenden Zügels bereitet Schwierigkeiten 108
46. Gleichgewichtsprobleme des Reiters 109
47. Reiter kann (diagonale) Linie nicht einhalten 110
48. Der Reiter trifft die Mittellinie zum Einreiten nicht 110
49. Nicht runde Volten bzw. unausbalancierte Volten 111
50. Ausfallen der Schulter beim Schenkelweichen 112
51. Richtige Größe des Viereck-Verkleinerns und -Vergrößerns bereitet Probleme 113
52. Reiter hat Wendeprobleme aufgrund eines Hüftknicks 113
53. Reiter sitzt nicht in der Biegung des Pferdes, sondern entgegengesetzt 114
54. Leichttraben auf dem falschen Fuß 115
55. Schief gehendes Pferd durch zu starken Einsatz des inneren Zügels 116
56. Reiter fühlt Schiefe des Pferdes nicht 118
57. Reiter kann nicht gleichmäßige Verbindung halten 118
58. Reiter hat Anlehnungsprobleme im Schritt 119
59. Reiter schafft es nicht, das Pferd im Übergang von der Hand zu bekommen 120
60. Übergang Schritt – Galopp gelingt nur über Trab 121
61. Ganze Parade an einem Punkt aus dem Trab/Galopp misslingt 121
62. Hinterhandwendung misslingt 122
63. Halten – Gruß – Reiter ist aufgeregt, Pferd steht nicht still 124
64. Atmungsstörungen des Reiters 125
65. Reiter verspannt sich aus Ängstlichkeit 125
66. Der Reiter hat Angst, über Cavaletti zu traben 125
67. Und zum Abschluss: Einwirkungsübungen (Sitzübungen) an der Longe 126

6.3.2 Wiederkehrende, typische Probleme des Pferdes 127

68. Pferd tritt nicht ans Gebiss 127
69. Pferd verliert Schritt-Takt, wenn der Zügel aufgenommen wird 128
70. Pferd reagiert nicht auf die Hilfen 129
71. Pferd klemmt gegen den inneren Schenkel 130
72. Pferd hält in der Stellung gegen 131
73. Fehlerhafte Stellung in der Halsmitte 132
74. Verwerfen im Genick 133
75. Pferd verkantet 134
76. Pferd wird eng 134
77. Maultätigkeit des Pferdes verbessern 136
78. Pferd liegt ständig auf einem Zügel 137
79. Pferd liegt auf der inneren Hand! – „3:1-Hilfe" 138
80. Pferd hebt sich heraus beim Anreiten/bei Übergängen, z.B. Schritt – Galopp 138
81. Pferd geht schlecht durchs Genick 139
82. Scheuendes Pferd 140
83. Hektisches Pferd/träges Pferd 141
84. Nervöses, ungehorsames Pferd 142
85. Pferd wird heftig beim Angaloppieren 142
86. Galopp – Schritt: Pferd zackelt und ist taktunrein 143
87. Pferd fällt aus im Galopp 143
88. Balanceprobleme im Arbeitsgalopp 144
89. Außengalopp durch die Ecken – Pferd springt um 145
90. Pferd springt um bei Rückführung vom Zulegen in Arbeitsgalopp bzw. versammelten Galopp 147
91. Wendeprobleme 148
92. Pferd geht schlecht in die Ecke 149
93. Einreiten auf die Mittellinie zur Grußaufstellung – Das Pferd schwankt zu sehr 150
94. Einreiten – Halten – Gruß – Das Pferd hebt sich heraus beim Gruß 150
95. Ganze Parade – Pferd tritt zurück 151
96. Pferd steht nicht still beim Halten 151
97. Korrektur von Zwangseite und hohler Seite 152
98. Mangelnde Geraderichtung – Schultervor und Reiten in Stellung 153
99. Schiefes Pferd 154
100. Pferd galoppiert schief an 156
101. Pferd hat wenig oder mangelhafte Längsbiegung 157
102. Pferd verliert Balance in der Ecke/Wendung 157
103. Pferd hat Umstellungsschwierigkeiten beim Handwechsel 158
104. Im Schulterherein fällt das Pferd über die äußere Schulter 159
105. Hufschlagfiguren – Zirkellinie kann nicht eingehalten werden 160
106. Pferd zackelt im Schritt/zeigt schlechten Schritt 161
107. Pferd ist undurchlässig in den Übergängen 161
108. Pferd bleibt beim Seitwärts im Rhythmus stecken 162
109. Hinterhandwendung fehlerhaft, Pferd knickt in Halsmitte ab 162
110. Pferd blockiert im Hinterbein 163
111. Entwicklung der Tragkraft ist problematisch 165

Alphabetisches Übungsverzeichnis

A

Atmungsstörungen des Reiters 125
Ausfallen der Schulter beim Schenkelweichen 112
Außengalopp durch die Ecken – Pferd springt um 145

B

Balanceprobleme im Arbeitsgalopp 144

D

Das vermehrt unter den Schwerpunkt tretende Pferd 85
Demonstration Verhältnis von Treiben und Verwahren 59
Der Reiter hat Angst, über Cavaletti zu traben 125
Der tief sitzende und korrekt einwirkende Reiter 87
Diagonale Hilfengebung 62
Durchreiten der Ecken 78

E

Einfacher Galoppwechsel auf der Diagonalen 82
Einführung zum Schenkelweichen 71
Einführung zur Hinterhandwendung/Kurzkehrtwendung 86
Einreiten – Halten – Gruß – Das Pferd hebt sich heraus beim Gruß 150
Einreiten auf die Mittellinie zur Grußaufstellung –
Das Pferd schwankt zu sehr 150
Einsatz des äußeren, verwahrenden Zügels bereitet Schwierigkeiten 108
Entwicklung der Tragkraft ist problematisch 165
Erfühlen des korrekt und geschlossen stehenden Pferdes 84
Erlernen des Leichttrabens 68

F

Falscher Einsatz des verwahrenden Schenkels 107
Fehlerhafte Stellung in der Halsmitte 132

G

Galopp – Schritt – Übergänge 81
Galopp – Schritt: Pferd zackelt und ist taktunrein 143
Ganze Parade – Pferd tritt zurück 151
Ganze Parade an einem Punkt aus dem Trab/Galopp misslingt 121
Gebrauch des verwahrenden Schenkels 61
Gefühl für die Fußfolge des Pferdes erwerben 83
Gleichgewichtsprobleme des Reiters 109

H

Halten – Gruß – Reiter ist aufgeregt, Pferd steht nicht still 124
Handhaltung und Zügelführung (um die Vertikale herum) –
Handgelenksbeweglichkeit 99
Hektisches Pferd/träges Pferd 141
Hinterhandwendung fehlerhaft, Pferd knickt in Halsmitte ab 162
Hinterhandwendung misslingt 122
Hufschlagfiguren – Zirkellinie kann nicht eingehalten werden 160

I

Im Schulterherein fällt das Pferd über die äußere Schulter 159

K

Kopfhaltung ist verkrampft 105
Korrektes Reiten der Zirkellinie 69
Korrektur von Zwangseite und hohler Seite 152

L

Leichttraben auf dem falschen Fuß 115

M

Mangelnde Geraderichtung –
Schultervor und Reiten in Stellung 153
Maultätigkeit des Pferdes verbessern 136
MÜR zum ersten Verständnis des Reitens einer halben Parade 57

N

Nervöses, ungehorsames Pferd 142
Nicht runde Volten bzw. unausbalancierte Volten 111

P

Pferd bleibt beim Seitwärts im Rhythmus stecken 162
Pferd blockiert im Hinterbein 163
Pferd fällt aus im Galopp 143
Pferd galoppiert schief an 156
Pferd geht schlecht durchs Genick 139
Pferd geht schlecht in die Ecke 149
Pferd hält in der Stellung gegen 131
Pferd hat Umstellungsschwierigkeiten beim Handwechsel 158
Pferd hat wenig oder mangelhafte Längsbiegung 157
Pferd hebt sich heraus beim Anreiten/bei Übergängen z.B. Schritt – Galopp 138

Pferd ist undurchlässig in den Übergängen 161
Pferd klemmt gegen den inneren Schenkel 130
Pferd liegt auf der inneren Hand! – „3:1-Hilfe" 138
Pferd liegt ständig auf einem Zügel 137
Pferd reagiert nicht auf die Hilfen 129
Pferd springt um bei Rückführung vom Zulegen in Arbeitsgalopp bzw. versammelten Galopp 147
Pferd steht nicht still beim Halten 151
Pferd tritt nicht ans Gebiss 127
Pferd verkantet 134
Pferd verliert die Balance in der Ecke/Wendung 157
Pferd verliert den Schritt-Takt, wenn der Zügel aufgenommen wird 128
Pferd wird eng 134
Pferd wird heftig beim Angaloppieren 142
Pferd zackelt im Schritt/zeigt schlechten Schritt 161

R

Reiten der Viertellinie 74
Reiter fühlt Schiefe des Pferdes nicht 118
Reiter hält die Hände nicht aufrecht 96
Reiter hat Anlehnungsprobleme im Schritt 119
Reiter hat klopfenden Unterschenkel 93
Reiter hat unruhige Hände 97
Reiter hat unruhigen Unterschenkel beim Leichttraben 94
Reiter hat Wendeprobleme aufgrund eines Hüftknicks 113
Reiter hat zu hohe Hand 95
Reiter ist fest 104
Reiter kann (diagonale) Linie nicht halten 110
Reiter kann nicht gleichmäßige Verbindung halten 118
Reiter klemmt mit den Knien 103
Reiter nimmt äußere Schulter, v.a. in den Wendungen, zu weit vor 91
Reiter schafft es nicht, das Pferd im Übergang von der Hand zu bekommen 120
Reiter schwingt nicht in der Mittelpositur 89
Reiter sitzt nicht in der Biegung des Pferdes, sondern entgegengesetzt 114
Reiter sitzt schief 105
Reiter sitzt vor der Senkrechten 92
Reiter treibt mit dem Oberkörper 90
Reiter trifft die Mittellinie zum Einreiten nicht 110
Reiter verspannt sich aus Ängstlichkeit 125
Richtige Größe des Viereck-Verkleinerns und -Vergrößerns bereitet Probleme 113
Rückwärtsrichten 80

S

Scheuendes Pferd ... 140
Schief gehendes Pferd durch zu starken Einsatz des inneren Zügels ... 116
Schiefes Pferd ... 154
Schulung der Gewichtshilfen ... 63
Schulung der Handunabhängigkeit ... 67
Schulung der Hilfengebung, die Hinterbeine im Halten heranzustellen ... 85
Seitwärtsweisende Zügelhilfe ... 65
Sitzprobleme beim Aussitzen ... 99
Sitzprobleme beim Mitteltrab ... 102

T

Treibende Schenkelhilfen ... 59

U

Üben der Rückführung aus dem Schenkelweichen ... 72
Übergang Schritt – Galopp gelingt nur über Trab ... 121
Und zum Abschluss: Einwirkungsübungen (Sitzübungen) an der Longe ... 126
Unausbalancierte Volten bzw. nicht runde Volten ... 111

V

Verwerfen im Genick ... 133
Viereck-Verkleinern im Leichttraben ... 77
Viereck-Verkleinern und -Vergrößern ... 74
Vorhandwendung ... 70

W

Wendeprobleme ... 148

Z

Zügel nachfassen ... 65

- DEUTSCHE REITERLICHE VEREINIGUNG e.V. (Hrsg.): Grundausbildung für Reiter und Pferd. Richtlinien für Reiten und Fahren, Band 1. Warendorf, 30. Auflage 2014
- DEUTSCHE REITERLICHE VEREINIGUNG e.V. (Hrsg.): Richtlinien für Reiten und Fahren. Band 2. Ausbildung für Fortgeschrittene. Warendorf, 13. Auflage 2001
- DEUTSCHE REITERLICHE VEREINIGUNG e.V. (Hrsg.): Deutsche Reitlehre – Der Reiter. Warendorf 2000
- DEUTSCHE REITERLICHE VEREINIGUNG e.V. (Hrsg.): FN-Handbuch Lehren und Lernen im Pferdesport. Warendorf, 4. Auflage 2016
- DEUTSCHE REITERLICHE VEREINIGUNG e.V. (Hrsg): FN-Handbuch Schulsport. Reiten & Voltigieren in der Schule. Warendorf 1997
- DEUTSCHE REITERLICHE VEREINIGUNG e.V. (Hrsg.): Sportlehre – Lernen, Lehren und Trainieren im Pferdesport. Warendorf, 2. Auflage 1998
- DIETZE, S. v.: Balance in der Bewegung. Warendorf, 3. Auflage 2010
- DIETZE, S. v./NEUMANN-COSEL, I. v.: Balance in der Bewegung 1 und 2. DVD-Videos Deutsch/Englisch
- FETZ, F.: Allgemeine Methodik der Leibesübungen. Bad Homburg, 8. Auflage 1979
- GRÖSSING, S.: Einführung in die Sportdidaktik. Bad Homburg, 4. Auflage 1983
- HIRTZ, P./HOLZ, A./LUDWIG, G.: Bewegungskompetenzen in: Praxisideen 2. Schorndorf 2000
- IPSOS – Marktanalyse Pferdesportler in Deutschland 2001
- JANK, W./MEYER, H.: Didaktische Modelle. Frankfurt/Main 1991
- KASSAT, G.: ereignis bewegungslernen. Rödinghausen 1998
- LÜHRS-KUNERT, K.: 111 Lösungswege für das Reiten. Warendorf, 2. Auflage 2006
- MEINEL, K./SCHNABEL, G.: Bewegungslehre – Sportmotorik. Berlin, 8. Auflage 1987
- MEYER, H.: Reiten und Ausbilden. Hildesheim, 2. Auflage 1995
- MEYER, H.: Was ist guter Unterricht? Berlin 2004
- MEYNERS, E.: Bewegungsgefühl – das innere Auge des Reiters. Düsseldorf 1996
- MEYNERS, E./MÜLLER, H./NIEMANN, K.: Reiten als Dialog. Stuttgart 2011
- MEYNERS, E.: Das Bewegungsgefühl des Reiters. Stuttgart 2003
- MEYNERS, E.: Lehren und Lernen im Reitsport – Sportpädagogische Grundlagen – Reiten als Selbstbewegung – Anfängerreitkonzepte. Lüneburg 2000
- MEYNERS, E.: Wie bewegt sich der Reiter. Stuttgart 2016
- MÜSELER, W.: Reitlehre. CH – Cham, 46. Auflage 1998

- PODHAJSKY, A.: Die klassische Reitlehre. München 1965
- REICHEL, H.-S.: Hilfe bei Rückenschmerzen. Oberhaching 1988
- RÖTHIG, P. (Red.): Sportwissenschaftliches Lexikon. Schorndorf, 6. Auflage 1992
- SEUNIG, W.: Reitlehre von heute. Heidenheim 1956
- SEUNIG, W.: Am Pulsschlag der Reitkunst. Heidenheim 1961
- SÖLL, W.: Sportunterricht. Schorndorf, 4. Auflage 2000
- STEINBRECHT, G.: Gymnasium des Pferdes. Aachen, 16. Auflage 1996
- STODULKA, R./WEISS, E./MEYNERS, E.: Medizinische Sattellehre. Hildesheim 2013
- SWIFT, S.: Reiten aus der Körpermitte. CH – Cham, 10. Auflage 2006
- TREBELS, A. H.: Das dialogische Bewegungskonzept. Eine pädagogische Auslegung von Bewegung. In: sportunterricht. 41 (1992), 1, 20–29
- TREBELS, A. H.: Bewegung sehen und beurteilen. In: Sportpädagogik 14 (1990), S.12–20
- TROSSE, H.D.: Handball. Training – Technik – Taktik. Reinbek 1986
- VOLGER,B: Lehren von Bewegungen. Ahrensburg 1990
- WALDOWSKI; L.: Basketball. Training – Technik – Taktik. Reinbek 1985
- WIEMEYER, J.: Bewegungs- und Koordinationslernen: Lehrstrategien aus aktueller Perspektive in: sportunterricht, Schorndorf, 51 (4. Auflage 2002), S. 99–105.

Weitere Literaturempfehlungen zum Thema aus dem FN*verlag*, Warendorf

- BOLDT, H.: Das DressurPferd/ The Dressage Horse. 3. Auflage 2015
- BÜRGER, U./ZIETZSCHMANN, O.: Der Reiter formt das Pferd. Tätigkeit und Entwicklung der Muskeln des Reitpferdes. 5. Auflage 2015
- DEUTSCHE REITERLICHE VEREINIGUNG e.V. (Hrsg.)/ OTTO, L. S./ RIEDEL, M.: Kinderreitunterricht kreativ und vielseitig gestalten. 1. Auflage 2016
- DIETZE, S. v./NEUMANN-COSEL, I. v.: Rücksicht auf den Reiterrücken. Schonen – Schützen – Stärken, 1. Auflage 2009
- DIETZE, S. v./NEUMANN-COSEL, I. v.: Rücksicht auf den Reiterrücken. Auch als DVD-Video Deutsch/Englisch erhältlich!
- FINK, G. W.: Gelassenheit im Pferdesport. Erfolgreich in Haltung, Zucht und Sport – Gelassen geht es besser! 1. Auflage 2007
- FRÖMMING, A.: Bilder und Fakten zur Entwicklung der Ausbildung von Reiter und Pferd im Dressur- und Springreiten. 1. Auflage 2011
- GAST, C. & U.: Karteikasten Reitenlehren lernen. Neuauflage 2016

- GRÄF, U./HEIDENHOF, F.: Feines Reiten auf motivierten Pferden. Erfolg durch pferdegerechte Ausbildung und Haltung. 3. Auflage 2015
- GRÄF, U./HEIDENHOF, F.: Feines Reiten in der Praxis. Der Weg zu mehr Mühelosigkeit im Sattel. 2. Auflage 2015
- GRÄF, U./Hess, C.: Feines Reiten auf sicherem Fundament. DVD-Video Deutsch/Englisch
- HESS, C./Schlemm, P.: Besser Reiten. Wo ist das Problem? Sitz – Einwirkung – Losgelassenheit – Springen. 3. Auflage 2010
- HESS, C.: Besser Reiten für Fortgeschrittene. Dressur, Springen, Gelände. 1. Auflage 2008
- HESS, C.: Besser Reiten – Von der Basisausbildung zum feinen Reiten. Dressur, Springen, Gelände. 1. Auflage 2015
- HLAUSCHECK, C.: Steile Schulter, kurzer Rücken und Co. Ausbildung und Korrektur von Pferden mit Exterieurmängeln. 1. Auflage 2014
- KLEVEN, H. K.: Biomechanik und Physiotherapie für Pferde. 3. Auflage 2011 (Druck 2014)
- KLEVEN, H. K.: Physiotherapie für Pferde. DVD-Video, 40 Min.
- LINDGREN, Major A.: Übungsreihen für Dressurlektionen bis Grand Prix. 1. Auflage 2003
- PUTZ, M.: Reiten mit Verstand und Gefühl. Praxisbezogene Ausbildung für Reiter und Pferd. 5. Auflage 2012. Auch in Englisch erhältlich. Deutsche Ausgabe auch als E-Book erhältlich.
- PUTZ, M.: Richtig Reiten – eine Herausforderung. Problembezogene Ausbildung für Pferd und Reiter. 2. überarbeitete Auflage 2014
- REICHELT, A.: Reiten unterrichten. Für Ausbilder und Reiter – Reitpädagogik in Theorie und Praxis. 2. Auflage 2016
- REICHELT, A.: Reiter effektiv schulen. Handlungsorientierte Unterrichtskonzepte. 4. erweiterte Auflage 2015
- RIESKAMP, B.: Ausbildung junger Pferde … sowie Basisausbildung und Korrektur von Reitpferden. 3. Auflage 2015
- SCHNITZER, Prof. Dr.-Ing. U.: Pferde versammeln vom Boden aus. Arbeit an der Hand und am langen Zügel. 1. Auflage 2015 (Druck 2016)
- STAMMER. S.: Das Pferd in positiver Spannung. Biomechanik und Reitlehre in Bewegung. 2. Auflage 2016
- STECKEN, Major a.D. P.: Bemerkungen und Zusammenhänge. Erkenntnisse eines Pferdemannes. 1. Auflage 2016
- STEINBRECHT, G.: Gymnasium des Pferdes. Neuauflage 2004 (Druck 2014)
- STRICK, M.: Denk-Sport Reiten. Die faszinierende Logik der Ausbildungsskala. 5. erweiterte Auflage 2015
- ZETTL, W. A.: DressurReiten – ohne Druck und Zwang. Problemlösungen in der Dressurausbildung von E bis S. 1. Auflage 2013
- ZETTL, W. A.: Dressur in Harmonie. Von der Basis bis zum Grand Prix. 1. Auflage 2003

Digitale Medien im FN*verlag*

DVD-Videos (Auswahl)

- DEUTSCHE REITERLICHE VEREINIGUNG e.V. (FN) (Hrsg.):
  Teil 3:
  Grundausbildung Pferd und Reiter. Dressur – Die Skala der Ausbildung/ Dressage The Scale of Training. Deutsch/Englisch, 26 Min.
  Teil 7:
  Grundausbildung des Pferdes. Gewöhnung und Anreiten. 43 Min.
  Teil 8:
  Ausbildung des Reiters. Dressurreiten für Fortgeschrittene Kl. A und L/Advanced Dressage Riding, Novice and Elementary Level. Deutsch/Englisch, 45 Min.
  Teil 9:
  Ausbildung des Pferdes. Dressur – Niveau Kl. A und L. 49 Min.
- DIETZE, S. v./NEUMANN-COSEL, I. v.: Balance in der Bewegung 1/ Balance in Movement 1. Der Sitz des Reiters/The Seat of the Rider. Deutsch/Englisch, 40 Min.
- DIETZE, S. v./NEUMANN-COSEL, I. v.: Balance in der Bewegung 2/ Balance in Movement 2. Reiten mit leichten Hilfen/ Riding with light aids. Deutsch/Englisch, 43 Min.
- DIETZE, S. v./NEUMANN-COSEL, I. v.: Rücksicht auf den Reiterrücken/ Rider & Horse Back to Back. Schonen – Schützen – Stärken. Deutsch/Englisch, 45 Min.
- HESS, C.: besser Reiten! 40 Min.
- KLEVEN, H. K.: Physiotherapie für Pferde. Praktische Anleitungen für Massage und Dehnung. 40 Min.

Weitere DVD-Videos:

- GRÄF, U./HEIDENHOF, F.: Dressurreiten mit Begeisterung. Teil 1: Das Pferd motivieren. 80 Min.
- GRÄF, U./HEIDENHOF, F.: Dressurreiten mit Begeisterung. Teil 2: Training des Reiters. 80 Min.
- GRÄF, U./HEIDENHOF, F.: Dressurreiten mit Begeisterung. Teil 3: Erfolg auf dem Turnier. 60 Min.
- GRÄF, U./Hess, C.: Feines Reiten auf sicherem Fundament/ Fine Riding based on solid foundations. Deutsch/Englisch, 43 Min.
- KOBLITZ, R.: Das Geheimnis einer gelungenen Parade. Reiten gut erklärt – Teil 1. 44 Min.
- KOBLITZ, R.: Dehnungshaltung – Vorwärts-abwärts, aber wie? Reiten gut erklärt – Teil 2. 56 Min.
- SCHÖFFMANN, Dr. B.: Geschmeidigkeit durch Stellung & Biegung. Reiten gut erklärt – Teil 3. 82 Min.
- SCHÖFFMANN, Dr. B.: Seitengänge – von Schultervor bis Traversale. Reiten gut erklärt – Teil 4. 82 Min.

CD-ROMS

- DEUTSCHE REITERLICHE VEREINIGUNG e.V. (FN): Ausbildung rund ums Pferd. Lehr- und Lernprogramm (PowerPoint). Version 2.2-2015
- DEUTSCHE REITERLICHE VEREINIGUNG e.V. (FN): Pferdebeurteilung/Horse Evaluation. Deutsch/Englisch. Erscheinungstermin 2017

E-BOOKS

- BÜRGER, U./ZIETZSCHMANN, O.: Der Reiter formt das Pferd. Version 2016
- DEUTSCHE REITERLICHE VEREINIGUNG e.V. (FN): Grundausbildung für Reiter und Pferd. Richtlinien für Reiten und Fahren, Band 1. Version 2015
- DIETZE, S. v.: Balance in der Bewegung. Version 2016
- DÜLFFER-SCHNEITZER, Dr. B.: Notfall-Ratgeber Pferde und Giftpflanzen. In Vorbereitung!
- GRÄF, U./HEIDENHOF, F.: Feines Reiten auf motivierten Pferden. Version 2015
- GRÄF, U./HEIDENHOF, F.: Fine Riding on motivated Horses. Version 2015
- KLEVEN, H. K.: Biomechanik und Physiotherapie für Pferde. Version 2015
- KRONENBERG, M.: ABC für Pferdebesitzer. In Vorbereitung!
- PUTZ, M.: Reiten mit Verstand und Gefühl. Version 2015
- RIESKAMP, B.: Ausbildung junger Pferde. Version 2016
- WILLRICH, G.: Angstfrei Reiten. Version 2016

APPS

- DEUTSCHE REITERLICHE VEREINIGUNG e.V. (FN): Aufgaben Reiten. Version 2013 inkl. Ergänzungen
- DEUTSCHE REITERLICHE VEREINIGUNG e.V. (FN): Leistungs-Prüfungs-Ordnung (LPO). Version 2013 inkl. Ergänzungen
- SIMON-SCHÖN, B.: Wörterbuch Pferdesport. Deutsch/Englisch/Französisch. Version 2013

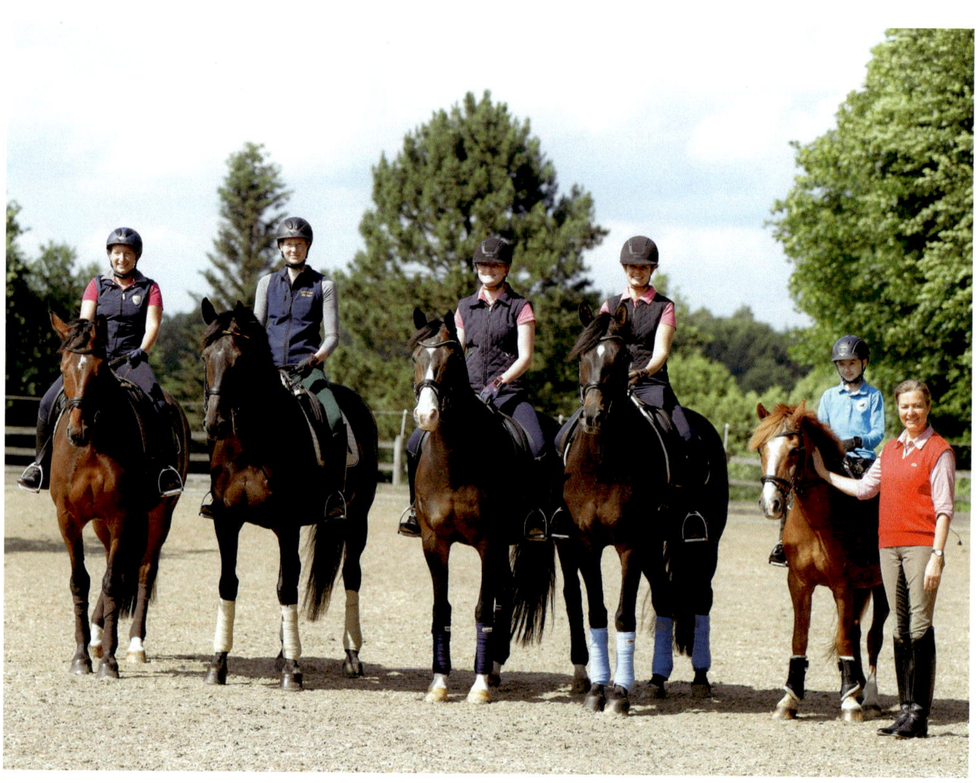

DANKE

Dank an die vielen hilfreichen Zwei- und Vierbeiner, die beim Entstehen der Fotos mitgewirkt haben.

Im Einzelnen sind dies:

- Anne Frischmann mit Down Under
- Ricarda Küssner mit Polar
- Grete Olesen mit Sergeant Pepper TSF
- Dr. Alexia Scholtz mit Kronprinz
- Anna Sindahl mit Zauberlord
- Anna Stahnke mit Nicolai
- sowie Royal Chocolate, So What

- Und besonderen Dank an den Fotografen Herrn Stefan Lafrentz.

E-Books – jetzt auch für Ihren E-Reader

E-Books werden immer beliebter. Der FN*verlag* bietet eine Auswahl an beliebten Büchern in der E-Book-Version für alle gängigen E-Reader-Modelle und Tablets (iOS, Android) an. Im Vergleich zum gedruckten Buch bieten die E-Books Funktionen wie die Volltextsuche, die Möglichkeit Textpassagen zu markieren oder Lesezeichen zu setzen. Ein vollständig verlinktes Inhaltsverzeichnis hilft, das gewünschte Thema auf Anhieb zu finden.

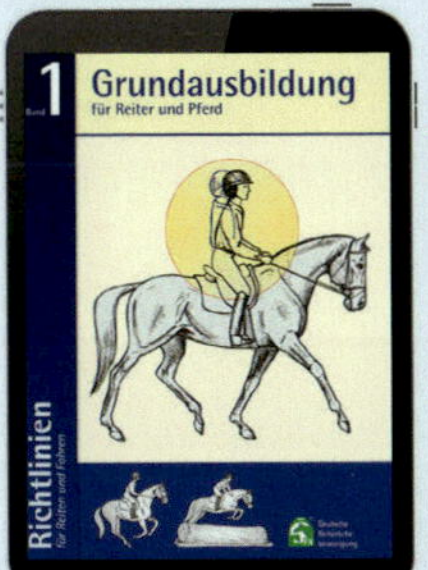

Grundausbildung für Reiter und Pferd, Richtlinien für Reiten und Fahren, Bd. 1

Version 2015
11,99 Euro
ISBN: 978-3-88542-922-7

Der Reiter formt das Pferd

Version 2016
11,99 Euro
ISBN: 978-3-88542-927-2

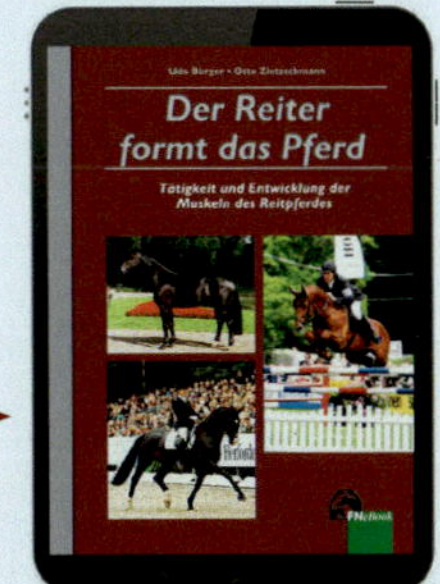

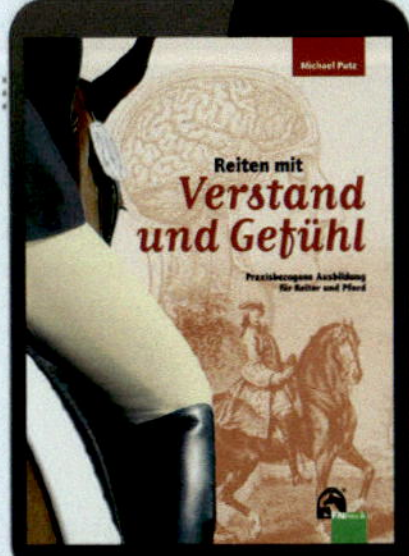

Reiten mit Verstand und Gefühl

Version 2015
19,99 Euro
ISBN: 978-3-88542-923-4

Ausbildung junger Pferde

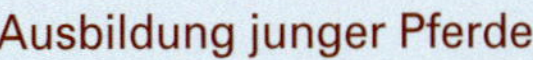

Version 2016
15,99 Euro
ISBN: 978-3-88542-931-9

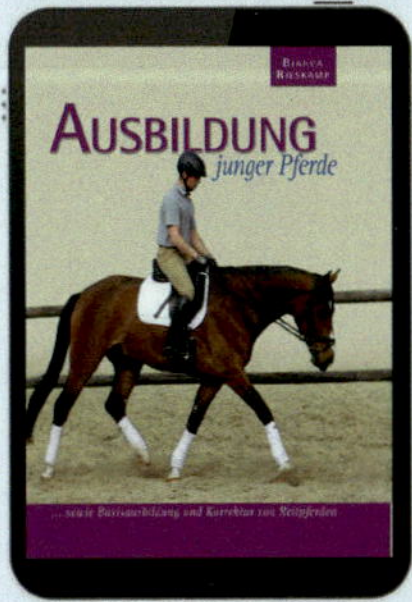

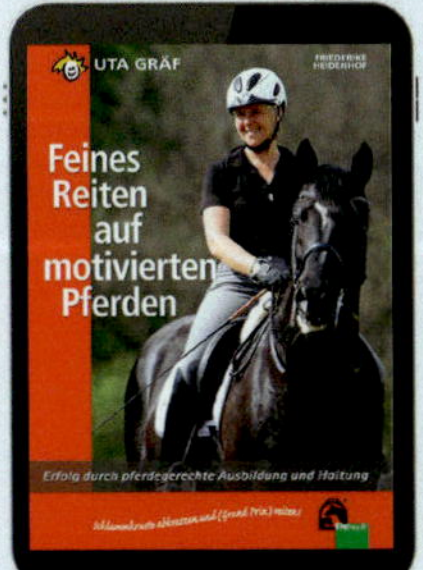

Feines Reiten auf motivierten Pferden

Version 2015
19,99 Euro
ISBN: 978-3-88542-921-0

Balance in der Bewegung

Der Sitz des Reiters
Version 2016
19,99 Euro
ISBN: 978-3-88542-926-5

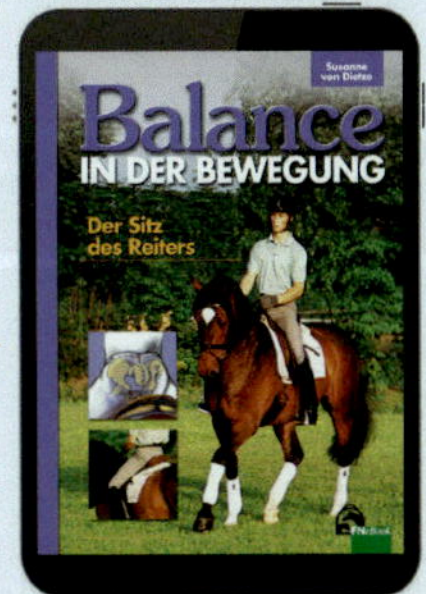

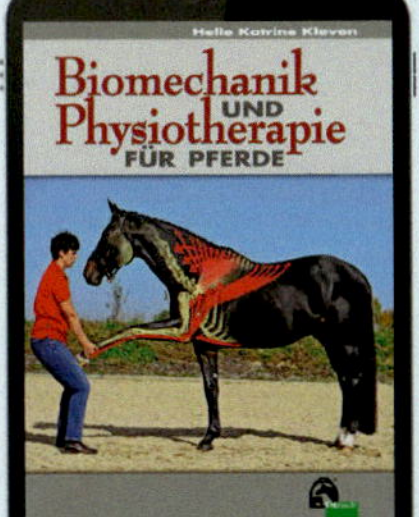

Biomechanik und Physiotherapie für Pferde

Version 2015
19,99 Euro
ISBN: 978-3-88542-920-3

Angstfrei Reiten

Version 2016
12,99 Euro
ISBN: 978-3-88542-928-9

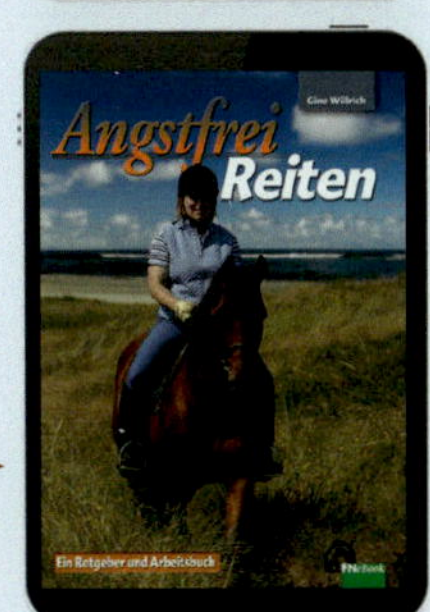

Apps aus dem FN*verlag* immer griffbereit!

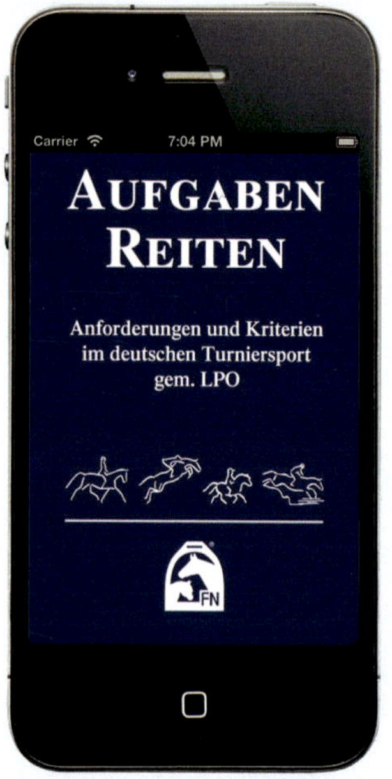

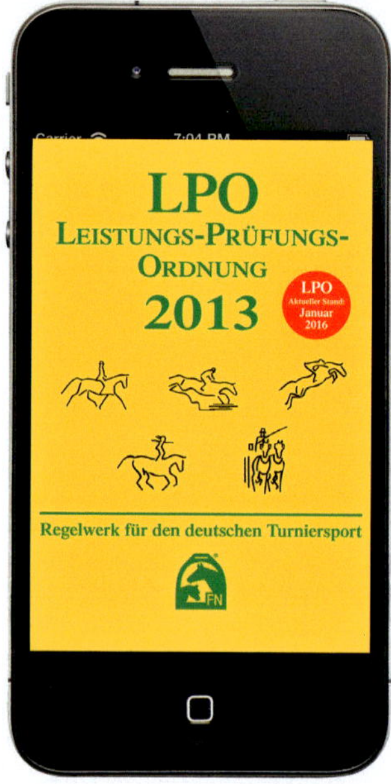

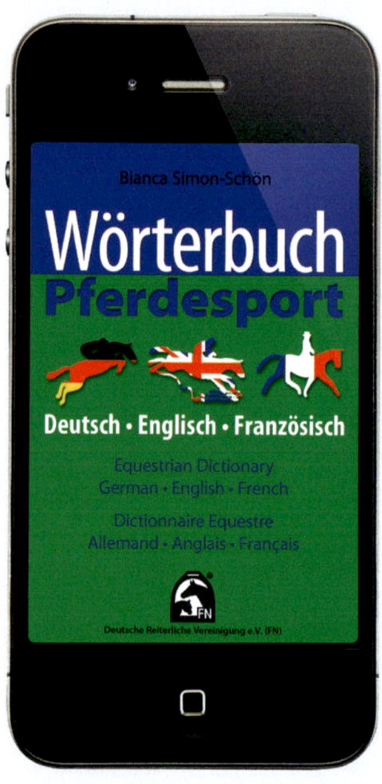

Die „Aufgaben Reiten" gibt es auch als App für Smartphones. So sind die nationalen Aufgaben Reiten immer griffbereit dabei.

Die App „Aufgaben Reiten" enthält neben den verschiedenen Aufgaben zu Basis- und Aufbauprüfungen, Dressurprüfungen, Vielseitigkeitsprüfungen auch Standardparcours sowie Abbildungen der Dressurvierecke und Hufschlagfiguren.

App Aufgaben Reiten
Version 2013
inkl. Ergänzungen
7,99 Euro

Die „LPO"-App bietet neben den kompletten Inhalten des Regelwerkes Vorteile wie ein verlinktes Inhaltsverzeichnis, eine frei skalierbare Schriftgröße sowie eine Volltextsuche.

Die LPO regelt die Durchführung von Leistungsprüfungen zur Förderung des Reit-, Fahr-und Voltigiersports, der deutschen Pferdezucht und der Pferdehaltung.

App LPO
Version 2013
inkl. Ergänzungen
9,99 Euro

Dieses einzigartige Wörterbuch des Pferdesports enthält eine Vielzahl von Fachbegriffen, die in anderen Nachschlagewerken vergeblich zu suchen sind.

Eine kompetente Autorin sowie Fachleute und Muttersprachler aus dem Pferdesport stehen für die Richtigkeit der Begriffe und deren Übersetzungen. Nach Themenbereichen sortiert: Pferd, Pferdekauf, Reiter, Ausrüstung von Reiter und Pferd, Ausbildung des Pferdes, Turniersport, Fahrsport, Untugenden, Pflege, Stall und Fütterung, Pferdekrankheiten, einige Giftpflanzen.

App Wörterbuch Pferdesport
Deutsch · Englisch · Französisch
Version 2013
9,99 Euro

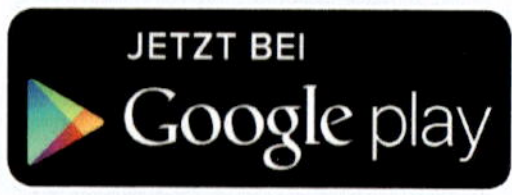

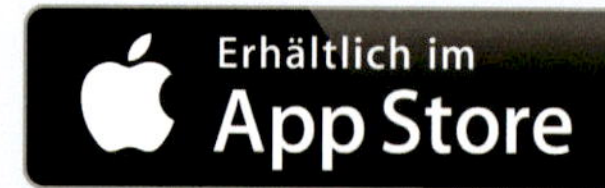